Co-edição
Fundação Calouste Gulbenkian
E-mail: info@gulbenkian.pt

Imprensa da Universidade de Coimbra
Email: imprensa@uc.pt
URL: http//www.uc.pt/imprensa_uc
Vendas online: http://livrariadaimprensa.uc.pt

Coordenação editorial
Imprensa da Universidade de Coimbra

Conceção gráfica
António Barros

Infografia da Capa
Carlos Costa

Infografia
Mickael Silva

Print by
CreateSpace

ISBN
978-989-26-1012-2

ISBN Digital
978-989-26-1013-9

DOI
http://dx.doi.org/10.14195/978-989-26-1013-9

Depósito legal
398500/15

OBRAS DE
MARIA HELENA DA ROCHA PEREIRA

ESTUDOS SOBRE ROMA ANTIGA A EUROPA E O LEGADO CLÁSSICO

FUNDAÇÃO CALOUSTE GULBENKIAN
IMPRENSA DA UNIVERSIDADE DE COIMBRA

SUMÁRIO

1. Rome, un modèle commun dans la formation des mentalités. 7

2. Lições de Literatura Latina. 17

3. Entre a história e a lenda: a figura de Viriato. 91

4. Nas origens do Humanismo Ocidental: os tratados filosóficos ciceronianos. 105

5. Virgílio, poeta da paz e da missão de Roma. 123

6. Apologia das Línguas Clássicas para o nosso tempo. 137

7. Do ensino do Latim na actualidade. 143

8. Europa: os enigmas de um nome. 147

9. Europeus e Asiáticos num tratado de climatologia médica 155

10. Visions de l'Europe chez des écrivains portugais du XIXe siècle 165

11. Les fondements classiques de l'idée européenne. 179

12. Valeurs grecques dans la culture européenne. 193

13. Identidade e cultura europeias. Uma subida às origens. 203

14. Raízes Clássicas da União Europeia. 211

15. Da necessidade do preâmbulo da Constituição Europeia 223

16. Unité et pluralité culturelle:
le paradigme de l'Empire Romain face aux défis de l'Union Européenne. 227

17. Roma: do poder do Império ao poder da Palavra..237

1. ROME, UN MODÈLE COMMUN DANS LA FORMATION DES MENTALITÉS[*]

"Celui qui ignore ce qui s'est passé avant sa naissance reste toujours en enfant". Ces mots tellement actuels ont été écrits par Cicéron (*Orator* 34. 120) en 46 av. J.-C. donc pendant les dernières années de la République romaine. Après plus de deux mille ans, ils ne sont pas du tout déplacés dans le monde contemporain, surtout dans une Europe qui essaie non seulement de parvenir à une unité économique qu'elle n'a jamais connue mais aussi de recouvrer une unité culturelle à peine obtenue au Moyen Age, ravivée par les splendeurs de la Renaissance, puisées, elles-mêmes, à la source commune de l'Antiquité Classique.

Connaître le passé pour mieux connaître l'homme, donc, pour mieux bâtir son avenir. Les Romains, nos ancêtres culturels, en parlaient déjà, et l'on peut même dire que c'était une de leurs idées morales et politiques favorites (n'oublions jamais que, le plus souvent, ils ne faisaient pas de distinction entre les deux et que, s'ils en faisaient, c'était à l'envers de nos habitudes: *dignitas*, par exemple était presque toujours une idée politique). Donc, pour revenir où nous en étions, ce principe dont je voulais parler tout-à-l'heure, c'est ce qu'ils appelaient le *mos maiorum*, la coutume des anciens, les habitudes ancestrales. Pour empêcher le progrès, pour maintenir indéfiniment le *status quo ante*? Mais pas du tout! Pour revenir, bien sûr, aux qualités qui avaient toujours fait la grandeur du peuple romani, telles que *labor, fides, paupertas*, mais aussi, et surtout, comme source inspiratrice de nouveaux développements. C'est, par exemple, ce qu'a dit Cicéron, quand il reprit dans le *De Legibus* le thème de la forme de constitution la meilleure, dont il s'était occupé auparavant dans le *De Republica*: ce serait bien de s'en tenir aux lois anciennes, mais, poursuit-il, "si aujourd'hui j'en propose qui ne sont pas et n'ont jamais été dans notre *res*

[*] Publicado em *Il Latino per un'Europa intelligente*, Atti del convegno organizzato dall'Unione Latina a Roma, Roma (1990), 122-136.

publica, elles seront pourtant proches du *mos maiorum*, qui tenait alors lieu de loi" (2.10.23).

Labor c'était le travail, l'effort. On en parlait depuis les débuts de la République romaine, on en sentait le besoin pour mériter sa nourriture et pour être digne de la considération de la communauté à laquelle on appartenait. Surtout le travail des champs, auquel s'acharnaient les Romains primitifs et ces grands hommes dont on n'a jamais oublié l'exemple. Rappelons seulement le nom de Cincinnatus, qu'on est allé arracher à la charrue pour qu'il accepte de devenir *dictator* pour quelque temps, à fin de mener le peuple à la victoire (c'est à ce genre de solution, comme chacun sait, auquel songeait Marx quand il a établi le modèle de la dictature du prolétariat); ou bien celui de Manius Curius Dentatus qui, deux siècles plus tard, a échangé les travaux agricoles contre l'épée de général, et puis, après son triomphe sur les Samnites, est retourné aux labours des champs, laissant là tout le butin auquel il aurait eu droit. Caton l'Ancien se réclamait, lui aussi, d'une jeunesse austère, passée parmi les rochers de la Sabine, à nettoyer les champs de leurs pierres et à les ensemencer ensuite (fr. 128 Malcovati). Parce que, écrivait-il ailleurs (*Carmen de moribus*, fr. 13), la vie humaine est à peu près comme le fer: si l'on en fait usage, il se gâte: si l'on n'en fait pas, la rouille le détruit. Les grands écrivains romains n'en disent pas moins. Même Cicéron, auquel on fait d'habitude grief d'avoir méprisé le travail manuel dans son traité moral *De Officiis* (1.42 - 1150-151), n'y fait que condamner les métiers malhonnêtes et les professions attachées à ce qu'on appellerait aujourd'hui une société de consommation. Horace, le poète "lauréat", à en croire ce qu'il écrit dans Epîtres 1.43.39, travaillait de ses mains dans son domaine sabin. Et puis, qui ne connaît par cœur le célèbre éloge de Virgile dans les *Géorgiques* (I, 145-146):

> labor omnia vicit
> improbus

C'était là un trial qui distinguait les Grecs des Romains. C'est encore Cicéron qui le dit (on revient toujours à Cicéron quand on fait l'analyse des idées romaines). Dans la *Deuxième Action contre Verrès* (3.7) il renchérit sur la valeur morale des Siciliens qui, précise-t-il, ne ressemblent en rien aux Grecs dont ils sont les descendants: "aucune inactivité ni luxe; bien au contraire, un travail acharné dans les affaires publiques et privées, une parcimonie extrême, une extrême diligence".

Labor est donc une vertu que doivent exercer les citoyens pour le bien de leur famille et de sa communauté, de la *res publica*, donc une condition pour parvenir à la jouissance de la *libertas*, conduisant à *concordia, gloria et honor*. Voilà une quantité d'idées maîtresses de la mentalité romaine, auxquelles nous sommes tous redevables. Essayons d'en examiner quelques-unes de plus près, d'autant plus qu'elles restent toujours aux fondations de notre société.

Le beau nom de *res publica* a été de prime abord constitué par le mot le plus polysémique du latin – *res* – et d'un adjectif qui semble appartenir à la même famille que *populus*. Du moins, tel était le rapport étymologique établi par les Romains eux-mêmes. Cicéron le déclare plusieurs fois au cours de son traité *De la République*, ou bien au moyen d'une définition devenue célèbre, *res publica, id est, res populi* (1.32.48) ou encore d'une façon plus dogmatique (1.25.39):

> "La *res publica*, dit l'Africain, c'est la *res populi*. Et *populus* est, non un ensemble d'hommes groupés de n'importe quelle façon, mais la réunion d'une multitude associée par son adhésion à une loi et par sa communauté d'intérêts."

On s'accorde à reconnaître que cette définition du peuple est d'origine stoïcienne. Cela n'enlève rien au caractère profondément romain de cette pensée, d'autant plus que, pour Cicéron, si ces conditions ne sont plus remplies, il n'y a plus de *res publica*, il y a une tyrannie (3.81.43). C'est là la raison pour laquelle il dit que, pendant la dictature de César, il ne restait plus rien de la *res publica* (*De Officiis* 1.11.35). Plus tard, l'historien des Césars, Tacite, écrira que, du temps d'Auguste, il ne restait presque plus personne qui eût encore connu la *res publica* (*Annales* 1.3.7). Pourtant tous les politiciens aiment à se parer de ces beaux noms au passé rassurant. Au début des *Res Gestae*, Auguste s'enorgueillit d'avoir rendu la liberté à la *res publica*. D'autres empereurs continueront d'employer l'expression prestigieuse. Dans un discours que lui prête Tacite (*Annales* 3.6.5), Tibère aurait même proclamé: "Les princes sont mortels, la *res publica* est éternelle". Un siècle plus tard, les juristes ressentent le besoin d'établir une distinction. C'est ainsi que Gaius commencera d'appliquer *libera res publica* à la période que nous disons maintenant républicaine, et *imperium* à celle qui débuta par le principat d'Auguste, mot dont celui-ci avait déjà fait usage. *Res publica*, employé depuis Naevius et Caton l'Ancien, continue, néanmoins, de servir à désigner une forme quelconque de gouvernement, que ce soit une *popularis res publica*, c'est-à-dire, une démocratie (*De Republica* 3.48) ou une *regalis res publica* (*De Republica* 3.47), c'est-à-dire, une monarchie. Le sens qu'il a aujourd'hui de "constitution républicaine" sera fixé par la Révolution Française (dont les théoriciens se sont nourris, comme chacun sait, aux sources grecques et romaines), lors de la proclamation du nom du pays comme République Française.

Nous avons rappelé plus haut que *libertas* était une condition fondamentale de la *res publica*. C'est là une notion que les Romains tenaient pour spécifiquement nationale, quoique sa première occurrence en latin se trouve dans un fragment d'Ennius (125 Jocelyn) appartenant à une tragédie perdue, imitée d'Euripide. Peut-être s'agissait-il là de liberté personnelle, opposée à la servitude. Celle qui appartient à la sphère politique, celle-là revient sans cesse sous la plume de Cicéron, surtout dans les *Philippiques*, où il fait un éloge pathétique de la liberté (*Philippiques*

3.14.36): "Nous sommes nés pour l'honneur et pour la *libertas*: ou bien nous les posséderons, ou nous mourrons avec dignité". Dix ans auparavant (*De Republica* 1.31.47) il en avait parlé en théoricien: "La qualité de chaque Etat dépend de la nature et de la volonté de celui qui en détient le gouvernement. Voilà pourquoi en aucune autre ville, si ce n'est celle où le souverain pouvoir appartient au peuple, la liberté ne peut avoir sou domicile. Rien n'est plus doux qu'elle, et, si elle n'est pas égale pour tous, ce n'est plus la liberté".

C'étaient les tribuns de la plèbe qui garantissaient ce droit, un droit qui n'était pas inné à l'homme mais acquis par les citoyens. Ceux-ci étaient subordonnés à la loi, d'où le paradoxe formulé par Cicéron dans un de ses discours (*Pro Cluentio* 53.146): "Nous sommes donc tous esclaves de la loi, afin de pouvoir être libres". Autrement on tomberait dans la *licentia* (*De Republica* 3.13.23): "Si toutefois le pouvoir du peuple est en excès et tout se déroule selon son arbitrage, on appelle cela *libertas*, mais c'est en réalité de la *licentia*".

On sait que la *libertas* était soutenue par les magistrats et que, en même temps, chaque citoyen pouvait faire appel au peuple contre la décision de l'un d'eux. C'était le fameux droit de la *provocatio ad populum*. Mais c'est en réalité de la *licentia*.

Mais toutes ces belles lois se sont écroulées à la suite de la nomination de Jules César comme *dictator in perpetuo*. Plus tard, Auguste aura beau dire qu'il avait redonné la *libertas* à la république, et que celle-ci était passée de son pouvoir à celui du Sénat et du peuple romain. N'oublions pas, à ce sujet, les mots sceptiques de R. Syme: "*Libertas* est une idée vague et négative – liberté du gouvernement d'un tyran ou d'une faction. Il s'ensuit que *libertas*, comme *regnum* et *dominatio*, est un terme convenable pour la fraude politique" (1). Au temps des Césars, les anciens latins l'ont bien compris. Tacite ne parle plus que d'illusion et d'image (*species libertatis, imago libertatis*). Michèle Ducos a fait remarquer que toute l'oeuvre de cet historien n'est qu'une méditation sur la liberté (2).

Revenons encore à Cicéron et à son *De Republica*. Les théoriciens politiques de nos jours y retrouvent, pour la première fois, des thèmes d'une actualité frappante. Par exemple, l'opposition, qui peut exister, entre *aequabilitas* et *dignitas* (1.27.43 et 1.34.53), c'est-à-dire, entre le droit à l'égalité de traitement et le droit à la reconnaissance de services individuels: ou bien la notion de *lex naturalis* comme légitimation du pouvoir de l'Etat. Weber-Schaefer, qui s'est récemment penché sur la question, écrit à ce sujet (3): "La tradition déterminante de la pensée européenne du droit naturel, sur laquelle s'appuient les définition contemporaines du droit des peuples et de la discussion des droits de l'homme, remonte en premier lieu à la systématisation cicéronienne de la doctrine stoïcienne du droit naturel".

Des idées proches de la *libertas* sont celles de *pax, concordia, clementia*. Retenons, pour le moment, celle de *concordia*. Née de l'*homonoia* grecque, elle entre très tôt dans le vocabulaire politique latin. Même si l'apologue de Ménénius Agrippa (494 av. J.-C.) est une réfection d'une fable d'Esope, les temples de la Concorde divinisée pour des raisons politiques se dressent un peu partout dans la *Romania*, depuis la fin du 3e siècle av. J.-C. C'est vers le milieu du 2e siècle av. J.-C. que cette idée aurait été assimilée à la pensée politique des Romains, à travers Polybe et Posidonius (4). Donc, elle serait entrée comme tant d'autres idées grecques, par l'entremise du Cercle des Scipions. Elle ne manquera pas dans le tableau idéalisé des débuts de Rome, dressé par Salluste dans son *Catilina* (6.2): "Et ainsi une multitude diverse et nomade est bientôt devenue, grâce à la *concordia*, une ville".

Cicéron ne se lassait pas d'en faire l'éloge, soit dans des lettres à Atticus (1.14.4; 1.17.10) soit dans son grand traité *De la République* (2.42.26). Elle était au centre de ses desseins politiques: faire triompher la *concordia ordinum*, l'alliance entre le Sénat et les chevaliers; c'était la façon d'obtenir la paix, tout en faisant prévaloir le bien commun sur les ambitions des chefs politiques – c'est là la pensée centrale de la *Quatrième Catilinaire*. Cet idéal politique à fait naufrage, comme chacun sait, dans l'alliance des triumvirs et dans la guerre civile qui s'ensuivit. Il était pourtant fermement ancré dans les pages du *De Republica*, en liaison avec l'idée du principal. C'est dire qu'elle a joué un rôle considérable dans l'établissement du pouvoir d'Auguste.

Les grandes idées voyagent à travers le temps, elles renaissent après avoir été foulées aux pieds; elles prennent même souvent une force purificatrice. Esquissons à ce propos, à titre d'exemple, l'histoire, très connue d'ailleurs, de la place que beaucoup tiennent pour la plus belle du monde: commencés au 18e siècle pour recevoir au milieu la statue équestre de Louis XV, elle a vu rouler la tête de Louis XVI, puis celles de plus de mille trois cents victimes, parmi lesquelles Marie-Antoinette, Danton, Robespierre et leurs partisans. Elle a entendu le mot fameux de Madame de Roland: "Liberté, que de crimes on commet en ton nom". Voulant faire oublier tant de drames sanglants, le Directoire lui a donné un nom où pointait l'espérance: Place de la Concorde. Deux cents ans plus tard, c'est là que, devant des chefs d'Etats ou des représentants qualifiés de la plupart des pays du monde, se termina le grand défilé du bicentenaire, au chant de la Marseillaise. La place méritait bien son nom. Elle était bien devenue le symbole d'un idéal non plus seulement grec ou romain, mais universel.

Parlons maintenant un peu de *clementia* comme idée politique. Elle était ancienne chez les Romains, s'il est vrai qu'elle figurait dans le *Discours pour les Rhodiens* de Caton le Censeur. S'opposant à la *severitas* dont les Latins faisaient preuve aux débuts de leur histoire, elle devint un mot-clé de la propagande politique aux temps des guerres civiles et elle restera attachée au nom de Jules César, que le Sénat avait honoré d'un temple dédié à la *Clementia Caesaris*, dans lequel la statue de la personnification de cette vertu figurait sa main dans la main avec le conquérant des Gaules. En faisant le contraste entre César et Caton d'Utique, Salluste (*Catilina* 54) mettra en évidence que celui-là était doué de *clementia*, celui-ci de *severitas*. Dans pas moins de trois discours (*Pro Marcello, Pro Ligario, Pro Rege*

Deiotaro), Cicéron multiplie les appels à la clémence du dictateur, au bénéfice de ses clients. Pourtant, dans le secret de ses lettres à Atticus (8.16.2) il la qualifiait d'*insidiosa clementia*. Que ce fut un instrument politique de premier ordre, on ne peut pas en douter. Disons toutefois, comme Dahlmann, que cela ne peut pas tout expliquer dans le comportement de César (5).

C'est une vertu dont Auguste fit aussi un usage fameux. Tous les lecteurs de Sénèque – et de Corneille aussi – se rappellent le traitement accordé par Octave à Cinna, au lieu de la peine capitale. Suétone, en faisant la biographie du premier empereur, a consacré un chapitre entier (*Auguste* 51) à l'énumération de ses actes de clémence. Ce n'est pas par hasard que l'*Enéide* fait l'exaltation de cette vertu romaine envers les peuples conquis dans un passage culminant du Chant Sixième (853): "Toi, Romain, souviens-toi de régir les peuples sous ton empire: tes arts à toi seront d'imposer des habitudes de paix, d'épargner les vaincus et de dompter les superbes".

Sénèque a composé, comme tout le monde s'en souvient, un petit traité *De clementia* qui nous est parvenu dans un état qui semble assez loin de sa forme originelle. Serait-ce un ouvrage adressé par le philosophe à son élève avant l'exécution de Britannicus, comme l'a voulu démontrer Fr. Préchac, ou plutôt le résultat d'une synthèse inachevée entre un discours à l'empereur et un traité technique, d'après l'hypothèse de Pierre Grimal (6)? Le grand intérêt de la question vient du fait que le destinataire du livre se trouvait être Néron et que, par-là, la défense la plus enthousiaste de cette vertu ait été adressée au plus cruel de tous les empereurs romains.

L'idée politique de la *clementia* n'est pas loin d'une idée assez controversée, celle de la guerre juste, qui touche plus ou moins tous les peuples à toutes les époques. Pour les Romains, *iustum bellum* prenait son point de départ dans le *ius fetiale*. Il était donc étroitement lié à un droit divin et sacré (*ius divinum et sacrum*) qui était sous la protection des dieux, ceux-ci accordant une récompense aux peuples qui respectaient *pietas* et *fides*. Les Romains, peuple de la *fides*, comme l'a appelé P. Boyancé (7), étaient connus comme un peuple qui "respecte son devoir, par la fidélité découlant de leur serment". Ces derniers mots viennent d'un grand historien d'origine grecque, Polybe (6.56.12). La loyauté aux serments prêtés aux autres peuples avait été personnifiée comme divinité depuis si longtemps qu'on en est même arrivé à se demander si la déesse ne serait pas antérieure à l'idée correspondante. Comme tant d'auteurs, dont notamment P. Boyancé (8), nous n'y croyons pas. Toutefois, l'existence d'un temple de *Fides* auprès de celui du Capitole, depuis la Première Guerre Punique au moins, prouve l'ancienneté de ce culte. D'autre part, des documents très anciens, tels le péan des Chalcidiens, qui ont échappé à la destruction grâce à Titus Flamininus, associent très étroitement les Romains et la *fides*: "Nous rendons un culte à la *Fides* des Romains, par laquelle ils gardent si glorieusement leurs serments".

Ce chant transmis par le biographe grec du général, Plutarque (*Titus Flaminimus* 16), se rapporte à une occurrence des premières années du 2e siècle av. J.-C. Au même siècle, en tout cas pas après 160 av. J.-C., un peuple appartenant à un domaine culturel et religieux tout à fait différent envoie une ambassade à Rome pour lui demander son alliance, "parce que les Romains étaient extrêmement puissants" et qu'ils "conservaient la fidélité à leurs amis et alliés". Une telle démarche a été faite aux débuts de la révolte de Judas Macchabée, d'après le récit du Livre I des *Macchabées* (8.1 et 12).

Au siècle suivant, Cicéron, dans un passage du traité *Des devoirs* devenu célèbre (2.8.26,28) rappelle le temps où "le Sénat était un havre de rois, peuples et nations" et où les "magistrats et le Sénat étaient anxieux de pouvoir obtenir un seul titre de gloire, celui d'avoir défendu les provinces et les alliés avec justice et avec *fides*". C'est pour y avoir manqué, ajoute-t-il, qu'ils sont maintenant punis avec raison (*iure plectimur*).

Quelques années auparavant, dans le *De Republica* (3.35) il avait écrit une phrase, non moins célèbre, consacrant les deux principes celui de la *fides* et celui du *iustum bellum*: "C'est en prenant la défense de nos alliés que notre peuple s'est rendu maître de tout". De même, Salluste (*Catilina* 6.5): "Puis, lorsqu'ils avaient éloigné le danger grâce à leur valeur, ils aidaient leurs alliés et amis, et ils se procuraient l'amitié des autres plutôt au moyen des bénéfices qu'ils accordaient que grâce à ceux qu'ils en recevaient".

Les conditions pour qu'une guerre soit juste, Cicéron les avait lui-même définies dans le *De Republica* (3.26.37): *aut fide aut pro salute*. Dans le même traité, il avait employé à cet effet des mots qui sont d'une actualité frappante (1.11.34):

> En effet, puisqu'il y a deux façons de décider d'un conflit, dont l'une est la concertation, l'autre la violence, celle-là étant propre à l'homme, tandis que celle-ci l'est aux bêtes sauvages, il faut avoir recours à la dernière quand il n'est pas permis d'employer la première.

On songe, évidemment, aux dérogations multiples à ces principes. On se rappelle, par exemple, que Caton a qualifié la campagne de César en Gaule d'*iniustum et impium bellum* (alors que, à la fin des hostilités, l'ennemi a reconnu la justice de sa défaite (10). Peut-être faut-il, après tout, essayer de ne pas transférer à l'antiquité, des procédures politiques qui sont de nos jours. Je reprends, en les traduisant, les paroles de H. Drexler dans un livre récent (11): "Par le mot d'*imperium* nous sommes inclinés à penser à des formes de domination moderne, qui au moyen de leurs organes, ont l'habitude d'imposer l'obéissance à leurs ordres minutieux. La brutalité n'a pas manqué aux Romains, bien sûr, mais régner ou même administrer comme il arrive aujourd'hui, ils ne l'ont jamais fait". Le même auteur en vient à mettre un rapport cette façon d'exercer le pouvoir avec les notions de *maiestas* et d'*auctoritas*.

C'est vers celle-ci que nous nous tournerons maintenant.

L'idée d'*auctoritas* a son sens dans une crise, aujourd'hui plus que jamais. Est-ce que les Romains auront encore quelque chose à nous apprendre en cette matière? Oui, si nous cherchons à comprendre de près son véritable contenu.

Tout d'abord, le mot appartient à une famille qui comprend aussi *augeo*, *auctor, augustus, auxilium*, qui comportait la notion de 'surcroît', d'avoir ou d'apporter quelque chose en plus à ce qui existe déjà, en lui conférant plus de poids. Ensuite, l'idée est d'origine romaine, ce qui veut dire qu'elle ne se trouvait pas en Grèce. La preuve en est que la traduction grecque de la phrase célèbre des *Res Gestae* dans laquelle Auguste a écrit qu'il était bien avant tous les autres en fait d'*auctoritas*, mais n'avait pas plus de pouvoir (*potestas*) que ses collègues de magistrature, ne dit pas *axiomati* (*dignitate*), comme on l'a pensé d'abord, mais bien *auctoritate*. D'ailleurs, ce mot-clé se trouvait déjà sur la loi des Douze Tables. Il traversa toute la période républicaine et, comme on pouvait s'y attendre, il apparaît souvent sous la plume de Cicéron, soit dans les discours, soit dans les traités de philosophie, soit même dans ceux de rhétorique. C'est en effet dans les *Topiques* (19.73) qu'il affirme que l'*auctoritas* a sa demeure dans la vertu, quoique beaucoup d'autres facteurs puissent concourir à sa formation. N'oublions pas, toutefois, que l'exemple le plus éminent en est le Sénat Romain. C'est encore Cicéron qui le déclare dans les *Lois* (3.12.28): la *potestas* doit rester au peuple, l'*auctoritas* au Sénat. Dans la *République* (2.33.57) il avait été plus précis encore: pour que la *res publica* fonctionne bien, il faut qu'il y ait "assez de *potestas* chez les magistrats, d'*auctoritas* dans le Sénat et de *libertas* dans le peuple".

Nous n'allons pas nous disputer au sujet de la portée de ces principes théoriques sur la pratique politique romaine, comme le fit R. Syme, peut-être non pas sans raison (12). Remarquons seulement que le Sénat détenait des pouvoirs en principe réduits et non décisifs et qu'il ne faisait, apparemment, qu'émettre son avis en matière de politique extérieure, de religion, de finances. La vérité est que les magistrats supérieurs se devaient de mettre à exécution l'avis du Sénat – *Senatus consultum*. Toutes ces notions se trouvent rassemblées dans cet appel pathétique de Cicéron dans la *Troisième Philippique* (14.34):

> "Saisissez donc, par les dieux immortels, cette opportunité qui s'offre à vous, ô Sénateurs! Et rappelez-vous que vous êtes les chefs du conseil le plus éminent de toute la Terre!"

Presque'en même temps, en écrivant pour son fils le traité *Des Devoirs*, il regrettait que tout le pouvoir fût soumis à une seule personne, c'est-à-dire, à César, et que conseil et *auctoritas* aient désormais perdu leur place (2.1.2).

Nous avons vu l'usage que fit Auguste de ce mot. On pourrait même dire qu'il est demeuré dans la terminologie officielle. Mais quelques esprits indépendants, comme Tacite, étaient capables de discerner, sous l'emploi trompeur d'un mot respecté, les ruses de la politique. L'historien l'omet souvent, ou bien il le remplace par un synonyme péjoratif, *potentia* (13). La dégradation d'*auctoritas* en son sens premier avait déjà commencé.

Nous venons de parler de toute une série d'idées romaines qui se trouvent aux fondations même de la mentalité européenne. Car les grands écrivains qui les ont répandues, surtout Cicéron et Virgile, ne sont jamais sortis de la tradition, tous les deux étant entrés très tôt dans la pensée chrétienne, l'un à travers le *De Officiis* dont s'est inspiré Saint Ambroise, l'autre grâce aux dons prophétiques qu'on croyait déceler dans la *Quatrième Bucolique* et à la beauté des vers de l'*Enéide*, que Saint Augustin et d'autres s'accusaient d'avoir préféré à la parole divine. *Christianus sum, non Ciceronianus*, le mot célèbre de Saint Jérôme, est tout un témoignage de cette influence sur la patristique. Puis, il y a Dante et toute la Renaissance italienne qui redécouvre les poètes, les penseurs et les artistes anciens. Tout le monde connaît la suite et tout le monde sait qu'on ne peut faire l'histoire des idées et de l'éducation européennes sans prendre comme point de repère leur proximité ou leur écart à l'égard de la tradition grecolatine.

La question qui se pose désormais est donc celle-ci: est-ce que cette tradition est encore valable à l'âge de la technique et des ordinateurs? Peut-être la réponse se trouve-t-elle dans un autre mot-clé que j'ai laissé de côté exprès, celui d'*humanitas*. C'est un mot très riche de contenu, dont le rapport étymologique avec *homo* (l'homme) et *humus* ('la terre') ne fait plus de doute (14). Il ne prendra qu'assez tard le sens d'ensemble des êtres humains ou 'humanité'. Auparavant, il désignait surtout la qualité d'être homme, de se sentir en rapport avec une communauté d'êtres semblables, envers lesquels il faut agir en accord avec la loi qui permet de vivre en société, sans faire appel à la force et à la cruauté.

L'idée d'*humanitas* est très proche de celle de *comitas* ('cordialité') de *mansuetudo* ('douceur'), de *clementia* dont nous avons déjà parlé. Elle comprend donc tout ce que les Grecs désignaient d'un seul mot composé, *philanthropia*. Mais elle devient aussi la quintessence de ces mêmes qualités, la culture, prise tant dans son sens objectif tant que subjectif. Personne ne s'étonnera d'entendre dire que c'est encore Cicéron qui est censé avoir fait cette synthèse, qui faisait d'*humanitas* la qualité "par laquelle l'homme devient plus profondément homme", comme l'a écrit H.-I. Marrou (15). C'était donc l'équivalent de la *paideia* grecque. Le même historien fait remarquer que cette nouvelle signification d'*humanitas* s'était déjà estompée au 2e siècle, au profit de *doctrina* et *disciplina*. Ajoutons pourtant qu'il en est resté un dérivé dont on fait grand usage aujourd'hui: les humanités. Ce sont les humanités, c'est-à-dire, toute cette réflexion et cette expérience accumulées sur l'homme en tant qu'homme qu'il faut préserver coûte que coûte, en face d'une mécanisation de la vie qui, d'un moment à l'autre, risque de faire de lui un apprenti-sorcier. Les humanités gréco-latines, élargies par une expérience de plusieurs siècles dans les différents pays qui font l'Europe actuelle, voilà les fondations sur lesquelles s'est épanouie une identité culturelle que nous nous devons de préserver et de transmettre à ceux qui viendront après nous.

2. LIÇÕES DE LITERATURA LATINA*

Nota Preambular

As lições que se seguem, proferidas durante o mês de Maio último no Centro de Estudos Humanísticos, são um esboço rápido da evolução dos principais géneros da Literatura Latina, delineado com o fito de reavivar na memória dos alunos os traços mais salientes do legado espiritual da Roma antiga. Destinadas a um auditório heterogéneo e limitadas a seis sessões apenas, têm, necessariamente, carácter de divulgação. Esse aspecto, esperamos, contribuirá para as tornar acessíveis a todos aqueles que, tendo há muitos anos abandonado o convívio com a Latinidade, conservam contudo bem aceso no seu espírito o amor pelos Estudos Clássicos.

1ª LIÇÃO
O FENÓMENO LITERÁRIO NA ROMA ANTIGA

A Itália à data da fundação de Roma.

Breve esboço da história da expansão de Roma, durante a monarquia, a república e o império, salientando:

- As alterações que daí advieram à sociedade e à cultura.
- O helenismo e a resistência de Catão.
- A atitude de Cícero.
- A universalização da cultura helénica através da latina.

A Literatura Latina:

- A eterna questão da sua originalidade.
- Seu valor permanente.

---

* Editado em *Publicações do Centro de Estudos Humanísticos*, separata do "Boletim Cultural" da Câmara Municipal do Porto, vol. XI – fascs. 3-4, Porto (1948), 5-109.

Em 753 a.c., exactamente no ano em que a maioria dos historiadores hodiernos concorda que se fundou Roma, o grau de civilização dos múltiplos povos que habitavam a vasta e fértil Península Itálica não podia ser mais variado. Se partirmos do litoral do mar Tirreno, e do mar Jónio, daquela mesma região que se designa vulgarmente por Magna Grécia, mas que os helenos, desde o século VIII a.C., chamaram Itália (nome que se estendeu depois até aos Alpes), logo deparamos com um conjunto de colónias onde a raça dórica principalmente floresce: Tarento, Paestum, Metaponto, Heraclea, Thurii. Mais ao norte, na Campânia, vivem os oscos, que falam uma língua própria, de grandes afinidades com o umbro, que domina ao norte do Tibre, junto às costas do mar Adriático. Entre ambos, os povos sabélicos servem-se de dialectos diferentes. Do lado oposto, aproximadamente no lugar que hoje ocupa a Toscana, desenvolve-se uma civilização rica na agricultura, no comércio e na indústria, adiantada nas artes ornamentais, instruída nas letras e na escrita, de religião sombria e dramática, possuidora de um idioma que é um dos mais obscuros enigmas de toda a Glotologia – o Etrusco. Finalmente, a oeste da bacia do Pó, vive um povo de raça céltica, que ocupa a chamada Gália Cisalpina.

Este é aproximadamente o quadro que nos oferece a Itália pelos meados do século VIII a.C., quadro em que se evidenciam duas civilizações, a grega e a etrusca, e em que se distinguem idiomas diversos, um dos quais não indo-europeu. É no ponto mais importante da Península, justamente onde o Tibre divide o território itálico em duas partes, que os latinos surgem e fundam a cidade de Roma. A verdadeira causa e modo desta fundação, poetizada mais tarde nas conhecidas lendas em que avultam os nomes de Reia Sílvia, de Rómulo e de Remo, ainda hoje se não sabe ao certo[1]. Mas há um facto que aos olhos dos modernos justifica por si só a escolha do local: a sua posição privilegiada, de que já falámos. Na verdade, o Tibre divide, com a sua larga corrente, a Itália do Norte da do Sul, e quem dominasse esse ponto estratégico teria nas mãos o comércio da Península. Daí a importância da construção de uma ponte, tão grande e tão essencial que a sua conservação ficou presa ao culto e um dos principais magistrados da cidade tornou o nome de *pontifex*, ou seja, o que executa a ponte, como já explicou Varrão. Na história da fundação de Roma, tudo o mais é enigmático, até o próprio nome da cidade, que uns quiseram derivar do suposto fundador, Rómulo, outros do grego Ῥώμη, "a força", outros ainda de uma palavra etrusca que significaria "corrente". Crê-se que tenha havido uma forte infiltração etrusca nos primórdios desta civilização, mas um só facto se impõe irrefutavelmente: é que a pequena povoação das margens do Tibre, que a princípio agrupava as suas casas modestas em torno do Palatino, sobranceiro ao Forum, viria a ser uma das eleitas da História, aquela

---

[1] Discutidas ainda hoje, constantemente renovadas por descobertas arqueológicas, podem ver-se algumas das teses mais recentes em T. J. Cornell, *The Beginnings of Rome*, New York (1995), e Gary Forsythe, *A Critical History of Early Rome*, University of California (2005).

de quem César Augusto diria que achou de tijolo, para a deixar de mármore, a capital faustosíssima do mundo civilizado de então.

É este facto histórico que vamos desenrolar novamente na nossa memória, não já, como os historiadores antigos, para extrair moral das lições do passado, mas antes para observar na arte literária as repercussões dos acontecimentos sociais. Durante todo o período das origens, envolto em lendas, a cidade organiza-se em tribos, em magistraturas e em leis. Sete reis se sucedem no trono, um dos quais, Sérvio Túlio, já levanta muralhas que abraçam o recinto das sete colinas. E no tempo do último, Tarquínio o Soberbo, muitos dos povos do Lácio foram já absorvidos pela força de Roma vitoriosa.

Enfim, em 509 a.c., proclama-se a república, mas as dissensões continuam a revolver os ânimos dos romanos. Começa a luta da plebe pelos direitos políticos, que culmina nas retiradas para o Monte Sacro e triunfa, enfim, no livre acesso do povo a todas as magistraturas. A jurisprudência lança as suas bases com a Lei das XII Tábuas, ao mesmo tempo que se procede à construção de obras de utilidade pública, aquedutos e estradas, como a Via Ápia, a Valéria, a Flamínia.

Externamente, o período é também de árdua luta e sucedem-se as campanhas contra os etruscos, os sabinos, équos, volscos. Em 390, os gauleses entram em Roma e saqueiam toda a cidade, menos o Capitólio, que não conseguem atingir. Mas a vitória não foi decisiva e em 350 os invasores são definitivamente expulsos do território romano. A expansão de Roma prossegue. A guerra contra os samnitas termina, enfim, por volta de 290, quando já os latinos estão todos submetidos; e, poucos anos depois, toda a Itália do Sul está subjugada.

É nesta altura que a cidade de Roma, em pleno vigor do seu desenvolvimento, sente a sua capacidade de expansão coagida por outra potência igualmente forte: Cartago. Não vamos agora repetir em pormenores a história das guerras púnicas, que todos nós temos ainda mais ou menos presente, do estudo da Antiguidade. Apenas convém fixarmos a nossa atenção sobre os resultados práticos dessas lutas, ou seja, que no fim da primeira, Roma fica com a Sicília; que, logo a seguir, se apodera da Córsega e da Sardenha; que, enquanto, por um lado, Cartago vai conquistando, pouco a pouco, a Espanha, até ao Ebro, Roma domina a Ilíria e a Gália Cisalpina. Estamos em presença de duas grandes forças opostas, que avançam sem cessar ao encontro uma da outra. Quer isto dizer que a guerra vai eclodir novamente. É o que sucede quando, em 219, Aníbal põe cerco a Sagunto. Daqui até à vitória retumbante de Canas, os cartagineses só conhecem triunfos. Mas Aníbal passa à frente de Roma e instala-se em Cápua, a gozar o inebriamento daquela civilização requintada.

Entretanto, os romanos subjugam a Espanha; e Cipião, em Zama, derrota o cartaginês.

As guerras púnicas cessam por algum tempo, e Roma volta as suas ambições para o Oriente. A Síria cai em seu poder. Finalmente, em 146, destrói Cartago, ao cabo de três anos de cerco, e a África do Norte torna-se uma província romana.

A Espanha subleva-se novamente, mas é dominada. A Macedónia perde também a sua autonomia e – ponto de importância culminante para a civilização romana – após a queda de Corinto, a Grécia é vencida.

Consideremos agora um momento a vida intelectual latina, no meio desta actividade bélica febril, que durou quase dois séculos.

Vimos que houve na vida interna da cidade lutas contínuas, até se estabelecer um nível de equilíbrio social aceitável para a classe dominada. Simultaneamente, a civilização romana estende-se por todas as terras que circundam o Mediterrâneo, sucedendo às conquistas das armas.

Ao mesmo tempo, dessas novas regiões dominadas, uma das quais, Cartago, era tida por a mais opulenta urbe do seu tempo, é canalizada para Roma uma riqueza inesgotável. Do norte de África, da Macedónia, da Síria, e sobretudo dos países altamente produtivos, como a Sicília, a Sardenha e a Espanha, afluem à capital do mundo torrentes de ouro, quer por via dos tributos impostos aos vencidos, quer pela "praeda", que é, pura e simplesmente, o saque dos conquistadores. Como é natural, este aumento de riquezas traduz-se imediatamente numa subida de luxo entre os romanos. Os rudes camponeses do tempo de Fabricius usam baixelas de prata valiosas. Até os cozinheiros, outrora considerados servos desprezíveis, são agora artífices de importância, apreciadíssimos pelas iguarias complicadas que confeccionam. Projectados de súbito neste mundo de requinte e de ostentação, os romanos perdem o admirável equilíbrio das suas virtudes. O nível moral desce assustadoramente e, no meio do povo valente que conseguira dominar o mundo, Cipião Emiliano não encontrou, certo dia, um só homem para ir para a Espanha como tribuno e embaixador.

Mas, ao falarmos das alterações que advieram à República Romana das suas brilhantes conquistas, não podemos omitir um fenómeno histórico especial, aquele mesmo que Horácio sintetizou no seu citadíssimo verso:

Graecia capta ferum uictorem cepit.

Estamos, portanto, em presença dum caso em que o país vencido dominou intelectualmente o seu vencedor. A influência da Grécia vinha de longe, de tão longe que mergulha na mesma época obscura dos primeiros tempos de Roma. Através da civilização etrusca, como através da da Magna Grécia, os helenos começaram cedo a exercer influência sobre os latinos. Sem falar já em que lhes transmitiram o alfabeto, podemos lembrar que enriqueceram a mitologia romana; e gregos libertos ou refugiados do Sul da Península foram as três primeiras figuras da Literatura Latina: Lívio Andronico, Névio, Énio. Mas, a esse tempo, as relações eram principalmente culturais e contribuíram para educar os espíritos. Aquele povo de tão curta imaginação que chegava a denominar os filhos por *Primus*, *Quintus*, *Sextus*, distinguindo-os apenas pela ordem do nascimento, tão prático que, nas artes plásticas, só conseguiu evidenciar-se na Arquitectura, por ser ela mais ligada às necessidades da vida social, começa a acatar preocupações mais altas.

Este interesse pelas coisas literárias manifesta-se em breve no famoso "Círculo dos Cipiões", que, pela primeira vez, admitiu em pé de igualdade e intimidade com grandes senhores o liberto Terêncio, o estrangeiro Políbio, o filósofo Panécio.

É justamente no epitáfio de um dos membros desta ilustre família que vamos encontrar um elogio fúnebre influenciado pelas ideias gregas: em vez do "fortis ac strenuus", epítetos com que até aí se honravam os homens valentes das primeiras eras, deste disseram que teve beleza igual à virtude:

Quoius forma uirtuti parisuma fuit.

Entretanto, a educação da mocidade, até aí limitada aos exercícios físicos e aos rudimentos da língua, da escrita e do cálculo, alarga-se. Além do Latim, passa a aprender-se nas escolas o Grego, as Literaturas Grega e Latina, a mitologia, a história, a retórica, a filosofia e a arte gregas.

Estes ideais eram introduzidos em Roma, juntamente com outros, através de diplomatas, comerciantes, e, sobretudo, dos professores gregos, na sua grande maioria escravos, que vinham como prisioneiros para Itália. Foram eles os portadores dos sistemas filosóficos até então desconhecidos dos romanos: o pitagorismo, que via nos deuses personificações apenas da Unidade Suprema e, na mitologia, puro simbolismo; o cepticismo, que põe tudo em dúvida; o estoicismo, que pende para a resignação fatalista; o epicurismo que, mal compreendido, degenerou numa simples moral do prazer. Todas estas doutrinas, mal assimiladas por um povo de deficiente preparação intelectual, convergiram para produzir um forte abalo na religião romana, base das energias morais do povo latino de então. E Políbio chega a confessar, exprimindo certamente uma opinião universal, que a religião é boa para o povo apenas.

Enfim, perante este novo estado de coisas, há alguém que reage: esse alguém é Catão. Catão, que intervém constantemente, propondo a votação de leis repressivas, patrocinando a aprovação da Lei Voconia, Orchia e Fannia; que toda a sua vida defende a antiga tradição, sem tolerar luxos nem ostentações, que acusa as Letras Gregas do desequilíbrio moral, e, não vendo que o mal vem fundamentalmente do excesso de riqueza, proscreve filósofos e oradores helénicos, mas acaba os seus dias a aprender Grego e a devorar os discursos de Demóstenes. Enfim, a personificação exata do choque sofrido pela civilização romana, posta em contacto com outra que lhe era muito superior.

A partir de 134 a.C., ou seja, da época em que pusemos de parte a cronologia dos sucessos políticos, para fazermos breves considerações sobre a repercussão cultural daquele estado de coisas – a partir de 134, como dizia, até 82, a época é de agitação sangrenta. Os dois Gracos, Lívio Druso, as guerras sociais sucedem-se no interior de Roma e pela Península fora, enquanto no exterior se desenrolam as campanhas contra os gauleses, contra Jugurta, os cimbros e os teutões, os trácios e Mitridates, rei do Ponto. Socialmente, as classes capitalistas obtêm as terras a pouco e pouco. Enfim, já no século I a.c., começa a disputa do poder entre Mário e Sila, que anuncia o próximo advento do império.

Sila, que começou por fazer proscrições e massacres, acabou por consolidar o seu poder de ditador numa paz durável. Temos, portanto, ocasião de presenciar um esboço de renascimento das artes e das letras. Os juristas, os historiadores, os eruditos são bastante favorecidos pela acalmia que se verifica na nação, e em Roma continuam a ensinar tranquilamente os "rhetores" gregos. E, mesmo fora da cidade, funcionam cursos de retórica de grande nomeada: basta lembrar o de Mólon, em Rodes, que frequentaram, entre outros, Cícero e César. O teatro desenvolve-se, particularmente a atelana; e o mimo, imitado de Herondas, passa a estar na moda. Pode pois dizer--se que as letras progridem bastante, excepto num só ramo, em que não prosperam por falta de ambiente – a Eloquência. E a primeira grande voz que será capaz de se elevar com energia e beleza, ao defender Róscio Amerino, será já ouvida no declínio do regime e servirá até para lhe acelerar a queda. Essa voz foi a de Cícero.

Não vamos agora analisar a carreira de Cícero, em relação com o ambiente que a cercou. Tal ponto de vista, sem dúvida interessantíssimo, e, por isso mesmo, muito controvertido, reservá-lo-ei para a lição que lhe for consagrada. De momento, interessa apenas salientar uma atitude do grande escritor: aquela que tomou perante a cultura helénica – porque é deveras significativa. Na maior parte dos seus discursos, Cícero afecta uma certa indiferença pelas letras gregas, e, pelo que respeita à língua, quase nunca usa das suas expressões, por mais convenientes que sejam para a ideia a que quer dar forma. Resiste à tentação de dizer *methodos*, e prefere *uia et ratio*. Em vez de *aristocrates*, emprega *optimates*. E os exemplos multiplicar-se-iam. Os poucos helenismos de que se serve vêm sempre acompanhados das clássicas desculpas *ut ita dicam, ut Graeco uerbo utar*. Mais ainda, no processo contra Verres, ao falar das estátuas roubadas nas colónias gregas, Cícero finge não se recordar bem dos nomes dos escultores helénicos, e pede frequentemente ao secretário que lhe forneça dados. Porém, se pegarmos na sempre viva colectânea das suas cartas, a atitude muda inteiramente. Sobretudo ao dirigir-se ao amigo Ático – cujo sobrenome já era uma alusão à sua cultura – a linguagem enche-se de helenismos e de citações dos grandes vates da Grécia. Mais ainda, se folhearmos o *Pro Archia*, essa formosa oração em que, mais do que um debate judiciário, avulta o elogio das letras, veremos que Cícero não hesita em dizer: "Pois se alguém julga que se colhe menor fruto da glória dos versos gregos que dos latinos, engana-se redondamente, porque os gregos são lidos em quase todos os povos, enquanto os latinos estão contidos pelas suas fronteiras, sem dúvida, limitadas"[2].

---

[2] *Pro Archia*, X, 23.

Como poderemos explicar estas duas atitudes contraditórias? Muito simplesmente, buscando a razão no sentir do público da época. É que a cultura helénica, introduzida em Roma por gente quase toda de baixa categoria e pior moral, em que predominavam os escravos e os libertos, tinha tomado aspectos que deprimiam o seu prestígio, e as pessoas que se consideravam da melhor sociedade esforçavam-se por ostentar um certo desdém por tal cultura. Perante um ambiente assim, Cícero, o tradutor do poeta grego Arato, aquele que falava o grego com a fluência do latim, escondia os seus sentimentos de profunda admiração e chamava ostensivamente às letras *"leuiores artes"*, como quem diz, "artes de pouca monta". Muito diferente era a sua atitude quando escrevia aos amigos íntimos, ao irmão ou ao filho, como simples particular. E quando, enfim, se encontrou perante o auditório seleccionado que o ouvia defender o poeta Árquias, a sua admiração transborda naquele magnífico elogio que há pouco citei.

Há ainda outra faceta interessante a considerar na vida do grande orador. É esta o seu papel de transmissor da cultura grega. Na verdade, do vasto património espiritual dos helenos, Cícero escolheu, seleccionou, destacou alguns aspectos que sistematizou num eclectismo admirável. Ao escrever os seus tratados de retórica, de política e de filosofia, Cícero criou em latim a língua das ideias gerais. Dos oradores e filósofos gregos extraiu o conteúdo de valor universal. Resumindo: tomou da cultura helénica todo o fundo de ideias que havia de constituir o humanismo ocidental. E, para dizermos com Meillet, "a cultura grega perdeu com isso o seu sabor peculiar, mas ganhou em tornar-se universal"[3].

A vida de Cícero decorre num dos mais agitados períodos da República Romana. Após a queda de Sila, Pompeio triunfa em Roma, perante Lépido. Nas Espanhas, Sertório subleva-se e – curiosa contradição – a sua estadia aqui apressa a romanização da Península. Os escravos que se revoltaram, comandados por Espártaco, são enfim vencidos por Lépido e Pompeio. A guerra contra Mitridates, novamente declarada, e a conjuração de Catilina ocupam os anos seguintes. Enfim, sobe à cena da História uma das suas maiores figuras, que será igualmente grande na Literatura: César. Em 60, forma com Pompeio e Crasso o primeiro triunvirato. De 58 a 51, conquista as Gálias, e, em 49, estala a guerra civil, que conduz a Farsália, onde Pompeio cai, e donde César sai ditador. Continuam guerras no exterior, em Alexandria, em África, em Espanha, que são um feixe de vitórias. César multiplica as reformas, quase todas eficazes, e trata com clemência os adversários, até ao dia célebre dos idos de Março, em que Bruto, Cássio e os seus cúmplices o assassinam no Senado. As dissensões várias que acompanharam o assassínio de César terminam com a formação do segundo triunvirato. Mas Octávio, Marco António e Lépido não se sustentam por muito tempo nessa posição forçada, que nem a Paz de Brindes conseguiu firmar e, em 30, depois do suicídio de Marco António, quando Lépido já há muito estava

---

[3] A. Meillet, *Esquisse d'une Histoire de la Langue Latine*, Paris (1928).

posto à margem, o Egipto torna-se província romana e Octávio é senhor único de Roma. No ano seguinte, o Senado concede-lhe o título de imperador e inaugura-se uma nova fase na História de Roma.

A prudência e o tacto político de Augusto fizeram com que a paz se dilatasse a pouco e pouco por todo o Império Romano. Além do desastre de Varo na Germânia, não se pode mencionar outro contratempo grande à expansão de Roma. Além disso, internamente as coisas caminham bem. As letras desenvolvem-se numa floração maravilhosa, sob a égide do monarca clemente e do seu culto primeiro ministo, cujo nome ficará como um símbolo na História das Literaturas: Mecenas.

Na verdade, é esta a época em que Virgílio começou já a compor as suas *Bucólicas*, em cujos amenos bosques e prados ecoam ainda surdamente as lamentações pelas últimas guerras civis. Em breve, instigado pelos conselhos do Imperador, que deseja extrair da agricultura e do interesse pela terra o manancial de virtudes que outrora ela despeitara nos romanos, construirá as suas *Geórgicas*, sem dúvida o poema de mais acabado engenho da Literatura Latina. Finalmente, Virgílio volta-se para o passado e exalta na *Eneida* as origens gloriosas da raça. A epopeia virgiliana surge, como todas as grandes epopeias, no vértice de um passado histórico brilhante. Representa um povo consciente da grandiosidade da missão que cumpriu. E esse sentimento cristalizou na *Eneida*, e irrompe vitoriosamente no famoso verso[4]:

> Tu regere imperio populos, Latine, memento.

que, sozinho, define o papel de Roma na Antiguidade.

Mas não esqueçamos que, ao mesmo tempo, floresceu Horácio, o resignado e tranquilo filósofo da brevidade da vida, e os grandes elegíacos romanos, Tibulo e Propércio. E Ovídio, sobre o qual paira ainda o mistério do seu incompreensível exílio.

A prosa está mais mal representada. Contudo, isso não impede que a História ressurja na pena de Tito Lívio. Só a Eloquência, arte que se compraz na agitação dos feitos e do pensamento, recolhe à inanidade das dissertações de escola, dos debates fictícios.

Terminado o brilhantíssimo século de Augusto, que desenvolveu poderosamente o gosto pela leitura, fundando a primeira biblioteca, criando as leituras públicas, inaugurando concursos de poesia – fazendo, enfim, com que os escritores gozassem de um ambiente de merecida estima e consideração – terminado esse século, como dizíamos, a Literatura Latina entra em declínio.

Na verdade, depois da morte de Augusto, o estado político de Roma altera-se bastante. O cesarismo estabelece-se definitivamente e em volta do imperador forma-se uma corte mais ou menos aduladora. Como não há lei de sucessão, e o poder é praticamente absoluto, cada vez que morre um monarca há lutas sangrentas.

---

[4] *Aen.*, VI, 851.

Entretanto, a religião romana, já alterada pela importação de cultos orientais, e pela filosofia grega, sofre os últimos golpes com o advento do cristianismo, que caminha para Roma através do mar de sangue dos seus mártires e acaba, enfim, por converter a própria família imperial.

Contudo, o gosto pelas letras continua a desenvolver-se. Primeiro, sob a dinastia juliana, há um assomo de uma nova estética, com Séneca e Lucano. Mais tarde, em tempo dos imperadores flavianos, produz-se uma reacção clássica, que reclama o ciceronianismo, sob a égide de Quintiliano. É nessa altura que Plínio o Moço, essa suave figura da Antiguidade, que mostrava uma devoção exemplar pelos amigos e uma caridade quase cristã pelos servos, escreve as suas famosas cartas. Cartas em que, em vez das tempestades políticas das de Cícero, se reflectem sentimentos de tranquilidade, e não raro se espelham, como numa miniatura de esmalte, as ricas casas de campo romanas, com os seus pátios frescos, as suas colunatas, as suas piscinas soalheiras, e os seus caminhos cheios de sombra, onde passam vagarosamente as liteiras dos senhores...

Surge também um clarão de génio: Tácito, o cronista austero dos Césares.

Depois, com o aumento da corrupção dos costumes, a sátira afia as suas garras e crava-as impiedosamente na sociedade romana, com Juvenal e Marcial. O romance nasce finalmente com o famigerado *Satiricon* de Petrónio, que seria suficiente documento para se prever que o Império, tão carcomido nos seus alicerces, não durará muito.

É curioso observar que nesta época, de que só citámos alguns autores, predominam os indígenas das colónias romanas. Mais curioso ainda é notar que a Espanha fornece o maior contributo: os dois Sénecas, Lucano, Quintiliano, Marcial, e ainda o geógrafo Pompónio Mela e o tratadista Columela. Durante o século dos Antoninos, espécie de oásis de serenidade entre o tempo precedente e a época sombria de Diocleciano, muitos dos autores principais são africanos: Frontão, que reflecte o fraco gosto da época, e Apuleio, que escreverá um romance à maneira milésia. Finalmente, no século IV, surge Claudiano, de Alexandria, Ausónio e Rutílio Namaciano, das Gálias. Podemos dizer, portanto, que assistimos a uma espécie de refluxo intelectual, pois que das regiões colonizadas, e a pouco e pouco romanizadas, mais pela superioridade da civilização do que pela força, aflui à terra-mãe uma nova vida intelectual.

Facto muito significativo, que só por si constituiria um grande elogio à Literatura Latina: ter encontrado forças novas nos filhos espirituais que criara. Mas há ainda mais que admirar nesta Literatura. É tempo, pois, de abordarmos a discutidíssima questão da sua originalidade.

Os latinos, quando confrontavam a sua Literatura com a grega, eram-lhe quase sempre desfavoráveis. Sem falar já no verdadeiro acto de abdicação que Virgílio faz no Canto VI da *Eneida*, quando declara que a outros povos competirá o primado das artes e das letras, mas aos romanos só o papel civilizador, temos ainda o famoso desdém de Horácio pelos poetas arcaicos, e as confissões amargas de Quintiliano, ao passar em revista os grandes escritores da Antiguidade Clássica. No decurso da Idade Média, porém, as opiniões mudaram. O pensamento e a literatura grega – exceptuando, é claro, Aristóteles – caíram no mais completo olvido, por desconhecimento da respectiva língua, e, nessa ocasião, "latino" queria dizer "civilizado", Este estado de coisas foi atacado, como é sabido, pelo movimento intelectual conhecido na História sob a formosa designação de Humanismo, e de tal modo foi a revolução da maneira de pensar, que, quase se caiu no extremo oposto, de considerar os escritos latinos todos mais ou menos adaptados do Grego. Lembremos que é desta época a citada frase em que Rabelais exalta os méritos da Língua Grega, "sans laquelle c'est honte qu'une personne se die sçavant".

Quando, nos princípios do século XVIII, os países germânicos passam a deter os primeiros lugares nos estudos clássicos, o conceito renascentista acerca da superioridade da Literatura Grega sobre a Latina mantém-se. No século XIX, Mommsen chega a negar aos latinos o sentido da poesia.

Nos nossos dias, a questão continua de pé, solicitando a atenção – quando não debates apaixonados – de todos os que se dedicam ao estudo das Literaturas Clássicas. Variam as opiniões, conforme se considera originalidade criar ou aperfeiçoar o material ideológico ou formal que se apresenta aos autores. *Nulla mansit ars qualis inuenta est, nec intra initium stetit* – diz Quintiliano na sua *De Institutione Oratoria*[5]. Nenhuma arte fica no ponto em que foi criada – repetiremos nós. Tenham os gregos inventado ou não todos os géneros literários – e hoje é-se menos propenso a acreditar integralmente no "Milagre Grego" – o certo é que os latinos, quando entraram na História, encontraram um manancial abundantíssimo, que em breve as conquistas canalizaram para Roma. As próprias circunstâncias iam fazer com que a Literatura Latina, que começava a ensaiar os seus primeiros passos com os carmes oficiais, religiosos e fúnebres, fosse arrastada pela potência do génio helénico. Fenómeno este que havia de repetir-se mais tarde nas literaturas modernas, que das clássicas (e principalmente da Latina) derivaram a maioria dos seus temas. É que temos de distinguir entre as formas e os temas, que os latinos chamaram a si, e a maneira de os desenvolver, em que os diversos escritores revelaram o seu estilo. Como disse o professor italiano Ussani, um dos mais entusiastas defensores do valor latino, "sem tirarmos à Grécia a coroa da espontaneidade nativa, ninguém pode negar que os Romanos... souberam inspirar a vida da arte numa matéria que para os Gregos fora pura especulação... À serena narração homérica, Roma contrapõe o lirismo virgiliano; o império de Augusto dá origem a uma poesia política de grandes linhas, que não tinham sido capazes de criar nem as repúblicas municipais gregas, nem as monarquias dos diádocos..."[6].

---

[5]   X. 2, 8.

[6]   V. Ussani, *Storia della Letteratura Latina nella età repubblicana ed augustea*, Milano. Cap. VIII, 60-61.

Acrescentemos ainda a famosa reivindicação de Quintiliano, ao historiar os géneros literários em ambos os povos[7]:

Satira... tota nostra est.

que, embora se não possa tomar à letra, assinala contudo um domínio particularmente desenvolvido pelos latinos. Lembremos ainda, como dons peculiares dos autores romanos, as suas qualidades de realismo, e um tal ou qual sentido romântico da natureza, que foi, por assim dizer, desconhecido dos helenos, e a substituição da predilecção por evocações mitológicas por um culto único do sentido austero dos destinos superiores de Roma no mundo.

Vem a propósito falarmos agora, para terminar este breve esboço do fenómeno literário em Roma, do valor permanente da Literatura Latina, ou seja, do interesse que ela continua a apresentar aos modernos.

Um desses motivos de interesse indicámo-lo há pouco: a necessidade do conhecimento dos autores latinos para a completa interpretação dos autores da Romania. Para não sairmos do nosso País, com um exemplo frisante, quem poderia entender bem *Os Lusíadas*, e até grande parte do *Parnaso* de Camões, sem um conhecimento sólido da Antiguidade Clássica?

Se considerarmos a Literatura Latina independentemente da influência que exerceu nos modernos, o seu interesse e o seu valor continuam a ser perfeitamente indiscutíveis. A beleza imortal da *Eneida* continua a impor-se aos espíritos elevados, os discursos de Cícero vibram ainda de veemência e de energia, servidas por um impecável domínio da expressão. Citei só dois exemplos, e fi-lo propositadamente, referindo apenas a maior figura da Poesia e a maior figura da Prosa Latina. Apesar de nós, leitores de hoje, não sermos capazes de atingir o valor de muitos dos seus requintes formais, de tudo aquilo, enfim, que na sua arte representa virtuosismo – pois não sabemos exactamente como ler a cadência do hexâmetro dactílico, nem as cláusulas métricas da oratória de Rodes – mesmo assim, admiramos ainda nesses autores algumas das obras primas do género humano. E não esqueçamos também o valor formativo dos escritores latinos: a repousante filosofia de Horácio, o eclectismo dos tratados ciceronianos, o sopro heróico de Tito Lívio, o estoicismo de Séneca, a austeridade de Tácito, a bondade e afabilidade de Plínio o Moço.

Para definir com rigor o interesse permanente da Literatura Latina, é preciso analisar separadamente cada um dos seus grandes vultos. Essa será a tarefa das lições seguintes.

E se, com esta despretensiosa introdução, vos não suscitei o desejo de consagrar algum tempo à evocação das grandes figuras da Latinidade, só me resta pedir-vos desculpa de ter oficiado tão mal nesse tão formoso templo.

---

[7] *De Institutione Oratoria*, X, 1.93.

2ª LIÇÃO
A EPOPEIA

Da tradução da *Odisya*, de Lívio Andronico, à originalidade do *De Bello Punico* de Névio. A "rugosidade dos *Anais* de Énio".
A *Eneida* de Virgílio perante a sua época e perante a posteridade. Sua composição e significado. Os passos mais belos do poema.
A *Pharsalia* de Lucano e a crise do maravilhoso.
Os "neo-clássicos": Valério Flaco, Sílio Itálico, Estácio. O *De Raptu Proserpinae* de Claudiano. Carácter artificial acentuado da epopeia da decadência.

Estudámos na primeira lição, que constituiu uma espécie de introdução a este pequeno curso de Literatura Latina, *O Fenómeno Literário na Roma Antiga*. Ocupar-nos-emos hoje da epopeia, porque ela teve, em quase todas as literaturas do mundo e em todas as da Antiguidade, a prioridade no tempo sobre os demais géneros literários. Na Índia, o *Mahabārata* e o *Ramayana*, na Assíria e Babilónia, os poemas de *Enuma Eliš* e de *Gil Gameš*, na Grécia, todas as epopeias que já Aristóteles admitia se tivessem perdido, mesmo antes da *Ilíada* e da *Odisseia*, são outros tantos exemplos que nos levam a crer que este deve ter sido o mais antigo género de poesia que o espírito do homem concebeu. De carácter meio histórico, meio didáctico, a epopeia servia para lembrar às diversas raças, sob forma artística, a sua ascendência divina, os feitos heróicos dos seus antepassados.

Não é, portanto, de admirar que a Literatura Latina comece por nos apresentar uma epopeia. Mas, facto simbólico, pelo menos para muitos dos que não acreditam na espontaneidade do génio romano, esse primeiro poema é uma tradução da *Odisseia*, feita por um grego de Tarento, que veio como escravo para Roma, após a conquista da sua terra natal, foi depois liberto e acabou, segundo uma tradição mais ou menos aceite, como mestre da primeira escola pública que teve a Vrbs: era Lívio Andronico.

Desta *Odisya* restam cerca de 30 versos, modelados numa língua áspera e rude ainda, que parece não ceder às mãos inábeis do estrangeiro que intenta domá-la. A flexibilidade da expressão original grega desaparece sob as pregas hirtas do idioma latino nos seus primórdios. A uma forma como πολύτροπον, que, no original homérico, qualifica a esperteza viva de Ulisses, corresponde aqui o mal soante *uersutum*. O nome suave da ninfa *Calipso* cai pesadamente no acusativo *Calipsonem*. Acresce a tudo isto o emprego do metro nacional romano – o satúrnio – de que ainda hoje não sabemos discriminar com rigor a composição, mas que está longe da sonoridade do hexâmetro dactílico, tão harmonioso que, mesmo através da nossa leitura imperfeita do Latim, nos soa agradavelmente aos ouvidos.

Lívio Andronico escreveu também tragédias e comédias, de forma e assunto helénico, e diz-se mesmo que teria contado entre os actores que as representaram. Pouco mais resta, porém, do seu teatro, do que alguns títulos de obras.

De modo que podemos dizer que de Lívio Andronico, que transplantou para Roma três géneros literários gregos, só escassamente conhecemos a obra, e, portanto, não estamos habilitados a pronunciar sobre ele um juízo seguro. Contudo, dos fragmentos que nos restam, podemos talvez concluir com F. Plessis que na sua poesia não parece brilhar nenhuma luz[8].

Segue-se lhe Névio, provavelmente natural da Campânia, poeta, sem dúvida, de mais largos voos. A sua grande epopeia, *Bellum Punicum*, que provavelmente abrangia sete livros, tratava já de um assunto nacional: as guerras púnicas. Contudo, o poema ressente-se ainda da pouca ductilidade do metro saturnio, em que está escrito.

Os 60 a 70 fragmentos que hoje possuímos do *Bellum Punicum*, todos eles tão cortados que nenhum ultrapassa três versos seguidos, permitem-nos, contudo, apreciar alguma coisa da arte do poeta. Presenças divinas, episódios dramáticos, como a partida de Tróia, uma tempestade, figuras comovedoras, parecem abundar no poema. O verso tem já mais colorido e movimento. Tais são, a largos traços, as inovações que apresenta a epopeia de Névio, em relação à do seu antecessor. Das suas outras actividades literárias, exercidas na tragédia e na comédia, aliás também escassamente representadas, ocupar-nos-emos quando tratarmos do teatro. Mas, ao deixarmos este poeta, que levou uma vida agitada de guerreiro e de político, castigado com a prisão e com o exílio, lembremos o seu célebre epitáfio, que compôs na consciência plena dos seus méritos, e está cheio, como observou Aulo-Gélio, de orgulho campaniano:

> Inmortalis mortalis si foret fas flere,
> Flerent diuae Camenae Naeuium poetam.
> Itaque postquam est Orcho traditus thesauro,
> Obliti sunt Romae loquier lingua Latina.

Eis-nos chegados enfim ao poeta Énio, o calabrês, que se gabava de falar três línguas, o Osco, o Grego, e o Latim, artista de múltiplas aptidões, que escreveu uma epopeia, 20 tragédias e algumas comédias com a mesma facilidade com que compôs uma obra de gastronomia e quatro livros de sátiras. Mas ainda não é tudo: há notícias da existência duma versão em prosa da *História Sagrada* de Evémero e de um outro poema épico, sobre Cipião o Africano. De tudo isto, restam fragmentos do teatro, 600 versos dos *Anais* e o epitáfio. Ocupar-nos-emos, por agora, dos *Anais*, extenso poema em 18 livros, que devia celebrar toda a história de Roma, desde as origens até ao tempo do autor.

Sob o ponto de vista formal, notaremos desde já um grande progresso: Énio importou pela primeira vez para o Lácio o hexâmetro dactílico. Consegue algumas vezes formar compostos harmoniosos e expressivos, à maneira grega, que ficarão

---

[8] Cf. F. Plessis, *La Poésie Latine*. Paris (1909), p. 8.

na linguagem poética latina; mas cria, por outro lado, algumas formas pesadíssimas que, felizmente, não deixarão rasto. No seu desejo de transplantar para Roma construções gregas, imita as tmeses homéricas, mas com tanta infelicidade que, em vez de separações entre verbos e sufixos, como sucede na *Ilíada* e na *Odisseia*, assistimos a alterações de ordem inadmissíveis na Língua Latina. A aliteração, processo muito caro aos romanos primitivos, cai por vezes num exagero ridículo.

Na construção do poema, Énio seguiu de perto o cânone homérico, fazendo ritualmente a sua invocação à Musa, prodigalizando intervenções dos deuses, episódios e lances dramáticos. Contudo, o maravilhoso eniano tem um carácter artificial acentuado. E parece-nos que o autor se sente mais à vontade, quando espelha ao mesmo tempo as concepções filosóficas gregas e a origem divina que atribui à sua arte, naqueles primeiros versos em que contava como a alma de Homero fora primeiro um pavão, depois incarnara em Euforbo, em Homero e em Pitágoras, e, finalmente, nele mesmo, Énio!

Mas, ao apontar estas deficiências do poema, não esqueçamos também as suas belezas. Lembremos que Énio compôs versos de grande sonoridade, como este:

> Musae, quae pedibus magnum pulsatis Olympum.
>
> (I, frg. I)

e escreveu episódios delicados, como o da ninfa Ilia, ou cheios de solene e agreste religiosidade, como este em que descreve a disputa de Rómulo e Remo[9]:

> – Remus auspicio se deuouet atque secundam
> solus auem seruat. At Romulus pulcher in alto
> quaerit Auentino, seruat genus altiuolantum.
> Certabant, urbem Romam Remoramne uocarent.
> Omnibus cura uiris uter esset induperator.
> Expectant; ueluti, consul cum mittere signum
> uolt, omnes auidi spectant ad carceris oras,
> quam mox emittat pictis e faucibus currus:
> sic exspectabat populus atque ora timebat
> rebus, utri magni uictoria sit data regni.
> Interera sol albus recessit in infera noctis.
> Exin candida se radiis dedit acta foras lux;
> et simul ex alto longe pulcherruma praepes
> laeua uolauit auis. Simul aureus exoritur sol,
> Cedunt de caelo ter quattuor corpora sancta
> auium, praepetibus sese pulchrisque locis dant.

---

[9] I, frg. 43 (ed. Valmaggi, Chiantore, Torino, 1945).

Conspicit inde sibi data Romulus esse priora,
auspicio regni stabilita scamna solumque.

Resta-nos fazer nossas as célebres palavras com que Quintiliano, ao dissertar
sobre as Literaturas Clássicas, se refere à "rugosidade" do autor dos *Anais*[10]:

Ennium sicut sacros uetustate lucos adoremus, in quibus grandia et antiqua
robora iam non tantam habent speciem quantam religionem.

Até aqui observámos o nascimento e os primeiros ensaios de um importante
género literário em Roma. Referimo-nos sumariamente à tradução da *Odisseia*,
por Lívio Andronico. Depois vimos que a epopeia tomava interesse nacional
com o *De Bello Punico* de Névio. E que, finalmente, com Énio, a história de Roma
encontrou o seu primeiro grande panegirista. Chegados aqui, porém, os poetas,
pelo menos os poetas maiores, abandonam quase por completo este género.
Começa a desenvolver-se o teatro, com vivacidade e qualidades de observação
na comédia, com fraco alento e crescente inadaptabilidade na tragédia. Cria-se a
poesia didáctica, transplanta-se para Roma o alexandrinismo. No *forum* começa
a dominar a oratória de Cícero, de períodos esculturais e expressão veemente.
César e Salústio rasgam cada um sua senda divergente na arte de historiar
o passado. E, enquanto tantos géneros literários se desenvolvem e florescem, a
epopeia parece ter emudecido.

Como explicar o facto? Em boa parte, pelas condições políticas da época.
É que, durante todo este lapso de tempo, Roma debate-se, como vimos já na lição
passada, em violenta crise interna e externa. É o período em que, à queda de
Sila, se seguem as lutas de Pompeio, até Farsália, em que a Espanha se subleva
e é dominada, em que o Egipto cai sob o poder de Roma, e, finalmente, se com-
binam e desfazem o primeiro e o segundo triunvirato. Depois de incessantes
e violentas lutas, Octávio torna-se, enfim, senhor único do império. E, nas suas
mãos hábeis de estadista, a paz desce como uma bênção geral. Sente-se que os
romanos acabaram de escrever um capítulo magno da sua história, e, no limiar
de nova época, voltam-se um momento para o passado, a contemplar o panorama
grandioso dos seus feitos. Tudo parece esperar somente que venha o génio dum
poeta corporizar esse sentimento. Que nos surpreende que o autor aplaudido
das *Bucólicas*, o entusiasta cheio de ardor das *Geórgicas* se sentisse interiormente
chamado e exteriormente incitado a cantar o passado heróico de Roma? Assim
a epopeia ressurgiu com Virgílio.

Desejo íntimo do poeta, esboçado já na VI.ª *Bucólica* e mais nitidamente delineado no prólogo do III Livro das *Geórgicas*? Vontade de satisfazer um pedido

---

[10] *De Institutione Oratoria*, I, 1.88.

do imperador, como refere Sérvio? A verdade é que Virgílio se vota à empresa hercúlea de cantar o passado glorioso de Roma. Para isso serve-se de uma lenda, possivelmente fabricada pelos gramáticos gregos que professavam em Itália, lenda essa que cobria de augusta solenidade e de discreta erudição as origens dos latinos – a vinda de Eneias de Tróia para o Lácio. Os poucos fragmentos que nos restam de Névio mostram que aquele chefe troiano já figurava com certo relevo no *De Bello Punico*. Ácio compusera uma tragédia que se intitulava *Aeneadae seu Decius*. Portanto, o tema não era integralmente novo, mas apenas habilmente aproveitado, e, porventura, remodelado.

Paradigmas ilustres não faltavam ao poeta. Começando pelos máximos, a *Ilíada* e a *Odisseia* inspiraram, nas suas linhas gerais, esta, os seis primeiros livros, aquela, os seis últimos do poema. O processo de lançar o leitor *in medias res*, como quem diz, no meio dos sucessos, as intervenções divinas frequentes e decisivas, os epítetos da natureza, tudo isto eram moldes homéricos, bem conhecidos. Mas havia ainda outras obras: o ciclo homérico, vasto repositório de lendas, os trágicos gregos, as *Argonáuticas* de Apolónio de Rodes, Pisandro, os hinos de Estesícoro, os historiadores – para só falar nos mais conhecidos. E doutrinas filosóficas, que se reflectem sucessivamente na *Eneida*, quer de Platão, como dos estóicos e dos órfico-pitagóricos. Nos latinos, Névio, Énio, e ainda Lucrécio e Catulo sugerem ideias e formas que reencontramos em Virgílio. E não esqueçamos os autores de anais, consultados escrupulosamente pelo mantuano. Ao citarmos estas fontes de inspiração, faltou-nos mencionar a principal: a própria Roma. A Vrbs constitui, na verdade, o fundo sempre presente nos versos do poeta: a sombra longuínqua mas sempre nítida, para onde tudo converge. Um poema cuja acção decorre séculos antes da fundação de Roma consegue tê-la sempre presente. Toda a *Eneida* prepara o facto desde o início:

Tantae molis erat Romanam condere gentem.

(Il. 33)

Muitos hábitos romanos, e em especial ritos religiosos, como nota René Pichon, cumprem-se já entre os companheiros de Eneias e os seus contemporâneos: o rei latino abre as portas do templo de Jano, quando começa a guerra; no Livro V celebram-se jogos semelhantes aos *Jogos Troianos* de Augusto; e, sobretudo, no Livro VIII, quando, o protagonista do poema visita o lugar da futura Roma, o seu itinerário é o mesmo das famosas procissões triunfais. Não falo já da célebre revista dos heróis, feita por Anquises nos Campos Elísios, no Livro VI, em que desfilam os grandes vultos nacionais, perante os olhos maravilhados do seu progenitor.

Este era o interesse máximo da *Eneida* perante a sua época: uma epopeia nacional, onde a história se enlaçava com a mitologia e a lenda, onde dominava um sentimento religioso muito caro aos romanos, o da devoção para com os deuses, e onde aparecia transfigurado todo o legado cultural e poético dos antepassados. Com o rodar dos tempos, o favor em que era tido o poema continuou a aumentar. Cedo começou a ser estudado nas escolas, como texto de grande beleza artística e não menor valor formativo. No final do século I, Sílio Itálico busca imitar o Mestre e Estácio vota-lhe o mesmo culto apaixonado, tão claramente expresso em toda a sua obra. Por sua vez, Séneca cita com frequência versos de Virgílio. Mais do que isso, a linguagem da poesia fica como que definitivamente fixada – o que contudo não obstou a que se publicasse um "Aeneidomastix", ou, como diríamos em português, um "chicote da *Eneida*".

A influência continua a exercer-se sobre os poetas do século IV; Claudiano e Ausónio vivem ainda da forma do mantuano. Entretanto, os gramáticos voltam-se para a análise do poema, efectuada com uma tão exaustiva minúcia de pormenores, que quase faz perder de vista a beleza e harmonia das linhas gerais. Sérvio, Donato e Macróbio fazem uma revisão de valores a que nada escapa; contam-se até os versos que imitou de Homero, de Píndaro, de Énio, os neologismos, as figuras de retórica. Estuda-se a parte da eloquência, os conhecimentos em matéria de direito augural e de direito pontifical.

Tudo isto, pelo que toca aos pagãos. O favor de que gozou junto dos cristãos não foi menor. Lactâncio cita-o com frequência. Juvenco, ao parafrasear em verso os Evangelhos, serve-se dos moldes da *Eneida*. S. Jerónimo e Santo Agostinho quase chegam a censurar-se a si mesmos por admirarem demasiado Virgílio.

Junto das classes populares, é também bastante conhecido. Provam-no os numerosos "graffiti" de Pompeia em que figuram versos, mais ou menos adulterados, do grande épico.

Desde o século II, começa o hábito de tirar as chamadas *"sortes Vergilianae"*. Consistiam elas em abrir ao acaso os poemas de Virgílio, sempre que a gravidade da situação o pedia, e tomar como norma de conduta o verso mais apropriado que se deparasse no texto. Este uso manteve-se até ao século XVI.

Na Idade Média não se desvanece a aura de Virgílio. Pelo contrário, os sábios copiam-lhe as obras, estudando-as e anotando-as. A lenda quase o canoniza, atribuindo-lhe uma profecia da vinda de Cristo, deduzida da IV.ª *Bucólica*. E, como todos sabem, Dante escolheu-o para seu guia no *Inferno*.

O Renascimento tece-lhe os maiores louvores. Para não falarmos já das imitações de Petrarca, de Sannazaro e da Plêiade, citemos apenas o exemplo máximo: Camões. Nos séculos seguintes, a admiração mantém-se. No século XIX, Chateaubriand, Victor Hugo e Sainte-Beuve continuam a tributar-lhe a homenagem de o estudarem conscienciosamente. Segue-se a reacção da crítica alemã, que tende a negar a Virgílio todo e qualquer dom de originalidade de inspiração. Depois, juntamente com os outros escritos clássicos, a *Eneida* perdeu um pouco do seu prestígio, certamente em consequência do menor conhecimento da língua em que foi escrita. Contudo, os estudiosos da Antiguidade continuaram sempre a ver nela um modelo de beleza equilibrada e de perfeição cuidada, que em qualquer parte a impõem como protótipo sem par de arte clássica, ou seja, imorredoura.

Com estas palavras, parece que se fez à *Eneida* um bem modesto elogio. Não o é, contudo. E, se analisarmos rapidamente a sua composição, em breve nos convenceremos do contrário. Recordemos a estrutura do poema: no Livro I, após uma breve proposição e invocação, o poeta descreve-nos a chegada de Eneias a Cartago, e a recepção que a rainha Dido lhe faz. No Livro II e III, Eneias refere a Dido os sucessos ocorridos depois da queda de Tróia, e as suas aventuras. O Livro IV contém o romance de Dido e Eneias. No Livro V, assistimos aos jogos fúnebres, em honra de Anquises. O Livro VI é totalmente preenchido pela descida aos infernos. E com isto vimos a primeira parte do poema, a das aventuras de Eneias. Todos os livros seguintes, até ao XII, narram as lutas de Eneias no Lácio, até à vitória final, em combate singular com Turno, o que lhe dá a mão de Lavínia e com ela o senhorio da Itália. É a parte guerreira do poema.

Ao contemplarmos este esquema da composição da *Eneida*, poderá parecer-nos, à primeira vista, que contém alguns ornatos supérfluos, cantos inteiros, mesmo, que se dispensavam. Tomemos, por exemplo, o Livro IV. A descrição da paixão de Dido, que é como um acto de tragédia intercalado na epopeia, serve para nos dar um dos traços mais salientes do carácter de Eneias: a sua obediência cega à vontade dos deuses, que lhe prescreveram um destino a cumprir, custe o que custar. O Livro VI, aparentemente uma peça independente do resto do poema, prende-se a ele por inúmeras referências: o aparecimento de Palinuro recorda o Livro V, o episódio de Dido, o Livro IV, Deífobo, o Livro II. Finalmente, a grande parada das almas que vão sofrer a metempsicose é uma revista de valores da história de Roma, do mais profundo interesse. Não prosseguiremos nesta exemplificação, que nos levaria demasiado longe. Percorramos agora rapidamente as principais figuras da *Eneida*. Entre as masculinas temos de dar a primazia a Eneias, embora este pareça mais um símbolo do que um ser vivo. Esta característica marcante, que Virgílio lhe imprimiu, fez com que o seu herói fosse alvo das mais desencontradas críticas. Mas a verdade é que o chefe troiano representa sempre o instrumento da providência divina, aquele que, pelas suas excelsas virtudes, foi chamado a desempenhar uma missão sagrada, transportar os Penates de Ílion para a Itália – ou, como diríamos em linguagem moderna, levar o facho de uma civilização extinta para novas terras. E, se uns dias de devaneio sentimental ameaçam retê-lo em Cartago, logo o mensageiro dos deuses o adverte do mau caminho que leva; e Eneias:

> ardet abire fuga dulcesque relinquere terras,
> attonitus tanto monitu imperioque deorum.

(IV, 281-282)

E é também o homem justo, que combate ardorosamente quando é preciso, mas se compadece de antemão das vidas que terá de sacrificar:

Heu! quantae miseris caedes Laurentibus instant!

(VIII, 537)

Passemos à frente os companheiros de Eneias, que a custo emergem da penumbra dos últimos planos e citemos antes Mezêncio, guerreiro brutal, ateu – *contemptor deorum*, diz o Poeta, para de um só traço o opor ao *pius Aeneas*, e Turno, guerreiro valente e hábil orador; Evandro, representante venerando dos costumes patriarcais, duramente sacudido pelo destino cruel do seu filho único; Lauso, o adolescente virtuoso e dedicado; Niso e Euríalo, exemplos da amizade imperecível.

Vejamos agora a galeria feminina, à frente da qual vem Dido, alta figura de tragédia, que ficou como modelo definitivo da apaixonada. Acompanha-a sua irmã Ana, figura calma e ponderada, mas sem interesse. Temos ainda Amata, a autoritária, esposa do rei Latino; Camila, a jovem e audaciosa guerreira; e Andrómaca, delicada, e inconsolável da perda do marido. As deusas que mais actuam no poema, Juno e Vénus, – esta, uma formosa estátua ornamental, que parece sentir-se mais na ausência do que na presença, aquela, majestosa e cheia de orgulho, – completam este conjunto, onde se revelaram poderosamente os dotes de observação psicológica do Poeta.

Virgílio é também um grande pintor da natureza; a sua fina paleta ora retrata a Aurora, que surge envolta na sua túnica cor de açafrão, ora a noite, que espalha sobre os membros dos mortais o sono tranquilo, na quietude do silêncio, ora as águas do Tibre, que reflectem os verdes arbustos das suas margens, num manso espelho sulcado pelas quilhas dos navios de Eneias e dos seus companheiros. É igualmente artista nas pequenas cenas, descritas em quatro ou cinco versos somente, como naquela em que a floresta toda ecoa o som das árvores abatidas a machado:

Itur in antiquam siluam, stabula alta ferarum:
Procumbunt piceae, sonat icta securibus ilex,
Fraxineaeque trabes cuneis et fissile robur
Scinditur; aduoluunt ingentes montibus ornos,

(VI, 179-182)

Não queria deixar a *Eneida* sem trazer mais uma vez à luz da memória alguns dos seus mais belos passos. Omito a tempestade marítima do canto I, a análise impecável da paixão amorosa, que domina em todo o canto IV, a augusta solenidade do canto VIII, com os episódios célebres da aparição em sonhos do deus do Tibre, e a descrição do escudo de Eneias, para me fixar no canto VI, ou seja, na descida aos Infernos.

O tema da descida aos Infernos tem as suas remotas origens no canto XI da *Odisseia* e parece ter agradado tanto que logo mãos mais recentes lhe duplicaram a primitiva extensão com episódios novos – pelo menos, assim pensa V. Bérard.

As descidas ao Hades de Orfeu e Hércules devem ter dado motivo a muitas composições, de que se perdeu grande parte, mas de que a divertida paródia das *Rãs*
de Aristófanes nos entremostra o vulto.

Por toda a Literatura Grega, o tema continua a ser desenvolvido e apreciado.
Entre os latinos, porém, pouco tinha vingado ainda. Até que Virgílio, que já o
retomara no episódio final das *Geórgicas*, o desenvolve agora com todo o poder da
sua arte. Vasto quadro de claros e escuros, à maneira de Rembrandt, pelo que toca
à descrição da natureza amaldiçoada do reino de Plutão, cheio da delicadeza de um
Rafael na evocação compadecida de algumas figuras, o canto VI é também uma
vasta confluência de doutrinas filosóficas, onde se encontram ideias de Platão, dos
órfico-pitagóricos, dos estóicos. Surge a noção clara de que os bons devem ter na
outra vida melhor sorte que os maus; e, ao falar dos suicidas, Virgílio tem palavras
de dolorida censura para a sua desgraça. Passa às portas do Tártaro, onde se casti-
gam os piores crimes, sem as abrir, porque o sofrimento desconforme repugna ao
ideal estético dos clássicos. Chega, enfim, aos Campos Elísios, onde Anquises vai
predizer a Eneias o destino que o aguarda em Itália. Ao mesmo tempo, mostra-lhe
os futuros vultos da história de Roma. Enumeração de vitórias e de bravuras, que
desmaia de repente na saudade comovida pelo jovem Marcelo, a grande esperança
perdida, ao qual consagra versos de infinita delicadeza.

O canto VI representa bem, como observa Anne-Marie Guillemin, uma das mais
autorizadas exegetas da *Eneida*, o verdadeiro centro do poema. "Esta apoteose,
acrescenta, prepara-se em todo o decurso do livro, porque a viagem de Eneias aos
Infernos nos dirige para lá, através das inquietações da alma romana, como por
uma galeria subterrânea que desembocasse de repente à luz do dia".[11]

É, portanto, como se o cenário sombrio dos Infernos, terminando subitamente
na pura luz dos Campos Elísios, – onde os heróis romanos aguardam a sua vez de
nascerem para a vida, – simbolizasse as dificuldades e agruras da missão augusta
de Eneias, produzindo o fruto magnífico que foi a civilização de Roma.

Enquanto tratámos da *Eneida*, apenas focámos alguns dos aspectos sob os quais
a podemos considerar: falámos da época do seu aparecimento, do que representou
perante os seus contemporâneos e do que representou para a posteridade, da sua
composição, significado e figuras principais, e acabámos por enumerar, num breve
apontamento, alguns dos passos mais belos do poema. Um dos pontos em que não
tocámos foi a questão do maravilhoso. Temos de fazê-lo agora, quanto mais não
seja, para servir de prólogo ao que estudaremos a seguir.

É já quase um lugar comum observar que os deuses de Virgílio são menos
turbulentos e mais justos que os de Homero. Por isso também são menos vivos,
a sua actuação é mais comedida e reflectida, e assim, não raro fria e incolor. Não
admira que assim tenha sucedido numa época em que o edifício compósito da

---

[11]   Virgile, *Enéide, Livre VI*, avec commentaire par A. M. Guillemin, Paris, Hatier, p. 36.

mitologia greco-latina fora já tão abalado pelas doutrinas dos filósofos helenos. Por assim dizer, os mitos conservavam apenas o seu valor romanesco, que os tornava aptos a decorarem o cenário das obras literárias. Talvez consciente desta lacuna, Virgílio acrescenta ao seu poema outras modalidades do maravilhoso: a magia, especialmente utilizada por Dido, e as alegorias, em que personifica alguns conceitos abstractos, como a Ira, a Discórdia, a Fama. É bem conhecido o passo do Livro IV em que esta última abre pela primeira vez as suas asas. Descreve-a como o mais veloz dos males, que ganha forças com o movimento, começa a insinuar-se a medo, mas depois ergue-se nos ares e chega até às nuvens; monstro horrendo e ingente, tem tantas penas no corpo quantos os olhos, bocas e línguas; não descansa nunca e tanto anuncia a mentira como a verdade. Oiçamos agora no original os versos iniciais, que são os mais belos:

> Extemplo Libyae magnas it Fama per urbes,
> Fama malum qua non aliud uelocius ullum;
> Mobilitate uiget, uiresque acquirit eundo;
> Parua metu primo, mox sese attolit in auras,
> Ingrediturque solo et caput inter nubila condit.
>
> (IV, 173-177)

A primeira grande epopeia que surge depois da de Virgílio é a *Pharsalia* ou *De Bello Ciuili*, de Lucano. Observemos o que se passa com o uso do maravilhoso neste poema. As intervenções divinas desaparecem por completo e encontramos um único episódio fabuloso, o combate de Hércules e Anteu, no Livro IV. Porquê esta atitude revolucionária perante os cânones da epopeia, que tanto desagradou aos antigos? É conhecida a célebre resposta de Voltaire, no seu *Essai sur la poésie épique*: "é que César, Pompeio, Catão, Labieno viveram noutro século que não foi o de Eneias; as guerras civis de Roma eram demasiado sérias para estes jogos de imaginação". Na verdade, a *Farsália* conta as guerras civis entre César e Pompeio, que ensanguentaram Roma. Não seria fácil, nem prova de gosto, usar aqui do velho maquinismo mitológico.

Em substituição destes ornatos poéticos da narração, Lucano serviu-se de outros, como a alegoria, a nigromância, oráculos, prodígios, sonhos. Enche a sua epopeia de conceitos filosóficos, principalmente da escola estóica, a mesma que professava seu tio Séneca, natural, como ele, de Córdova.

Usa e abusa da erudição científica; assim, no Livro I, espraia-se largamente na enumeração dos povos gauleses; no Livro IX, gasta 333 versos a nomear as espécies de serpentes da Líbia.

Misto de epopeia artificial, de história e de poema didáctico, sem unidade de herói. César, o protagonista, não goza das simpatias do autor, como Pompeio – sem unidade de plano, nem sequer de maneira de pensar do poeta, a *Farsália* é, sem dúvida, um poema de fraca composição. Das suas figuras, uma só é dotada de carácter e de vida, a de Catão. Os discursos, extremamente numerosos, são, contudo, superiores à parte narrativa. Além disso, através dos dez livros que deixou da *Farsália* (Lucano, que morreu aos 26 anos, e não pôde terminar o seu poema) brilham aqui e ali versos que são sentenças esculpidas a cinzel. Citemos uma, logo no Livro I, que é como que o remate da exposição das causas da guerra civil:

uictrix causa deis placuit, sed uicta Catoni.

(I, 128)

Lembremos ainda um dos melhores passos do poema, aquele em que se descreve a passagem do Rubicão por César e a prosopopeia da pátria, no Livro I, a qual começa assim:

Iam gelidas Caesar cursu superauerat Alpes
ingentisque animo motus bellumque futurum
ceperat. Vt uentum est parui Rubiconis ad undas,
ingens uisa duci patriae trepidantis imago
clara per obscuram uoltu maestissima noctem,
turrigero canos effundens uertice crines,
caesarie iacera nudisque adstare lacertis
et gemitu permixta loqui: "Quo tenditis ultra?
quo fertis mea signa, uiri? Si iure uenitis,
si ciues, huc usque licet." Tunc perculit horror
membra ducis, riguere comae, gressumque coercens
languor in extrema tenuit uestigia ripa.

(I, 183-194)

Como acabámos de ver, Lucano construiu uma epopeia que obedece a cânones muito diversos dos até então estabelecidos. Destes, o que mais cumpre salientar é a crise do maravilhoso. Continuemos a acompanhar a evolução deste género literário em Roma e vejamos se o exemplo do jovem cordovês frutificou.

Na segunda metade do século I, em tempo dos Flavianos e dos primeiros Antoninos, a epopeia, bastante cultivada, não segue já as novas directrizes traçadas por Lucano. Dá-se na Literatura um movimento que uns críticos crismaram de "pseudo--classicismo", outros, mais moderadamente, de "neo-classicismo". Seja como for, o facto é que os poetas desta época, desprezando a nova estética da *Farsália*, se voltam de preferência para os moldes virgilianos. Surgem-nos três figuras importantes neste movimento: Valério Flaco, Sílio Itálico, Estácio – que vamos ver separadamente.

Passemos rapidamente sobre a primeira, que é de reduzido interesse. Na verdade, as *Argonáuticas* de Valério Flaco, interrompidas inesperadamente, não se sabe bem porquê, a meio do Livro VIII, pouco mais são do que uma versão livre da epopeia do mesmo nome, da autoria do poeta grego Apolónio de Rodes. Temos novamente intervenções dos deuses, Minerva e Juno, de todas as divindades que acorrem a ajudar a preparar a nau Argos; há prodígios, consultas de harúspices e sonhos alegóricos, excesso de erudição geográfica, mas fluência da narração. A figura de Medeia tem bastante vigor e verdade. No entanto, estamos muito longe da arte de Virgílio. Um só exemplo demonstrará o que digo. Ao falar da *Eneida*, lembrei aqueles quatro versos em que se descreve o movimento do corte de madeiras na floresta. Oiçamos agora um passo correspondente das *Argonáuticas*, em que Juno contempla uma cena idêntica.

> Feruere cuncta uirum coetu, simul undique cernit
> Delatum nemus, et docta resonare bipenni
> Litora; iam pinus gracili dissoluer lamna
> Thespiaden ....

(I, 121-124)

Falemos agora de Sílio Itálico, o autor celebrado das *Punica*, vasta epopeia em 17 livros, que, por mais incrível que isso nos pareça, muitos dos seus contemporâneos preferiram à *Eneida*. A acção do poema decorre, como o nome indica, durante as Guerras Púnicas e abraça todo o período que vai da tomada de Sagunto à batalha de Zama.

A maneira de contar os acontecimentos exactamente pela sua ordem cronológica (ao contrário de que fez Virgílio, seguindo Homero) dá à narrativa um ar de compêndio de história posto em verso. É escusado dizer que reaparecem aqui também os ornatos do costume; intervenções divinas, cenas de magia, consultas de auspícios. Mas os seus deuses têm algo de figuras meramente decorativas. É a impressão que causam Vénus e Vulcano, quando, envoltos numa nuvem escura, assistem duma colina ao desespero de Cipião. Estamos bem longe dos deuses impetuosos e belicosos de Homero!

Como na *Farsália*, não há unidade de herói: Aníbal não pode sê-lo por princípio, e Cipião só aparece na segunda parte do poema. Sílio Itálico, à maneira dos historiadores antigos, começa por fazer o retrato de Aníbal antes de o pôr em acção:

> Ingenio motus auidus fideique sinister
> Is fuit; exsuperans astu; sed deuius aequi.
> Armato nullus Diuum pudor; ....
>
> ....
> Iamque aut nocturno penetrat Capitolio uisu,
> Aut rapidis fertur per summas passibus Alpes:
> Saepe etiam famuli turbato ad limina somno

Expauere trucem per uasta silentia uocem,
Ac largo sudore uirum inuenere futuras
Miscentem pugnas, et inania bella gerentem.

(I, 56-69)

Confrontemos este trecho com alguns dos traços enérgicos com que Tito Lívio, no Livro XXI, retrata Aníbal, e temos de confessar que a boa análise psicológica está mais com este:

... uigiliarum somnique nec die nec nocte discriminata tempora: id, quod gerendis rebus superesset, quieti datum; ea neque molli strato neque silentio accersita: multi saepe militari sagulo opertum humi iacentem inter custodias stationesque militum conspexerunt:

O cerco de Sagunto, um dos quadros destinados a produzir maior efeito, é descrito prolixamente, com pormenores dramáticos, mas sem unidade. Aqui ainda, a narrativa em prosa de Tito Lívio, que certamente lhe serviu de modelo, tem mais vigor e mais patético. Contudo, quando, por exemplo, a delegação dos saguntinos chega a Roma, a pedir auxílio, e no Senado abalado e perplexo se ergue a voz de Fábio, para que os seus compatriotas não tomem resoluções precipitadas, Sílio Itálico tem uma comparação feliz:

Prouidus haec, ritu, natis, fundebat ab alto
Pectore praemeditans Fabius surgentia bella:
Vt saepe, e celsa grandaeuus puppe magister,
Prospiciens signis uenturum in carbasa Corum,
Summo iamdudum substringit lintea malo.

(I, 718-722)

Não podemos deixar de nos referir, como a um dos pontos capitais do poema, à Νεκυομαντεῖα ou seja, "Evocação dos Mortos", do Livro XIII, episódio cheio de reminiscências de Homero, mais ainda que de Virgílio. Há, contudo, uma parte nova, aquela em que a Sibila descreve a Cipião as dez portas do Inferno, a última das quais leva aos Campos Elísios, onde se dá a metempsicose. Julgo poder afirmar que, pelo menos em grande parte, esta concepção é original do nosso poeta. Nos Campos Elísios, o jovem Cipião encontra os heróis romanos. E o episódio termina com o regresso aos navios, como em Virgílio, e com um verso quase idêntico.

Em conclusão, podemos dizer que as *Punica*, que celebram um assunto nacional, mas sem entusiasmo patriótico, que empregam conscienciosamente todas as receitas da epopeia antiga, mas sem personalidade, são a obra fria dum escritor aplicado e estudioso.

Papínio Estácio canta, na *Tebaida*, a guerra fratricida entre Etéocles e Polinices, filhos de Édipo, rei de Tebas. As características das epopeias que acabámos de ver mantêm-se nesta, podendo-se notar ainda a acentuação do gosto pelo maravilhoso macabro e pelas alegorias. Assim, por exemplo, no canto I, Édipo evoca do Inferno a fúria Tisífone, cuja descrição, de um hediondo quase barroco, se segue. No canto II, após um concílio dos deuses, que se realiza num palácio de colunas de ouro, cuja cúpula irradia um brilho mais puro, devido à presença dos imortais, e de cujos pórticos transparece uma luz estranha, Mercúrio vai ao Hades, para trazer de lá a sombra trágica de Laio. No canto XI, há um curioso episódio, em que a fúria Tisífone chama sua irmã Megera, que acorre, pressurosa, das profundidades do reino de Plutão. As duas combinam-se para levarem a efeito a guerra entre os irmãos.

Enfim, os doze cantos da *Tebaida* formam uma sequência dotada de vida, cor e movimento. E o poeta termina por se dirigir à sua própria obra, que já era estudada nas escolas, exortando-a a seguir a divina *Eneida*, mas de longe, a adorar sempre as suas passadas:

> Viue, precor: nec tu diuinam Aeneida tenta,
> Sed longe sequere, et uestigia semper adora.
>
> (XII, 816-817)

Estácio compôs ainda outra epopeia, a *Aquileida*, que, como o nome o indica, celebrava os feitos de Aquiles, "apesar de já cantados pela ínclita lira do poeta Meónio" – Homero – como diz logo no começo. Os dois cantos que chegou a escrever permitem-nos concluir que o teor da composição seria o mesmo da *Tebaida*.

Chegámos ao século de Teodósio, em que viveu Claudiano, autor de uma pequena epopeia mitológica: *Rapto de Prosérpina*, em três livros, onde o conhecido episódio apresenta algumas cenas novas, contadas um pouco à maneira de Ovídio. A afectação de um culto profundo pelos deuses, a repetição de frases estereotipadas, o convencionalismo que tudo domina, tudo isso faz com que notemos neste autor, mais ainda que nos precedentes, o carácter artificial acentuado da epopeia da decadência. É um género literário que já não vive por si, senão amparado por uma larga tradição formal.

Finalmente: dir-se-ia que a epopeia teve vida igual à do povo romano: rude, mas enérgica, nos primórdios da república, com Névio e Énio; olimpicamente bela e profundamente imbuída do espírito da civilização latina com Virgílio, no século próspero de Augusto; pesada das sombras dramáticas da guerra civil e de uma erudição estéril, com Lucano, na época de Nero; vasta maquinaria de recursos dramáticos, a que o talento mal pôde dar vida, no tempo dos Flavianos e dos Antoninos, com Valério Flaco, Sílio Itálico e Estácio; brilha, pela última vez, já no século IV, no poema de Claudiano, espécie de braseiro reacendido das cinzas que restavam do clarão magnífico da *Eneida*.

3ª LIÇÃO
O TEATRO

Generalidades sobre o teatro latino. Suas condições materiais. O público.
A tragédia: fragmentos de Névio e Énio. Pacúvio e Ácio. Séneca.
A comédia: a *palliata* e a *togata*. Plauto popular e Terêncio *mediocris*. Os tipos e
o sentido do cómico. A atelana e o mimo.

Na última lição, ao estudarmos a epopeia no seu desenvolvimento, tivemos,
por várias vezes, de fazer alusão a um género literário que surgiu em Roma quase
ao mesmo tempo. Esse género é o teatro. Tratando-se de uma arte compósita, em
que o factor literário é apenas uma das facetas, para obtermos dela uma visão
integral, torna-se necessário conhecê-la em todos os seus aspectos. Vamos, pois,
tentar reconstituir o ambiente que viu nascer o teatro latino, cuja primeira peça,
composta à maneira helénica, e da autoria de Lívio Andronico, se estreou em 240,
nos chamados *Ludi Romani*.

Era costume em Roma organizar jogos públicos (*ludi*), que duravam dias e constavam de distracções bastante variadas. Instituídos a princípio com o carácter
de festividades em honra dos deuses, especialmente de Marte, tinham lugar três
ou quatro vezes por ano, e eram organizados pelos pontífices. Durante a república,
a importância destas funções foi aumentando; passaram a celebrar-se jogos sete
vezes por ano, cada um com duração superior, em regra, a uma semana. Os magistrados que se encarregavam da sua organização eram os edis, que punham nisso
todo o zelo, para conquistarem as boas graças do povo. Convém lembrar que, além
dos jogos fixos, havia os votivos, para cumprir promessas de magistrados, triunfais,
feitos pelo general que triunfara; fúnebres, oferecidos pela família do defunto, por
ocasião dos funerais; e dedicatórios, na inauguração de um templo.

Ora, nestas grandes festas, havia duas espécies principais de divertimentos: os
jogos de circo, cujo maior atractivo eram os combates de gladiadores, e os jogos
cénicos, ou representações teatrais.

Começaram estas representações a efectuar-se bastante cedo. A princípio
em tablados, ao ar livre, que se desfaziam logo que acabava a peça. Em regra,
aproveitavam-se as condições do solo: qualquer colina de inclinação suave formava
o anfiteatro natural em que se instalavam os espectadores, conforme podiam, em
pé, sentados, ou até deitados; na planície armava-se o palco improvisado. Entre
uma e outra parte, há um espaço semi-circular, chamado *orchestra*, e destinado às
autoridades. Com o andar dos tempos, vão-se introduzindo alguns melhoramen-
tos. Em 154 a.C., erige-se o primeiro proscénio de pedra, e, em 145, Múmio manda
fazer degraus para os espectadores se sentarem; em 133, utiliza-se pela primeira
vez o pano de boca; em 99, aparece o primeiro cenário, nos jogos do edil Cláudio
Pulcher. Só em 55 a.C. surge o primeiro teatro de pedra, inaugurado por Pompeio,

e com capacidade para 40.000 espectadores. No tempo de Augusto, há mais dois grandes teatros em Roma: o de Marcelo e o de Balbo.

O hábito das representações ao ar livre manteve-se sempre; apenas passou a usar-se uma espécie de grande toldo, para preservar do sol e da chuva actores e espectadores. Continua o uso de cenários pintados e rotatórios, que podiam, portanto, mudar-se facilmente. Também se servem bastante de máquinas, que têm por fim mostrar de repente os cadáveres dos que foram assassinados fora da representação, ou dos deuses, que vêm compor a situação intrincada das pessoas do drama.

Em regra, para a comédia, a cena representa duas casas em frente uma da outra. Em cada uma mora uma das famílias, que irá contracenar com a vizinha. Além disso, o cenário tem três portas: pela do meio entram os protagonistas da peça; a da direita do espectador subentende-se sempre que conduz à cidade; a da esquerda leva ao porto ou ao campo.

Este convencionalismo mantém-se no que respeita ao traje dos actores. Assim, uma túnica comprida e com mangas denota uma pessoa livre ou uma cortesã; a túnica curta distingue imediatamente um escravo. Todos usam uma espécie de manto (*pallium*), enrolado à volta do corpo. Exceptuam-se apenas as pessoas muito novas, os viajantes e os soldados fanfarrões, que usam a "clâmide", presa ao ombro direito. O "prólogo" – quando é esta figura alegórica que recita a introdução à peça – veste de branco e traz na mão um ramo de oliveira. As cores servem também para indicar a idade e a condição social: branco, para os homens feitos; púrpura, para os jovens; negro, para os parasitas; cor de açafrão, para as cortesãs.

O calçado marca uma distinção mais importante ainda: os sapatos simples, sem salto, ou "socci", usam-se na comédia; a tragédia serve-se do alto "coturno", ou seja, de sapatos com solas de grande espessura. No mimo, os actores andam descalços, donde o nome de "planipes".

Primitivamente, os actores apenas pintavam a cara com cores vivas, mas, com o andar dos tempos, generalizou-se o uso das máscaras, à maneira grega, que cobriam toda a cabeça, proporcionando apenas aberturas para os olhos e para a boca. Umas representavam a expressão da dor, outras a da alegria, umas a do ódio, outras a do desespero. Os actores escolhiam-nas conforme o seu papel. Daí resultava que, quando os acontecimentos produziam alterações graves na maneira de ser das pessoas, os actores se viam na necessidade de mudar de máscara. Além disso, em cenas de maior vibração dramática, o público exigia que se tirassem as máscaras, para assim poder apreciar alguma coisa do jogo fisionómico dos que estavam em cena. A cor dos cabelos também ajuda a distinguir a qualidade das pessoas: o dos velhos é branco; o dos jovens, preto; o dos escravos, ruivo.

Os actores eram na maioria escravos; daí se segue que tal profissão era tida em Roma por muito degradante e como imprópria de homens livres. Às mulheres era completamente vedada, excepto no mimo. Os papéis femininos, eram, por esse motivo, desempenhados por homens.

Não sabemos ao certo quantos actores entrariam em cada peça, porque cada um tinha a seu cargo o maior número de papéis que lhe era possível. Mas sabemos que havia também, pelo menos na tragédia, coristas e figurantes, cujo número vai crescendo à medida que o público cria o gosto pelos espectáculos pomposos.

Toda esta companhia teatral estava sob a direcção do *dominus gregis*, ou seja, do que hoje chamaríamos o empresário, um liberto que era ao mesmo tempo um dos actores principais, e estabelecia o contacto entre o poeta, a quem comprava a peça, e o organizador dos jogos; além disso, tinha à sua disposição actores experimentados. O mais célebre foi L. Ambiuius Turpio, o grande animador da arte dramática, que tanto ajudou Cecílio e Terêncio.

As representações, anunciadas anteriormente por um arauto, que percorria as ruas da cidade, proclamando os divertimentos de que se compunham os jogos, tinham lugar à tarde, entre o almoço e o jantar. Posteriormente, com o desenvolvimento dado às cenas de aparato, passaram a durar o dia todo, como sucedia na Grécia. A assistência aos espectáculos parece ter sido gratuita, mas cada espectador tinha de possuir uma *tessera*, espécie de ficha de metal, em que estavam gravadas as indicações relativas à situação do lugar que lhe competia. Ainda hoje temos uma que diz: "2.º recinto, 3.º canto, 8.º degrau" – e, por último, o nome da peça: "*Casina*, de Plauto". Como nos teatros de hoje, havia empregados encarregados de conduzir as pessoas aos seus lugares. Eram os *designatores*.

Antes de começar a peça, o arauto proclamava alto o seu título, acrescentando o nome do poeta grego e a designação do original, bem assim como o nome do seu tradutor latino. O mesmo arauto e os *conquisitores* policiavam o espectáculo.

O público dá assobios estridentes ou aplaude, conforme lhe apraz. E já então havia uma "claque" perfeitamente organizada...

O público! Chegámos a um dos pontos capitais da história do teatro. Na verdade, que seria da peça, sem ter quem a escutasse? Foi o público que condicionou a evolução desta arte entre os romanos, mais do que todas as circunstâncias materiais que acabámos de ver. Vamos por isso analisar este grande factor, de duas maneiras: primeiro, no retrato vigoroso que dele nos deixaram alguns prólogos de comédias de Plauto; depois veremos que, pela história dos factos, também podemos reconstituir o seu perfil.

O primeiro traço que nos salta aos olhos é que a sua perspicácia e a sua capacidade de compreensão não deviam ir muito longe. Os actores que recitavam o prólogo desfaziam-se em explicações, em que referiam por miúdo toda a intriga, com receio de que não fosse bem entendida.

Logo no começo do prólogo dos *Captiui*, o empresário principia a contar a história que vai desenrolar-se. Mal disse algumas palavras, tem o cuidado de perguntar:

> ... iam hoc tenetis? Optumumst.
> Negat, mehercle, ille ultimus, abscedito.

Si non, ubi sedeas, locus est, est ubi ambules,
Quando histrionem cogis mendicarier.

O prólogo mais elucidativo é talvez o do *Trinummus*, em que uma das figuras diz:

Nunc, ne quis erret uostrum, paucis in uiam
Deducam, siquidem operam dare promittitis.
Nunc primum igitur, quae ego sim, et quae illa haec siet
Huc quae abiit intro, dicam, si animum aduortitis.
....
.... et date uociuas auris, dum eloquor.

E, depois de apresentar resumidamente as figuras da peça, e ler a costumada didascália, faz uma advertência final:

Tantumst: ualete, adeste cum silentio.

É da praxe, tanto como da necessidade, pedir o favor e a atenção dos espectadores para a peça que se vai representar. Sirva-nos de exemplo um dos primeiros versos dos *Menaechmi*:

Quaeso ut benignis abcipiatis auribus.

E, no final da comédia, lá vem sempre o pedido de aplausos, como nestes versos da *Cistellaria*:

Nunc quod ad uos, spectatores, relinquom relinquitur,
More maiorum date plausum postrema in comoedia.

O prólogo do *Poenulus* é uma descrição viva, colorida e movimentada da assistência irrequieta e variada, dos empregados que sobem e descem os degraus, a conduzir os espectadores aos seus lugares, enfim, de toda a agitação que se verifica sempre num público de educação escassa:

... neu lictor uerbum, aut uirgae mutiant,
Neu designator praeter os obambulet,
Neu sessum ducat, dum histrio in scena siet.
Diu qui domi otiosi dormierunt, decet
Animo aequo nunc stent, uel dormire temperent.
Serui ne obsideant, liberis ut sit lucus,

> Vel aes pro capite dent; si id facere non queunt,
> Domum habeant ....
> ....
> Nutrices pueros infanteis minutulos
> Domi ut procurent, neu quae spectatum adferant,
> Ne et ipsae sitiant, et pueri pereant fame,
> Neue esurientes hic quasi haedi obuagiant.
> Matronae tacitae spectent, tacitae rideant,
> Canora hic uoce sua tinnire temperent;
> Domum sermones fabulandi conferant,
> Ne et hic uiris sint et domi molestiae.

Vimos assim duas características do público romano: é de curta compreensão e irrequieto. Vamos agora ver uma terceira, de capital importância: não gosta de tragédias. Oiçamos parte do prólogo do *Amphitruo*:

> Nunc, quam rem oratum huc ueni, primum proloquar;
> Post, huius argumentum eloquar tragoediae.
> Quid contraxistis frontem? quia tragoediam
> Dixi futuram hanc? Deus sum; conmutauero
> Eamdem hanc, si uoltis; faciam, ex tragoedia
> Comoedia ut sit omnibus isdem uersibus.
> Vtrum sit an non, uoltis? Sed ego stultior,
> Quasi nesciam uos uelle, qui diuos siem.

Esta antipatia do povo pela tragédia explica-nos que esse género não tenha criado raízes em Roma. Prende-se também com a distinção que os antigos estabeleciam entre a tragédia e a comédia.

Nos passos célebres da *Poética*, em que Aristóteles fala do teatro, encontramos esta definição[12]:

> A comédia é, como dissemos, a imitação de homens de qualidade moral inferior, não em toda a espécie de vícios, mas no domínio do risível.

Vejamos agora as primeiras palavras da discutidíssima definição de tragédia:

> A tragédia é a imitação de uma acção de carácter elevado e completa, duma certa extensão...[13].

---

[12] *Poética*, 1449 a.

[13] *Poética*, 1449 b.

Ressalta-nos daqui uma das maiores distinções que os antigos estabeleciam entre tragédia e comédia: esta imitava homens de qualidade moral inferior, aquela mostrava uma acção de carácter elevado. Quer isto dizer que vamos encontrar na tragédia muitas figuras nobres, linguagem sublime, actos heróicos; na comédia, predomina a inferioridade, a baixeza moral, a linguagem torpe. E o que se verifica, de um modo geral, no teatro grego, onde, a par da grandiosidade solene da tragédia, muitas vezes, na comédia, nem a fina ironia do grande Aristófanes e o seu fresco lirismo, que irrompe das estrofes harmoniosas de alguns coros, consegue emergir do lodaçal das alusões e dos ditos grosseiros, que dominam nos diálogos.

O género de comédia espirituosa e fina de um Shaw, de um Jacinto Benavente, parece ter sido inteiramente desconhecido dos antigos.

Esta distinção fez com que se criasse, digamos assim, um público especializado para cada género. E se na Grécia havia tanto quem subisse às alturas do fatalismo grandioso e sublime de Ésquilo, do profundo sentido moral de Sófocles, da completa análise psicológica de Eurípides, como quem se divertisse com as sátiras que Aristófanes desfechava aos seus contemporâneos, do meio da suas peças, e a naturalidade sem par das figuras de Menandro, em Roma não sucedia assim, A tragédia, iniciada por Lívio Andronico, Névio e Énio, culminou em Pacúvio e Ácio, sem ter mais quem a cultivasse, durante bastante tempo. E Séneca, um dos poucos poetas que se atreveram a continuá-la, já em tempos de Nero, limitou-se a fazer, segundo a opinião mais correntemente aceite, simples peças para leitura.

A comédia, mais próxima dos gostos do público, teve mais sorte. Mesmo assim, depois de Plauto e Terêncio, a sua feição torna-se exclusivamente popular e não voltamos a encontrar outros artistas de vulto. É que os comediógrafos, porque pendiam para a opinião da minoria dos letrados, na maneira de conceber a sua arte, divorciaram-se da grande massa dos incultos. Por isso, só ficou viva a farsa popular, sem arte e sem lógica, que continuará a representar-se nas suas duas formas mais comuns, a atelana e o mimo, sem nunca receber o sopro de um génio, que as fixasse na memória da posteridade.

Feitas estas breves considerações gerais sobre o teatro latino, podemos agora estudar separadamente cada um dos géneros em que está representado.

Comecemos pela tragédia. Imitada dos modelos gregos, pela primeira vez, por Lívio Andronico, como já dissemos, a tragédia nacionaliza-se só com Névio, autor das duas primeiras *fabulae praetextae*, isto é, peças em que os actores envergavam a toga pretexta, que traziam os romanos de categoria, e nas quais, portanto, o assunto era romano. Seguem-se-lhe as tragédias de Énio, das quais duas se passavam também em Roma. Os fragmentos que restam fazem-nos ver nele um imitador de Eurípides, no seu gosto pelo racionalismo filosófico e pelas situações de profunda intensidade dramática.

O seu sobrinho e discípulo Pacúvio parece ter seguido mais os moldes de Sófocles. E digo "parece", porque a existência de vários títulos de tragédias e de algumas dezenas de versos entrecortados, que conhecemos através de citações dos antigos, nos não habilitam, evidentemente, a fundar um juízo sobre a arte de um poeta, Julga-se que tinha também um certo gosto pelas situações complicadas e movimentadas, pelas discussões filosóficas e pelas descrições. Tomemos como uma pequena amostra do teatro de Pacúvio a descrição de uma tempestade, para cuja apreciação será interessante recordar que quem a compôs era também um pintor famoso no seu tempo[14]:

> – profectione laeti piscium lasciuiam
> Intuentur, nec tuendi satietas capier potest.
> Interea prope iam occidente sole inhorrescit mare,
> Tenebrae conduplicantur, noctisque et nimbum obcaecat nigror,
> Flamma inter nubes coruscat, caelum tonitru contremit,
> Grando mixta imbri largifico subita praecipitans cadit,
> Vndique omnes uenti erumpunt, saeui existunt turbines,
> Feruit aestu pelagus.

Quando Pacúvio se retira da cena, chega Ácio, considerado o maior dos trágicos romanos. Continuamos, como com os autores precedentes, a só poder avaliar da sua obra pelo que dela disseram os antigos e por alguns escassos fragmentos. Igualmente interessado pelo estudo da sua língua, Ácio propôs algumas reformas ortográficas e teria escrito uns *Pragmaticon Libri*, em que versava questões de gramática. Na tragédia, parece ter pendido mais para a imitação de Ésquilo, e ter tido uma acentuada predilecção pelas paixões terríveis, pelas situações altamente dramáticas e pela fina notação psicológica. Eis um fragmento que é uma atitude moral[15]:

> – nam si a me regnum Fortuna atque opes
> Eripere quiuit, at uirtutem nec quiit.

Num passo célebre, um pastor descreve de longe os movimentos do navio Argos, que está a ver manobrar no mar distante; e a expressão tem bastante vigor e relevo.

De um modo geral, a tragédia latina desta época apresenta a mesma estrutura da grega: prólogo, dois ou três episódios, epílogo. Há, contudo, uma diferença importante: os helenos intercalavam, a separar esses episódios, os coros. No teatro latino, o coro tem uma importância muito reduzida, pois a *orchestra*, lugar do teatro onde na Grécia os coreutas faziam as suas evoluções rítmicas, é ocupada, em Roma, pelas autoridades, conforme já vimos. A distinção entre as partes faladas e

---

[14]   Ernout, *Recueil de Textes Latins Archaiques*, 205-206.

[15]   Idem, idem, p. 216.

as cantadas mantém-se todavia. Confirmam-no as designações de *diuerbium*, que se dá àquelas, e de *canticum*, que se dá a estas. Enquanto o *diuerbium* era recitado, o *canticum* era entoado e comportava mudança de metro. Aparecia nas cenas mais vivas ou agitadas e era cantado no palco e acompanhado por um tocador de flauta.

Já vimos que a tragédia se não aclimatou no Lácio. Apesar das tentativas de Quinto Cícero (irmão do orador), de César e de Polião, além de Vário, do qual nada resta, só um autor deixou nome nesta arte: Ovídio, que compôs uma *Medeia* muito apreciada, mas de que só restam fragmentos[16]. Finalmente, Séneca trágico (que ainda hoje não temos a certeza se é o mesmo que escreveu os tratados de filosofia estóica, e foi preceptor, e depois vítima de Nero), Séneca trágico, como dizíamos, voltou a cultivar este género. A estrutura do seu teatro regressa aos moldes gregos, apresentando coros frequentes. Das dez peças que temos – exceptuando a *Octauia*, que é *praetexta* e é considerada apócrifa – em todas as restantes tragédias predomina a imitação de Eurípides.

Muitos críticos concordam em dizer que o teatro de Séneca não deve ter nunca subido à cena, e uma forte corrente, apoiada por Gaston Boissier, vai até ao ponto de afirmar que nem sequer era destinado ao palco, mas somente à leitura, à recitação. Porém Léon Herrmann, um dos mais recentes editores do cordovês, autor de um notável estudo sobre o seu teatro, discorda de tal opinião. Seja como for, o que se pode observar através da leitura das tragédias de Séneca é que a acção é bastante reduzida e se esbate em longas tiradas e narrativas, que os caracteres são frequentemente falsos, e a predilecção pelos pormenores aflitivos e sangrentos desce ao pior mau gosto. Na *Medea*, a protagonista mata os próprios filhos em cena, o que era contra os princípios de arte clássica. Toda a intriga de *Thyestes* é igualmente de um dramatismo exagerado. Que Séneca gosta de evocar cenas terríveis, prova-o bem a comparação entre o *Hercules Furens*, que compôs, e o original grego, sobre o mesmo assunto, de Eurípides. Neste último, Hércules, de regresso do inferno, quase nada refere do que lá presenciou. Em Séneca, pelo contrário, o herói e o seu companheiro alargam-se em descrições do Hades, todas elas mais ou menos tétricas. Mas não é só aqui; é rara a tragédia em que não aparecem evocações da terrível mansão infernal, em que não surgem espectros, sombras de mortos, tenebrosas fúrias. Tudo isto contribui para criar às peças o ambiente de terror, digno cenário das figuras desesperadas que nelas actuam.

Ainda não focámos senão o aspecto da intriga e das figuras, ou seja, o que se revela através do diálogo. Falta-nos tratar dos coros, em que Séneca é justamente célebre. De um modo geral, podemos dizer que são bastante felizes, quer sirvam para comentar o que se passa em cena, quer discutam teorias filosóficas,

---

[16] Sobre o estado actual da questão, veja-se a edição da *Medeia* de Séneca por C. O. N. Costa, Oxford (1973).

relacionadas com a situação das pessoas do drama. Um dos coros mais belos de Séneca é o das *Troades*, em que as troianas choram a sua sorte perante Hécuba, e que principia deste modo (67-82):

> Non rude uulgus lacrimisque nouum
> Lugere iubes: hoc continuis
> Egimus annis, ex quo tetigit
> Phrygius Graias hospes Amyclas
> Secuitque fretum pinus matri
> Sacra Cybebae.
> Deciens niuibus canuit Ide
> Totiens nostris nudata rogis
> Et Sigeis trepidus campis
> Decumas secuit messor aristas
> Vt nulla dies maerore caret.
> Sed noua fletus causa ministrat:
> Ite ad planctus, miseramque leua
> Regina, manum. Vulgus dominam
> Vlle sequemur: non indociles
> Lugere sumus.

A importância da figura literária de Séneca trágico não está só na sua obra. Está também em ter sido, para os modernos ignorantes do grego, o representante de toda a tragédia clássica. O seu teatro, que aproveitava temas tratados outrora por Ésquilo, Sófocles e sobretudo Eurípides, foi o manancial de lendas heróicas em que se inspiraram os trágicos ingleses do Renascimento, incluindo Shakespeare. E, no século seguinte, Corneille e Racine recorrem à mesma fonte. Pode, portanto, dizer-se que o teatro de Séneca estabeleceu a ligação entre os grandes dramaturgos da velha Hélade e os escritores modernos, e só isso lhe seria título magno de glória literária.

Recuemos agora cerca de quatro séculos, para voltarmos novamente aos primeiros tempos do teatro latino. Estudaremos a comédia, que se estreou com os mesmos autores que compuseram as primeiras tragédias em Roma, ou seja, Lívio Andronico, Névio e Énio. Como só temos das suas peças escassos fragmentos, não vale a pena determo-nos nelas, a não ser para observar que o segundo destes poetas, Névio, empregou nas suas comédias o célebre processo da *contaminatio*, que todos os outros autores haviam de seguir. Consistia ele em reunir numa só peça a intriga de dois originais gregos diferentes, aproveitando as cenas ou figuras mais importantes e interessantes de cada um, para as reunir numa só história. Este será o processo que estará na base de muitas comédias de Plauto, e em três das de Terêncio.

Tudo isto, é claro, pelo que toca à chamada *fabula palliata*, ou seja, aquela em que os actores usam o *pallium* ou manto grego, porque a cena se passa na Grécia. A *fabula togata*, em que a toga que vestem as figuras é indicativa de que o assunto é também romano, apareceu depois daquela e teve os seus principais cultores em Titínio, Ata e Afrânio, que conhecemos precariamente.

Em compensação, conhecemos regularmente a *palliata*, através das obras dos seus melhores representantes, Plauto e Terêncio. A *palliata* imita a comédia grega, não a comédia antiga de Aristófanes, Crátino e Êupolis, onde a predominância da sátira pessoal ou política não podia, certamente, interessar outro auditório que não fosse o grego; mas a comédia nova, de Dífilo, Aléxis, Filémon e, sobretudo, de Menandro, aquele de quem se disse que não se sabia ao certo se foi ele que imitou a vida, se a vida que o imitou a ele, tal era a surpreendente e flagrante verdade das figuras das suas comédias[17]. Acrescia que a comédia nova estava na moda e se representava nos teatros do sul da Itália, na Magna Grécia e na Sicília.

A divisão em actos e cenas, que as comédias latinas apresentam nas edições que consultamos, é moderna. Os antigos distinguiam somente, como na tragédia, a parte recitada, *diuerbium*, e a parte cantada *canticum*; a música para esta última era, em regra, composta por um escravo, que a executava em duas flautas, durante a representação.

O lugar da cena é quase sempre Atenas, e só excepcionalmente outra região da Grécia. O tema mais comum são amores contrariados, que acabam bem, por se descobrir nas últimas cenas que a rapariga, que tinha sido vendida, era afinal livre e de bom nascimento.

Os dois grandes vultos da *palliata* (omito Cecílio Estácio, sobre o qual os poucos fragmentos que restam não nos permitem formular um juízo seguro, apesar dos elogios de que o cumularam os escritores clássicos) são Plauto e Terêncio. Vamos confrontar, nas suas linhas gerais, a arte destes dois comediógrafos. Aqui, finalmente, as 21 peças que temos do primeiro, chamadas varronianas, do nome do crítico que as separou das restantes 109, que reputou apócrifas e depois se perderam, e as 6 de Terêncio, que não pereceram com as outras, no naufrágio do barco que as transportava da Grécia para Roma, permitem-nos formar uma ideia clara acerca dos seus autores.

A estrutura da comédia de Plauto é a mesma da de Terêncio, salvo na variedade dos metros, que é muito maior e revela mais virtuosismo no primeiro. Ambos precedem habitualmente de prólogos as suas peças, mas, enquanto Plauto começa logo ali com os seus ditos cómicos, antes de referir o assunto de que tratará, Terêncio aproveita esta parte para se defender dos ataques que lhe fazem os seus inimigos literários, principalmente a propósito do processo da contaminação, de que já falámos.

---

[17] Desde meados do séc. XX, muito se tem redescoberto e publicado. Em português existe já uma excelente versão da *Obra Completa* deste autor por Maria de Fátima Sousa e Silva, Lisboa (2007).

Plauto é, acima de tudo, o autor que retrata nas suas peças tipos populares, o que os faz falar através de um diálogo vivo, colorido de plebeísmos, de arcaísmo, de helenismos, que fazem dele uma das melhores fontes de estudo do latim vulgar. A acção das suas peças tem grande movimento (donde a designação de *motoriae*, por oposição às de Terêncio, que em geral são *statariae*, ou seja, paradas), as figuras são dotadas de uma animação incansável. Citemos alguns dos tipos que Plauto transplantou, aperfeiçoando-os, para a comédia latina: os jovens pródigos e libertinos, que vivem no temor de que o pai descubra as suas dissipações, como na *Mostellaria*; os velhos imbecis e desmancha-prazeres; os escravos intriguistas, que conseguem por mil expedientes servir o seu amo, contra as ordens dos pais; o soldado fanfarrão, que deu o título a uma das mais célebres comédias plautinas, o *Miles Gloriosus*. Acompanha-o sempre o "parasita", figura característica da Antiguidade: chamava-se assim ao homem que vivia à custa de outro mais rico, cuja estulta vaidade lhe fazia acreditar em todas as lisonjas do primeiro; o "leno" era o que traficava com mulheres; as cortesãs gostam do luxo e de se apresentar bem, mas têm uma certa graça natural; algumas mulheres casadas, como a Alcmena do *Amphitruo*, têm a virtude das antigas romanas; as raparigas de condição livre são figuras também simpáticas, mas que aparecem raramente.

Se confrontarmos a galeria de tipos plautina com a terenciana, poucas alterações temos a registar, senão talvez que na segunda se atenuam as cores violentas de Plauto e temos sentimentos mais aristocráticos, escravos mais dedicados, como é o Palestrião do *Eunuchus*, cortesãs dotadas de um apreciável fundo de bondade, como é a Tais da mesma peça, velhos simpáticos e indulgentes, como é o Micião dos *Adelphoe*. No teatro de Terêncio predomina pois o sentimento.

A grande distinção entre os dois comediógrafos latinos reside, contudo, em dois pontos; a linguagem e o sentido do cómico.

Exemplifiquemos, escolhendo um passo característico de uma das melhores comédias de Plauto, a *Aulularia*, em que Eunómia aconselha seu irmão Megadoro a casar (II, 1, 22-31):

> EVN. Da mihi operam, amabo.
> MEG.   Tuast; utere atque impera, si quid uis.
> EVN. Id quod in rem tuam optumum esse arbitror, te id monitum aduento.
> MEG. Soror, more tuo facis.
> EVN.   Factum uolo.
> MEG. Quid est id, soror?
> EVN.   Quod tibi sempiternum
>   Salutare sit, liberis procreandis...
> MEG. Ita di faxint!
> EVN.   Volo te uxorem
>   Domum ducere.
> MEG.   Ei, occidi!

> EVN.   Quid ita?
> MEG. Quia mihi misero cerebrum excutiunt
>   Tua dicta, soror, lapides loqueris.
> EVN. Heia, hoc face quod te iubet soror.
> MEG.   Si lubeat, faciam.

É o diálogo cheio de naturalidade, movimentado, com metáforas expressivas, como a das "palavras que racham a cabeça como pedras".

Em Terêncio a expressão reveste em regra maior sobriedade e elegância, perdendo embora em vivacidade. Tomemos um passo do *Eunuchus* para exemplo: o escravo Pármenon avista o seu patrão Demeias, que nesse momento não desejava ver:

> PA. Quis homost? Ehem, saluom te aduenire, ere, gaudeo.
> DE. Quem praestolare?
>   PA. Perii; lingua haeret metu.
>   DE. Hem,
> Quid est? Quid trepidas? Satine salue, dic mihi?
> PA. Ere, primum te arbitrari id quod res est uelim:
>   Quidquid huius factumst, culpa non factumst mea.

(V, 5, 976-980)

O cómico plautino surge de três fontes principais: cómico das palavras, que tanto se manifesta em hábeis trocadilhos como os jogos verbais grosseiros (é o caso do diálogo entre Sósia e Mercúrio, no *Amphitruo*, e da discussão entre os cozinheiros, na *Aulularia*); cómico da situação, proveniente de cenas burlescas ou enganos com pessoas muito parecidas ou iguais (*Amphitruo*, *Menaechmi*); cómico do carácter, como é todo o que perpassa pela *Aulularia*, na figura do avarento Euclião, que a todo o instante julga que o seu interlocutor lhe furtou a panela cheia de moedas de ouro, que encontrou em casa.

Destas três espécies de cómico, que abundam por todo o teatro plautino, aparece pequena representação em Terêncio. O das palavras pode dizer-se que desapareceu por completo. Nem Terência tem o virtuosismo verbal do seu antecessor. O cómico de situação encontra-se por vezes, mas nunca acentuado até aos equívocos contínuos que são algumas peças de Plauto. Existe, sim, o cómico de carácter, que se revela nas figuras mais eminentemente ridículas, como o soldado fanfarrão do *Eunuco*.

Em conclusão, podemos dizer que Plauto foi um autor popular, no melhor sentido do termo, isto é, um poeta que estudou a maneira de ser de um largo friso de tipos humanos, para nos mostrar as suas reacções à mercê de uma intriga mais ou menos enredada, na sua linguagem expressiva, no seu diálogo vivo e fluente.

A Terêncio convém mais o epíteto que lhe aplicou Varrão, de *elegans ac medio-cris*, ou seja, elegante e mediano, dando a esta última palavra todo o sentido de discreto equilíbrio que lhe atribuíam os antigos.

Dissemos já que à *fabula palliata*, que acabámos de ver, se seguiu a *togata*, de assunto romano, desenvolvida justamente quando o aumento de riqueza em Roma, proveniente das suas múltiplas conquistas, começava a desmoralizar o povo latino, e a invasão do helenismo criava a vontade de afastar por algum tempo os moldes gregos de Cecílio e de Terêncio. As duas formas sob que se desenvolve, a *tabernaria* (passada nas tabernas) e a *trabeata* (passada na ordem dos cavaleiros) não duram muito.

Desde que o seu melhor cultor, Afrânio, se acerca demasiado dos moldes gregos, a *togata* está condenada a sofrer a sorte da *palliata*, ou seja, a que o divórcio dos gostos do público a faça cair no olvido. Assim sucede, com efeito. O povo passa a interessar-se somente por duas outras formas de teatro, mais grosseiras e rudimentares: a atelana e o mimo.

A atelana, de Atella, cidade da Campânia, donde, ao que parece, seria originária, era uma farsa popular, em que apareciam algumas figuras vulgares e grotescas, ligadas na sua actuação por uma intriga elementar. No século de Cícero, L. Pomponius Bononiensis e Nouius elevam-na à categoria artística, transformando-a em comédia de costumes, que aliás nunca sairá da sua insignificante posição. Era o único género de teatro em que os actores podiam ser pessoas livres, aliás sem licença para tirarem nunca a máscara. Durante muito tempo, representava-se a atelana no final de uma peça grande, à maneira dos gregos, que faziam ouvir depois das tragédias um drama satírico, género de teatro que não vingou em Roma. Durante o império, era ainda representada na Vrbs. Depois, emigrou para a província e veio a transformar-se, já em pleno Renascimento, na *Commedia dell'arte* italiana.

O mimo (do grego μῖμος, "imitação") parece ter tido origem bastante diversa da da atelana. Deve ter sido importado da Magna Grécia, onde dominava então este género, cultivado pelo grego Herondas. Constava de uma sucessão de danças e de caretas à mistura com uma acção vulgar, dirigida pelo *archimimus*, e secundada por outros actores mais ou menos grotescos. Como já vimos atrás, era o único género de teatro em que se admitiam mulheres a representar. Ficaram-nos os nomes de algumas destas actrizes, em especial da que Virgílio imortalizou na X.ª *Bucólica*, sob o pseudónimo de Lycoris. Décimo Labério e Públio Siro elevaram o mimo romano a género literário. Da obra do primeiro só restam fragmentos; da do segundo, porém, em breve se compilaram as sentenças, provérbios de uma extrema concisão e flagrante verdade, que ainda hoje usamos com frequência, como este:

> Qui tacet, consentire uidetur.
> Audi, uide, tace
> Si uis uiuere in pace.

O mimo, muito apreciado por Sila, teve curta duração, e em breve foi suplantado pela atelana.

Eis-nos chegados ao fim deste rápido esboço da evolução do teatro romano. Falámos dos géneros principais, a tragédia e a comédia, e tocámos ao de leve nos secundários, de carácter popular. Ao tratarmos da tragédia e da comédia, procurámos recordar as condições materiais e morais que as viram nascer. Observámos que a tragédia culminou com Pacúvio e Ácio e acabou por ser uma espécie de passatempo literário com Séneca. E vimos que foi nos palcos toscos e nos anfiteatros rudes dos primeiros tempos da República que Plauto fez ecoar as gargalhadas sonoras dos seus versos coloridos. A alegria espontânea torna-se mais sóbria e comedida com Terêncio, e acaba por estiolar, como uma garrida flor nativa, que murchasse à medida que crescia no solo italiano a planta frondosa da civilização romana.

4ª LIÇÃO
A POESIA DIDÁCTICA

Definições gerais.

A revolução do *De rerum natura* de Lucrécio. As *Geórgicas* de Virgílio. Ovídio: *Fastos* e *Metamorfoses*.

O didactismo sem poesia: *Halieutica* de Ovídio, *Astronómica* de Manílio, *Cynegetica* de Grácio Falisco, traduções de Arato, fantasias literárias dos gramáticos e geógrafos da decadência.

A fábula: Fedro.

É facto muito conhecido de todos aqueles que lidam com os estudos literários que uma das maiores dificuldades reside em classificar os géneros. Desde a Antiguidade até aos nossos dias, nunca chegou a haver um critério unânime neste ponto. Assim, o famoso cânon alexandrino contava nove géneros literários: a épica, a poesia iâmbica, a tragédia, a comédia (compreendendo a antiga, a média e a nova), a elegia, a lírica, a eloquência, a história e a filosofia. No cânon de Quintiliano, as designações mantêm-se e aparece a mais a sátira. Para nós, esta classificação é bastante deficiente, e tanto peca por excesso como por defeito. Se, por um lado, hoje não distinguiríamos a elegia como género independente da lírica, por outro lado, não gostamos de incluir na épica a poesia didáctica. Embora, na sua origem, elas se confundam um pouco – pois que a epopeia comemorava o passado heróico das raças, e como tal era ensino – os seus temas e sobretudo a sua finalidade são muito diferentes. A epopeia é uma transfiguração da vida humana, assenta na experiência psicológica dos povos, trabalha com almas. O poema didáctico estuda aspectos práticos da vida, resume a experiência dos antepassados, trabalha com a natureza.

A poesia didáctica constitui, portanto, um género literário bem definido. É um processo suave de fazer entrar na memória, através da poesia, algumas noções úteis para a vida. Mas, observa Plessis, com um espírito muito francês, "género didáctico confina com género maçador"[18]. É preciso um talento excepcional para saber disfarçar, sob os ornatos da fantasia, a nua verdade do saber. É o que conseguira fazer o criador da poesia didáctica, o grego Hesíodo, com *Os Trabalhos e os Dias*. E o que, em Roma somente lograram três poetas: Lucrécio, Virgílio, Ovídio. É o que, finalmente, todos os outros escritores, que se aplicaram a fazer entrar na medida certa do verso uma exposição árida de preceitos, não conseguiram nunca alcançar.

Feitas estas breves considerações, comecemos o estudo dos quatro grandes poemas didácticos latinos. Vem em primeiro lugar a obra de Lucrécio, vasto poema sombrio, pessimista e profundamente revolucionário, aquele que designamos por uma expressão tirada dos seus primeiros versos – o *De Rerum Natura*.

Lucrécio expõe, através dos seis livros do seu único poema, a filosofia de Epicuro. Não se limita, porém, a desenvolver as teorias do filósofo grego. Aproveitou também os poetas-filósofos da Hélade, Xenófanes, Parménides, e, especialmente, Empédocles, cuja concepção do mundo adopta. Em resumo, a teoria exposta pelo poeta está também próxima da de Demócrito: para ele, o universo é exclusivamente composto de átomos, que andam no vácuo e são dotados de movimento natural. Encontram-se, chocam-se, para formar as coisas e os seres. É graças ao seu poder de desvio (*clinamen*) que conseguem formar os objectos que vemos. Mas tudo é acaso, não há actuação divina.

O sistema moral pode depreender-se de alguns passos do poema. Permitem--nos concluir que Lucrécio não dava ao Epicurismo a interpretação deformada dos seus contemporâneos. Apenas entendia que se devia procurar o prazer, mas não com exageros que levem o homem a cair em paixões, que lhe são sempre funestas.

Mas a obra não é uma mera exposição da moral de Epicuro e da sua teoria cosmológica dos átomos. Se fosse isso apenas, estaríamos certamente na presença de um compêndio de filosofia metrificado. É que atravessa todo o poema um so-pro de apaixonada polémica, de audacioso proselitismo, de amor pela vida e pela natureza, que humanizam a obra, e com isso lhe dão valor poético.

O móbil principal de Lucrécio, ao escrever o *De Rerum Natura*, é o seu amor pela humanidade, o desejo de a libertar das superstições que a acabrunham, e, dedicando o poema ao amigo Mémio, para o converter à sua doutrina, quase nos parece que esse Mémio vale pelo símbolo dos homens. Através da exposição da filosofia epicurista, procura tirar aos seus contemporâneos o pavor do sobrena-tural, dos deuses e dos mitos infernais, que lhes ensombram a vida. Explica como

---

[18]   Plessis, *La Poésie Latine*, Paris, Librairie Klincksieck (1909), 128.

os fenómenos que mais assustavam os antigos, tais como as tempestades, os raios, as erupções vulcânicas, os tremores de terra, eram devidos a causas naturais, e não à cólera de Júpiter ou de Vulcano; que a alma morre com o corpo, e por isso não há que temer a morte, e menos ainda os terríveis suplícios do Tártaro, que a existirem, é durante a vida.

Por aqui já vemos que Lucrécio derruba os deuses todos da mitologia pagã, Contudo há um que fica, não já como deus, mas como um símbolo da própria seiva da vida: é Vénus, sob cuja invocação abre o poema – a alma Vénus, para quem (I, 8-9):

> .... rident aequora ponti
> Placatumque nitet diffuso lumine caelum.

Não é só pelo ataque à crença nos deuses e na outra vida que o poeta fez obra revolucionária. É também na sua maneira de encarar o passado da humanidade. Em vez das brilhantes fantasias sobre as gerações felizes da idade do ouro (que em breve vamos encontrar nos poetas do século de Augusto), Lucrécio, antecipando-se às teorias paleontológicas modernas, é quase o único escritor da Antiguidade que pinta os homens primitivos como seres rudes, que viviam à maneira das feras, e só a pouco e pouco se foram civilizando.

A todas estas crenças que busca destruir, Lucrécio opõe a filosofia, única coisa que pode tornar-nos felizes. E, ao fazer a apologia da sua maneira de encarar a vida e o mundo, tem um ardor e um entusiasmo comparável ao dos que propagam a sua fé. Refuta com energia as teorias contrárias à sua, e expõe sobre os átomos e os seus movimentos, conforme já notou Constant Martha[19], animando-os e interessando-se por eles, como o fazia Homero com os seus heróis.

Lucrécio, ao transplantar para Roma, pela primeira vez, a linguagem da filosofia, teve sérias dificuldades. E não admira que apareçam frequentemente expressões duras, longas perífrases, que ainda ficam aquém do sentido que daria uma só palavra grega.

O próprio autor o anuncia logo no começo da sua obra, dizendo (I, 136-139):

> Nec me animi fallit Graiorum obscura reperta
> Difficile inlustrare Latinis uersibus esse,
> Multa nouis uerbis praesertim cum sit agendum
> Propter egestatem linguae et rerum nouitatem;

Mas Lucrécio não é só o filósofo que combate os adversários e proclama com energia a sua doutrina. É também o homem que se compadece perante o novilho

---

[19] *Le Poème de Lucrèce*, Paris, Hachette.

que vai ser sacrificado no altar dos deuses, que se enternece com o canto dos pássaros, que sabe pintar a natureza com estes formosos versos do Livro V, em que evoca os primórdios da agricultura (V, 1367-1378):

> Inde aliam atque aliam culturam dulcis agelli
> Temptabant, fructusque feros mansuescere terram
> Cernebant indulgendo blandeque colendo.
> Inque dies magis in montem succedere siluas
> Cogebant infraque locum concedere cultis,
> Prata, lacus, riuos, segetes, uinetaque laeta
> Collibus et campis ut haberent, atque olearum
> Caerula distinguens inter plaga currere posset
> Per tumulos et conuallis camposque profusa;
> Vt nunc esse uides uario distincta lepore
> Omnia, quae pomis intersita dulcibus ornant
> Arbustisque tenent felicibus opsita circum.

Este excerto que acabámos de ler pertence ao Livro V, conforme já dissemos, e faz parte da descrição da aparição da vida no mundo e dos primeiros progressos da humanidade. Não é este o único passo do poema em que a narrativa transcende a exposição didáctica, para se ocupar de temas mais universais. A bela invocação a Vénus, cheia de frescura e graciosidade, o elogio de Epicuro e da filosofia avultam nos dois primeiros livros, que tratam dos princípios dos seres, dos vácuos e dos átomos. Novo elogio de Epicuro, a apóstrofe da natureza ao homem que vai morrer, as ilusões do amor são trechos que brilham nos dois livros seguintes, que versam sobre a natureza humana. Vimos já que no Livro V, que abre com a apoteose de Epicuro, se encontra a exposição das origens da humanidade e da civilização. O Livro VI, voltando mais uma vez ao tema do elogio de Epicuro, que personifica o libertador dos homens, ocupa-se do mundo exterior e dos fenómenos da natureza. Termina com o quadro sombrio, realista e grandioso da descrição da peste de Atenas, inspirada na narrativa do Livro II de Tucídides.

Temos em Lucrécio um poeta admirável, mas desigual. A sua obra tanto sobe às alturas de uma epopeia, como desce de repente ao mais árido didactismo. Mas a elevação que atinge muitas vezes, quer pela grandiosidade do assunto, quer pelo ardor com que fala, como ainda pela potência da sua imaginação ou pela sua sensibilidade aguda, faz com que o poema *De Rerum Natura* conte entre as grandes obras da Literatura Latina, pela expressão veemente, pela sinceridade do seu amor pelos homens, pela enérgica convicção, pela beleza rude, mas impressionante, de muitos quadros, dons que conferem a Lucrécio o título de grande poeta.

Os antigos, que tinham uma predilecção especial pelas coincidências de datas históricas importantes, gostavam de lembrar que Lucrécio morreu no dia em que Virgílio tomou a toga viril. Nem todos os críticos aceitam hoje esta afirmação, mas nem por isso o seu simbolismo deixa de nos interessar. É que este facto, no fundo, quer significar que o cetro da poesia latina transitou do autor do *De Rerum Natura* para o Mantuano. E não só o cetro, como uma grande parte do seu legado poético. Tudo leva a crer, na verdade, que Virgílio tenha lido e relido a obra de Lucrécio, quando era jovem. Dela ficaram muitas reminiscências no seu espírito, que vão eclodir principalmente nas manifestações de amor pela natureza, pelos animais, no sentimento da instabilidade da vida humana, na crença em leis fixas que regem o universo. Mas Lucrécio era um ateu consciente, que pregava a todo o momento a necessidade de abandonar a superstição religiosa; Virgílio responderá ao *De Rerum Natura* com um poema didáctico em que predomina a veneração pelos deuses (*Geórg.*, I, 338):

In primis uenerare deos.

Esse poema didáctico a que me refiro é, como todos sabem, o das *Geórgicas*, ou poema da agricultura. Escrita, segundo referem os comentadores e o próprio autor o declara, por sugestão de Mecenas, esta obra destinava-se a corroborar pela arte a orientação que Augusto queria imprimir aos seus súbditos, para os guiar, através de uma paz duradoura, a um maior equilíbrio moral. Esta fonte de saúde dos espíritos, buscava-a o imperador na cultura da terra, em que se haviam fortalecido os ânimos dos homens valentes das primeiras eras. Além disso, a recente partilha do território italiano pelas legiões licenciadas e a necessidade dos velhos lavradores de tratarem novamente dos seus campos, devastados pela guerra, faziam sentir a urgência da difusão de conhecimentos agrícolas. Obras dessas não tardaram a aparecer. Mas faltava ainda uma que servisse ao mesmo tempo para restituir ao trabalho dos campos a honra e o interesse das classes cultas e preponderantes e para criar simpatia e veneração pelo pequeno lavrador, que, com o seu esforço, cultivava o pedaço de terreno que lhe fora confiado. Este lugar, esta necessidade, veio preenchê-la Virgílio, que nas *Geórgicas* ofereceu aos seus compatriotas não só o tratado agrícola escrupulosamente elaborado, segundo os melhores preceitos de Hesíodo, nos *Trabalhos e Dias*, de Arato, nos *Prognósticos*, de Xenofonte, nas *Oeconomica*, de Aristóteles, nas *Histórias dos Animais*, de Catão, de Varrão, e da enciclopédia rural do cartaginês Magon, vertida para Latim, como também a observação comovida de todas as manifestações da vida sobre a terra, a simpatia pelos animais, o sentimento de um equilibrado patriotismo.

Às *Geórgicas*, diz André Bellessort no seu penetrante estudo sobre Virgílio[20], parece ter comunicado a natureza o mistério e a grandiosidade que lhe é própria.

---

[20]   *Virgile, son oeuvre et son temps*, Paris 8(1920).

Estas qualidades, a que podemos ainda acrescentar a precisão dos termos e a limpidez do verso, não são as únicas que fazem das *Geórgicas* não só o melhor poema didáctico de todos os tempos, como até a mais perfeita composição de toda a Literatura Latina.

É que Virgílio soube também imprimir-lhes um interesse admiravelmente graduado, variando com descrições ou episódios a enumeração dos trabalhos agrícolas. E o ponto supremo da sua arte está precisamente em que essas pequenas digressões não são ornatos supérfluos, que se possam destacar da obra sem a prejudicar (como sucedia com as produções da escola alexandrina), mas estão presas a ela, pertencem ao corpo geral do poema e servem para vincar na memória do leitor, pela luz irisada da imaginação, os ensinamentos que acabam de se ler.

Assim, o Livro I, consagrado à agricultura em geral, depois de uma engenhosa proposição em quatro versos, em que cada um resume uma parte da obra, e da invocação aos deuses e a Augusto, começa a descrever os trabalhos dos campos, as sementeiras, os instrumentos, o que deve fazer o lavrador, conforme as estações e os dias. Daqui passa naturalmente às maneiras de prever o tempo. E eis que chega a ocasião de ilustrar estas previsões com um caso especial: os presságios que acompanharam a morte de César. É o episódio habilmente encadeado no fecho da exposição. O Livro II passa-se à sombra acolhedora e benéfica das árvores. Ao descrever as diversas espécies, Virgílio detém-se um momento a contemplar as belezas naturais da Itália, cujo elogio constitui um dos mais celebrados passos das *Geórgicas*. Prossegue depois no estudo do solo e da vinha e encerra o Livro com o elogio da vida campestre, que tão bem quadra no final desta excursão pela natureza. Concorrem nele muitos dos pontos de vista em que Virgílio mais insiste no seu poema: a pureza da vida do campo, a bondade dos lavradores, a simpatia pelos animais. E, finalmente, uma qualidade que nunca falta neste poeta: o sentido da romanidade. Oiçamos parte deste elogio (II, 513-522 e 531-534):

> Agricola incuruo terram dimouit aratro:
> Hinc anni labor; hinc patriam paruosque Penates
> Sustinet, hinc armenta boum meritosque iuuencos;
> Nec requies, quin aut pomis exuberet annus,
> Aut fetu pecorum, aut Cerealis mergite culmi,
> Prouentuque oneret sulcos, atque horrea uincat,
> Venit hiems: teritur Sicyonia baca trapetis;
> Glande sues laeti redeunt; dant arbuta siluae,
> Et uarios ponit fetus autumnus, et alte
> Mitis in apricis coquitur uindemia saxis.
> Interea dulces pendent circum oscula nati;
> ....
> Hanc olim ueteres uitam coluere Sabini,

Hanc Remus et frater; sic fortis Etruria creuit
Scilicet, et rerum facta est pulcherrima Roma,
Septemque una sibi muro circumdedit arces,

....

O Livro III começa pela descrição de um templo alegórico, em honra de Augusto, em que muitos vêem um ante-projecto da *Eneida*. Depois, ocupa-se exclusivamente do gado e dos cuidados que requer. Termina com a descrição da peste nos animais, descrição essa tão profundamente compadecida, tão delicadamente sentida, que ultrapassa de longe a de Lucrécio, de um dramatismo quase repelente.

O IV e último Livro trata somente das abelhas, o que não devemos estranhar, atendendo à importância que tinham na economia dos antigos, e mais ainda às qualidades de especial compreensão que lhes atribuíam. Depois de falar das colmeias, dos enxames e da rainha, Virgílio detém-se um momento nos jardins e evoca a figura simpática do velho de Tarento, que tão bem sabia cultivar o seu cantinho de terra. Segue-se a descrição dos costumes das abelhas, da colheita do mel e das doenças a que esses insectos estão sujeitos. Diz-se que o poema terminava com o quadro do estado da agricultura no Egipto, seguido do elogio do governador dessa província, o poeta Gallus, mas que, depois de este ter caído no desfavor de Augusto e se ter suicidado, o substituiu por outro. É assim que, a propósito de doenças de abelhas, o poeta conta a lenda de Aristeu, pastor do vale de Tempe, que, tendo uma vez perseguido Eurídice, dera lugar a que ela fosse mordida por uma serpente de veneno mortal. Nunca Orfeu pôde consolar--se da perda da sua esposa bem-amada. Castiga o culpado, matando-lhe todos os enxames, que eram a sua riqueza. Aristeu, desesperado com esta calamidade, que não sabe a que atribuir, vai queixar-se junto da nascente do rio Peneu. E um dos passos mais belos deste maravilhoso episódio é aquele em que a ninfa sua mãe ouve, do fundo das águas, as queixas do filho e o manda descer ao seu palácio feérico e transparente (IV, 356-366 e 373-378):

Huic percussa noua mentem formidine mater:
"Duc age, duc ad nos; fas illi limina diuum
Tangere", ait. Simul alta iubet discedere late
Flumina, qua iuuenis gressus inferret: at illum
Curuata in montis faciem circumstetit unda,
Accepitque sinu uasto misitque sub amnem.
Iamque domum mirans genitricis et humida regna,
Speluncisque lacus clausos lucosque sonantes,
Ibat, et, ingenti motu stupefactus aquarum,
Omnia sub magna labentia flumina terra
Spectabat diuersa locis, ...

....

Postquam est in thalami pendentia pumice tecta
Peruentum, et nati fletus cognouit inanes
Cyrene, manibus liquidos dant ordine fontes
Germanae, tonsisque ferunt mantelia uillis;
Pars epulis onerant mensas, et plena reponunt
Pocula; Panchaeis adolescunt ignibus arae.

Em seguida, aconselha-o a consultar o sábio adivinho Proteu. Este desvenda-
-lhe as causas do seu castigo: expia a sua culpa para com Orfeu e Eurídice, cuja
história formosíssima lhe refere. E indica-lhe os sacrifícios a fazer, para desviar
a vingança que o persegue.

A lenda de Orfeu e Eurídice, pelo seu sentido profundo e filosófico do amor e
pelo seu conteúdo emocional, seduziu outros poetas latinos. É assim que vamos
encontrá-la novamente nas *Metamorfoses* de Ovídio, outro dos poemas didácticos de que nos ocuparemos. Como episódio independente, podemos dizer que
tem uma certa beleza. O mesmo podemos ainda dizer, com ligeiras restrições,
de outras lendas que figuram nas *Metamorfoses*, como a de Píramo e Tisbe, de
Dédalo e Ícaro, de Perseu e Andrómeda, de Niobe, e de muitas outras. Todas,
repito, com a condição de se lerem isoladamente. Porém o leitor que comece
na proposição inicial do Livro I e continue até à apoteose de César, no Livro
XV, terá de formar acerca do poema um conceito bastante diferente. Nota logo
uma fatigante monotonia, proveniente da semelhança do desenlace de todas as
histórias referidas; falta de ligação, pois os mitos prendem-se, regra geral, uns
aos outros por forma bastante artificial; e falta de unidade, a despeito de este
grande poema didáctico, tendo formulado o plano de referir a história do mundo,
começar pelo caos, passar depois às quatro idades, ao dilúvio, às histórias dos
deuses maiores, a seguir, às dos menores e dos heróis, até entrar nos tempos da
história de Roma, que leva até César.

Em face destes defeitos, temos virtudes a opor, como uma grande facilidade do
verso, aquela mesma a que Ovídio fazia referência nesta sua citadíssima confissão:

Et quod temptabam scribere uersus erat.

A narração varia constantemente de processos, a expressão é elegante, clara e fácil.

O Livro I e o Livro XV, de que fazem parte, respectivamente, uma cosmogonia
e uma exposição sobre o pitagorismo, eram muito apreciados pelos filósofos antigos. Porém, quando, por exemplo, logo no começo do poema, o autor descreve o
dilúvio, começa com largos traços dramáticos, mas acaba por se perder na pintura
de aspectos anedóticos do quadro: o lobo a nadar entre as ovelhas, o lavrador que
apanha um peixe no cimo de uma árvore submersa...

Apontam-se inúmeros modelos para as *Metamorfoses*, quer gregos, quer latinos. Contudo, há um episódio, justamente um dos mais graciosos e delicados, que, por até agora se não ter encontrado em nenhum outro autor, se supõe original de Ovídio: é o de Filémon e Báucis, o casal velhinho que recebe no seu humilde lar, sem o saber, a visita augusta de Júpiter e Mercúrio, e é depois recompensado pela sua devotada hospitalidade e profunda piedade. Mas o melhor episódio das *Metamorfoses* é aquele em que se descreve a idade de ouro da humanidade, tema muito caro aos poetas clássicos, excepto a Lucrécio, que, como vimos, negou terminantemente a existência de tal época (I, 89-112).

> Aurea prima sata est aetas, quae uindice nullo,
> Sponte sua, sine lege fidem rectumque colebat.
> Poena metusque aberant nec uerba minantia fixo
> Aere legebantur, nec supplex turba timebat
> Iudicis ora sui, sed erant sine uindice tuti.
> Nondum caesa suis, peregrinum ut uiseret orbem,
> Montibus in liquidas pinus descenderat undas
> Nullaque mortales praeter sua litora norant.
> Nondum praecipites cingebant oppida fossae;
> Non tuba directi, non aeris cornua flexi,
> Non galeae, non ensis erat; sine militis usu
> Mollia securae peragebant otia gentes.
> Ipsa quoque inmunis rastroque intacta nec ullis
> Saucia uomeribus per se dabat omnia tellus;
> Contentique cibis nulo cogente creatis
> Arbuteos fetus montanaque fraga legebant
> Cornaque et in duris haerentia mora rubetis
> Et quae deciderant patula Iouis arbore glandes.
> Ver erat aeternum placidique tepentibus auris
> Mulcebant zephyri natos sine semine flores.
> Mox etiam fruges tellus inarata ferebat,
> Nec renouatus ager grauidis canebat aristis:
> Flumina iam lactis, iam flumina nectaris ibant,
> Flauaque de uiridi stillabant ilice mella.

Desta descrição conservemos sobretudo no ouvido aqueles dois versos cuja harmonia encantou a Antiguidade – nos quais se diz que o pinheiro ainda não fora cortado nos montes para descer às límpidas águas, a peregrinar pelo mundo:

> Nondum caesa suis, peregrinum ut uiseret orbem,
> Montibus in liquidas pinus descenderat undas.

As *Metamorfoses* celebram, em hexâmetros dactílicos, a história do mundo, conforme acabámos de ver. De todos os poemas didácticos latinos, foram o mais lido, talvez mais ainda do que as *Geórgicas*. Apesar do mau gosto de muitos pormenores, e de a composição se ressentir da educação demasiado retórica do autor, o versejar límpido e fluente de Ovídio, a graciosidade e o pitoresco de muitos dos mitos que refere fizeram com que fossem muito apreciadas pela posteridade. Muito lidas e consultadas no decurso dos séculos, as *Metamorfoses* passaram a ser também o vasto repositório de lendas onde se inspiravam pintores e escultores. Quantos quadros, quantos baixos-relevos, quantas estátuas se modelaram segundo os dados de Ovídio! Pode dizer-se que poucos poemas deixaram na arte tão largo rasto como este.

Os *Fastos*, do mesmo autor, já tiveram muito menos sorte. Ovídio propunha-se cantar nesta obra, de que só temos seis livros, as festas religiosas e nacionais de Roma, seguindo a ordem do calendário. Estamos, portanto, em face de um poema didáctico, que se aproxima, mais do que qualquer outro, do sentimento patriótico. Contudo, não é essa a impressão que se desprende da sua leitura. A abundância de notas galantes e espirituosas, a acentuada incredulidade do autor demonstram claramente que não seria o assunto ideal para o seu talento tratar do passado lendário do seu país. Faltava-lhe o sentimento da grandeza da história, da beleza rude dos primitivos ritos. O autor parece por vezes mais próximo de estar divertido com o seu próprio assunto do que emocionado pela sua grandiosidade.

Além disso, o poema está todo composto em dísticos elegíacos e, embora reconheçamos que os metros não estão obrigatoriamente presos aos géneros literários, não podemos impedir-nos de pensar, como René Pichon, que os *Fastos* são "uma oratória escrita em ritmo de gavotte"...

Alguns passos há, contudo, que, por serem mais episódios de ornato do que parte integrante do texto, se ajustam melhor às aptidões do poeta e por isso no-lo apresentam sob um ponto de vista mais favorável. Tomemos como exemplo este trecho dos *Fastos*, em que começa a descrição do rapto de Prosérpina (IV, 423-442):

> Frigida caelestum matres Arethusa uocarat:
>> Venerat ad sacras et Dea flaua dapes.
> Filia, consuetis ut erat comitata puellis,
>> Errabat nudo per sua prata pede.
> Valle sub umbrosa locus est, adspergine multa
>> Vuidus ex alto desilientis aquae.
> Tot fuerant illic, quot habet natura, colores;
>> Pictaque dissimili flore nitebat humus.
> Quam simul adspexit: Comites, accedite, dixit;
>> Et mecum uestros flore replete sinus.
> Praeda puellares animos prolectat inanis,

Et non sentitur sedulitate labor.
Haec implet lento calathos e uimine textos;
Haec gremium, laxos degrauat illa sinus.
Illa legit calthas; huic sunt uiolaria curae;
Illa papauereas subsecat ungue comas.
Has Hyacinthe, tenes: illas, Amarante, moraris:
Pars thyma, pars casiam, pars meliloton amant.
Plurima lecta rosa est; et sunt sine nomine flores:
Ipsa crocos tenues liliaque alba legit.

Este é o alegre e gracioso prelúdio que o poeta antepõe ao desenrolar do drama, que contém as partes fixadas desde o hino homérico a Ceres; rapto de Prosérpina, dor e peregrinações de Ceres, encontro da mãe com a filha. Se continuássemos a leitura deste episódio, ou de qualquer outro, veríamos que o espírito dos poemas de Ovídio se definiria bem, recorrendo a um termo musical: dizendo que os seus versos são *scherzos* – trechos brilhantes, graciosos, cheios de ritmo, mas sem profundidade nem emoção.

Com isto não queremos dizer que o poeta careça do sentido da romanidade, que prevalece nos outros grandes poemas didácticos latinos. E Ovídio, ao relatar, no Livro IV dos *Fastos*, a fundação de Roma, não pode deixar de exclamar no final, com mal contido orgulho:

Vrbs oritur (quis tunc hoc ulli credere posset?)
Victorem terris impositura pedem.

O mesmo Ovídio escreveu ainda um outro poema didáctico, de que só resta um curto fragmento: *Halieutica*, que, como o nome indica, trata da pesca. Este já tem de se considerar como uma série de preceitos postos em verso. O mesmo se pode dizer de muitas outras obras, que produziram em abundância metrificadores do século de Augusto: um amigo de Ovídio, Emílio Macro, compôs uma *Ornitogonia* e uma *Theriaca* (arte de curar as mordeduras de serpentes); Manílio escreve as *Astronomica*, em que, aliás, se trata mais de astrologia do que de astronomia; Grácio Falisco, nas *Cynegetica*, de que hoje só temos o começo, ocupava-se da caça. Surge também um poema anónimo, o *Aetna*, que pertence à *Appendix Vergiliana*, e por isso andou muito tempo atribuído a Virgílio, de quem se sabia ter composto, quando jovem, uma obra com esse título. (De passagem, recordemos que a *Appendix Vergiliana* é uma compilação de poesias atribuídas outrora à mocidade de Virgílio, e que hoje são tidas, na sua maioria, por apócrifas. Além do *Aetna*, conta as *Catalecta*, em número de 14, as *Dirae, Culex, Ciris, Moretum, Copa*, etc.). Continuemos na enumeração dos poemas didácticos latinos: Cláudio César Germânico, o príncipe a quem Ovídio consagrara os *Fastos*, experimentou, como Cícero já o fizera em tempos, traduzir os *Fenómenos* e os *Prognósticos*, do grego Arato. Claudiano deu início a uma *Gigantomachia*, de que só conhecemos os primeiros versos. O entusiasmo por este género de poesia continua e Avieno escreve a *Descriptio orbis terrestris* e *Ora Maritima*. O gramático Marciano Capela tem a ideia extravagante de escrever um poema subordinado ao título *De Nuptiis Mercurii cum Philologia*. Terenciano Mauro também acha a fonética assunto muito próprio para pôr em verso e compõe um *De litteris, syllabis, metris*. Esta moda – pois só assim lhe podemos chamar – de pôr em verso os preceitos das mais variadas ciências ou técnicas prolonga-se depois pela Idade Média. Basta citar a obra de Ebrardo de Béthume, sobre *Grecismos* e o *Doctrinale* de Alexandre de Ville-Dieu, esta, uma gramática latina, aquela, uma estilística.

A tudo isto, a esta série de obras didácticas versificadas pelo capricho, que não pela inspiração dos seus autores, só podemos dar um título geral, que, ao mesmo tempo, serve para as opor aos quatro grandes livros que estudámos anteriormente: não é já poesia didáctica, é o didactismo sem poesia.

Antes de encerrar o nosso breve estudo da poesia didáctica em Roma, temos de referir-nos a um ramo especial dessa poesia: a fábula.

Este género, estruturalmente destinado ao ensino, teve, como é sabido, as suas origens na velha Índia, o país da fábula, como o revelam os seus dois grandes compêndios, *Pancatantra* e *Hitopadesa*. Na Grécia, surgem os primeiros ensaios na *Batrachomyomachia* (Combate das Rãs e dos Ratos), atribuída a Homero, e num passo das *Histórias* de Heródoto; mas só Esopo, em prosa, e Bábrio, em verso, dão à fábula foros de género literário – único tipo de poesia, diga-se mais uma vez, que Platão queria que fosse cultivado na sua *República*, porque o achava útil à humanidade. Em Roma, Énio, e, sobretudo Horácio, na conhecida sátira em que conta a história do rato do campo e do rato da cidade, são os dois primeiros autores a tratar o gé-nero. Porém só no tempo de Tibério é que o liberto Fedro se entretém a "polir em versos senários", como ele mesmo declara, as historietas de Esopo. O seu estilo, de uma concisão em regra elíptica, que o torna não raro obscuro, a sua linguagem abstracta, onde os arcaísmos se misturam com os barbarismos, não fazem dele, positivamente, um autor clássico. Mas não podemos, pelo menos, tirar-lhe o mérito de ter sido o melhor representante da fábula no Lácio.

Agora, que chegámos ao fim da nossa exposição, podemos voltar-nos um mo-mento para trás, para tirarmos algumas conclusões gerais. Vimos que a poesia didáctica, género criado pelo grego Hesíodo, se adaptou perfeitamente em Roma, certamente porque o seu carácter utilitário se coadunava bem com o espírito prático dos latinos. A partir do século de Augusto, sobretudo, perante o sucesso de Virgílio e Ovídio, muitos autores se animam a pôr em verso os seus preceitos, na esperança de assim falarem melhor à imaginação e à memória dos ouvintes. Esse costume vai até à Decadência e prolonga-se pela Idade Média. Mas tais obras não passam de exemplos de didactismo sem poesia; os seus versos são como cor-pos sem alma. Porque a habilidade difícil de unir o ensino à arte, sem prejudicar um nem outro, poucos poetas são capazes de a conseguir. Em Roma, apenas três: o sombrio e combativo Lucrécio, ao dissertar *De Rerum Natura*; Virgílio, com as suas *Geórgicas*, mensagem divina de beleza e de paz; Ovídio, com os *Fastos* e as *Metamorfoses*, galeria polícroma de baixos-relevos, que não de estátuas. O espírito da poesia penetrou de tal maneira nessas quatro grandes obras que elas não são somente uma exposição sobre o epicurismo, sobre a agricultura, sobre as festas do calendário romano e a história lendária do mundo; mas, transcendendo de longe o seu objecto, representam para nós um legado imarcescível de beleza eterna.

5ª LIÇÃO
O LIRISMO E A SÁTIRA

Dificuldades na delimitação do conceito de poesia lírica.
Papel da natureza, dos sentimentos pessoais e dos elementos mitológicos.
O alexandrinismo: Catulo.
Poesia bucólica: Virgílio.
As obras de Horácio e o seu valor actual.
A elegia romana: Tibulo e o *Corpus Tibullianum*, Propércio, Ovídio.
A decadência: Claudiano, Rutílio Namaciano, Ausónio. Os poetas cristãos.
A sátira em Lucílio, Horácio, Pérsio, Marcial e Juvenal. A sátira, espelho deformador de uma época.

Embora costumassem distinguir três grandes géneros poéticos – a Epopeia, o Teatro e o Lirismo – os antigos nem sempre eram muito coerentes com esta maneira de ver. Como dissemos na lição passada, o cânon alexandrino separava a elegia e a poesia iâmbica de um outro género, a que chamava propriamente lirismo. Tudo isto contribui para obscurecer ainda mais o nosso conceito de poesia lírica, sempre flutuante e indeciso. Por isso vamos remontar às origens do género, para assim vermos, num rápido esboço, qual a verdadeira compreensão do termo "lirismo".

Como sucede sempre que desejamos conhecer os primórdios de qualquer manifestação literária importante, a fonte é a Literatura Grega. Ora diz-nos esta que a poesia lírica (de λύρα, "a lira"), essencialmente ligada à música e à dança, se destinava a ser cantada, a solo ou em coro, e que o seu aparecimento, no final do século VIII, princípios do século VII a.C., se verificou na Hélade, quando os progressos da civilização e da democracia desenvolveram o sentimento do individualismo entre os gregos. É assim que à poesia colectiva, idealista e impessoal de Homero e de Hesíodo vem substituir-se um novo género, mais realista e determinado.

O lirismo grego reveste duas formas principais: o lirismo pessoal e o lirismo coral. O lirismo pessoal caracteriza-se mais pelos metros que adopta do que pelo fundo: assim é que a elegia (formada por dísticos, ou seja, por um hexâmetro, seguido de um pentâmetro), tanto revela inspiração guerreira, como amorosa, como moral (donde a designação, que também se lhe dá, de poesia gnómica), como ainda política e filosófica; a poesia iâmbica, que tira o seu nome do metro que a serve, o iambo, pé formado de uma breve e uma longa, e por isso muito próximo da linguagem da conversação, tem um carácter bastante realista e quase familiar. Os chamados poetas da sátira lírica, Arquíloco, Simónides de Amorgo e Hipónax, deixam entrar nas suas composições um tom quase popular. Tanto a elegia como o iambo em breve passaram a ser somente recitados. O outro género, a ode (de ὠιδή, "canção"), era sempre acompanhado por música. As estrofes de Safo, Alceu e Anacreonte cantam principalmente o amor e os prazeres da vida.

O lirismo coral, iniciado por Álcman, exprimia os sentimentos colectivos de um povo, quando se realizavam as grandes festas nas cidades gregas. Acompanhado de música e de dança, o coro entoava nessas solenidades as estrofes, antístrofes e epodos das grandes odes de Estesícoro, de Baquílides, de Simónides e de Píndaro. A princípio destinadas a glorificar os deuses, acabaram por exaltar homens também.

Vimos, portanto, neste rápido esboço das origens do lirismo na Grécia, que se compreendiam sob este título geral géneros de inspiração bastante diversa, cuja classificação dependia mais dos metros adoptados do que da índole. Por isso não se estranhará que tenha incluído aqui também a poesia bucólica, que só tomou forma literária em Teócrito, mas que, pelo seu conteúdo, se aproxima da lírica.

A poesia latina recebeu da Grécia os moldes do lirismo. Vamos estudar a maneira como os desenvolveu, através dos seus melhores cultores. Na impossibilidade, porém, de analisar em tão limitado tempo todos os aspectos da lírica romana, escolheremos três, que nos parecem bastante característicos: o papel da natureza, dos sentimentos pessoais e dos elementos mitológicos.

Nos últimos tempos da República, surge em Roma um movimento literário cujos corifeus se intitulam *poetae noui*. É seu principal objectivo renovar a poesia nacional, fazendo versos à maneira da escola grega de Alexandria, ou seja, de inflada erudição mitológica, de expressão exótica, de rebuscada originalidade. Dos vários cultores deste novo género só nos restam nomes. Exceptua-se apenas um, Catulo, do qual temos mais de uma centena de composições, nos mais variados metros. É costume dividir as suas poesias em pessoais e impessoais, incluindo nestas últimas cinco poemas mais extensos, escritos segundo todas as receitas alexandrinas: *Átis, A Cabeleira de Berenice, As Núpcias de Tétis e de Peleu, Carme Nupcial, Epitalâmio de Júlia e de Mânlio*. Nestes carmes, evidenciam-se as características há pouco citadas, com predomínio da erudição mitológica, à maneira de Calímaco. Não esqueçamos, contudo, que a Ariadna das *Núpcias de Tétis e de Peleu* foi, segundo se crê, o modelo da paixão desesperada, que serviu a Virgílio para a sua Dido.

A outra parte da obra, a dos poemas curtos, a que o próprio autor chamou *nugae*, revela a influência de Arquíloco, de Safo e de Alceu e dá foros de cidadania a formas métricas importadas da Grécia, como a estrofe sáfica e o hendecassílabo falécio, e a géneros igualmente novos, a ode, a elegia, o epigrama. Mas o que valoriza estas composições é a predominância dos sentimentos pessoais, independentemente de quaisquer preceitos de escola. Todos os trâmites da sua paixão violenta e mal correspondida por Lésbia, as explosões de cólera – quase sempre expressas nos termos mais grosseiros – contra os seus inimigos pessoais ou políticos constituem a maior parte do Livro. Mas não são menos interessantes as pequenas poesias, em que se dirige a amigos seus, convidando-os a vir a sua casa, onde jantarão copiosamente, desde que tenham o cuidado de trazer consigo todas as provisões, ou troçando dos discursos de Séstio, que o fazem adoecer, ou o pretensiosismo de Árrio, que, na sua preocupação de falar bem, aspirava todas as palavras começadas por vogal, ou ainda aquelas deliciosas composições em que deplora a morte do pardal de Lésbia. O sentimento que domina no carme XXXI é perfeitamente o de um poeta da escola romântica: o prazer de voltar à sua casinha à beira do lago, o convite à natureza inanimada para tomar parte na alegria do regresso:

> Paene insularum, Sirmio, insularumque
> Ocelle, quascumque in liquentibus stagnis
> Marique uasto fert uterque Neptunus;
> Quam te libenter quamque laetus inuiso,
> Vix mi ipse credens Thyniam atique Bithynos
> Liquisse campos et uidere te in tuto.
> O quid solutis est beatius curis?
> Cum mens onus reponit, ac peregrino
> Labore fessi uenimus larem ad nostrum,
> Desideratoque acquiescimus lecto?
> Hoc est quod unum est pro laboribus tantis.
> Salue, o uenusta Sirmio, atque hero gaude;
> Gaudente uosque, o Lydiae lacus undae;
> Ridete quidquid est domi cachinnorum.

Em todos estes pequenos poemas, a parte dos sentimentos pessoais é máxima, a da decoração mitológica e da natureza é mínima. Além deste carme, quase só poderá citar-se o XLVI, em que nos surge inesperadamente uma descrição da primavera, que ocupa apenas alguns versos, porque logo é atalhada pela invasão dos sentimentos de vivacidade que desperta no autor a nova estação:

> Iam uer egelidos refert tepores,
> Iam caeli furor aequinoctialis
> Iucundis Zephyri silescit aureis.
> Linquantur Phrygii, Catulle, campi

Nicaeaeque ager uber aestuosae:
Ad claras Asiae uolemus urbes.
Iam mens praetrepidans auet uagari,
Iam laeti studio pedes uigescunt.
O dulces comitum ualete coetus,
Longe quos simul a domo profectos
Diuersae uariae uiae reportant.

Este é um dos maiores méritos da poesia de Catulo: o pitoresco de muitas expressões, a graciosidade delicada do seu fraseado, a agilidade do verso, que quase nos fazem esquecer a linguagem torpe dos epigramas e os defeitos da escola alexandrina.

Em breve veremos que a influência de Catulo foi grande na poesia lírica latina. Horácio, Tibulo, Propércio e Marcial vão utilizar-se dos modelos que transplantou para o Lácio. Mas, antes de lá chegarmos, e para respeitarmos a ordem cronológica, temos de fazer referência à aparição de um novo género, igualmente de origem helénica: a poesia bucólica. O autor que a transplantou para Roma já nos ocupou por mais vezes, ao tratarmos da epopeia e da poesia didáctica. Antes, porém, de voltar para esses géneros a sua arte, Virgílio havia-se consagrado à poesia pastoril, à maneira do siracusano Teócrito. Mas nas suas dez *Bucólicas* – chamemos-lhes assim, e não *Églogas*, que significa apenas "trechos escolhidos" – Virgílio não se limita unicamente a debates entre dois pastores, aos quais, no fim, um outro pegureiro julga, segundo os seus méritos (é mais ou menos este o assunto da III, V, e VII). Faz entrar nelas a actualidade (é o caso da I e da IX, em que ecoam lamentos pelas guerras civis e a devastação das terras), a filosofia (na IV e VI) e a paixão (na II, VIII e X).

O papel da natureza nas *Bucólicas* de Virgílio não é tão essencial como seria de esperar na poesia pastoril. E, embora a I comece por nos mostrar Títiro deitado à sombra espessa de uma faia – *patulae recubans sub tegmine fagi* – a ensaiar modas silvestres na sua frauta pastoril, logo a seguir o cenário esvai-se. A paisagem é incaracterística, um pouco esfumada, por vezes. Mas Virgílio gosta de iluminar os últimos versos das suas *Bucólicas* com os raios da estrela da tarde, que sobe no céu, ou de mostrar a natureza encantada a escutar o canto de Sileno, ou de dar numa curta descrição todo um quadro, como no final da I:

Et iam summa procul uillarum culmina fumant,
Maioresque cadunt altis de montibus umbrae.

Discute-se ainda o carácter autobiográfico da I.ª e da IX.ª *Bucólica*. Sabemos que Virgílio fora despojado das suas terras, como muitos, em favor dos veteranos das legiões dos triúnviros, e que reclamou junto de Octávio. Parece que conseguiu recuperar os seus domínios e depois voltou a perdê-los. E daí, dizem alguns comentadores, a I.ª *Bucólica*, em que o pastor Títiro conta a Melibeu como "um deus que havia em Roma" lhe proporcionara aquele bem-estar e lhe evitara o exílio. Outros entendem que Títiro seria apenas uma figura idealizada pelo Poeta, para personificar a gratidão geral. Mas aquele verso em que Melibeu exclama (V, 46):

Fortunate senex! Ergo tua rura manebunt!

tem uma expressão de tristeza tão sentida que bem nos inclina a crer que Virgílio falava por experiência própria.

Os elementos mitológicos ocupam pequeno lugar na maioria destas composições. Exceptua-se a VI, onde Sileno refere a origem lendária do mundo e as histórias de Deucalião e Pirra, de Prometeu, de Hila, de Pasífae.

Entre todas as composições pastoris, há uma que detém um lugar à parte, um lugar quase único na história dos enigmas literários. É a IV.ª *Bucólica*, cujos 63 versos têm dado lugar às mais variadas conjecturas. O seu tema é simplesmente o seguinte: está para voltar à terra a idade de ouro e com o seu advento coincidirá o nascimento de um menino, sobre cujo berço cairão já as primeiras bênçãos de tão feliz época; e, à medida que ele for crescendo e conhecendo os feitos dos heróis e do pai, a terra tornar-se-á cada vez mais fértil e, sem esforço nem trabalho humano, tudo produzirá. Acabarão os crimes e as guerras. Oh! Que essa idade venha cedo, para o Poeta a cantar, porque, com tal assunto, nem Orfeu nem Apolo poderão rivalizar com ele!

Sendo esta composição dedicada a Polião, a primeira ideia foi que celebraria o nascimento de um filho deste cônsul. Outros acharam mais lógico que se dirigisse a um descendente de Octávio. Outros queriam que fosse consagrada aos gémeos nascidos da união de Marco António com Cleópatra. Também há quem tenha visto nestes versos reflexos de ideais órfico-pitagóricos. Por sua vez, os cristãos supuseram ver neles uma profecia da vinda de Cristo. E esse facto aureolou Virgílio de um prestígio especial, aos olhos dos medievais.

De todas estas teses, parece mais provável a primeira, defendida por Carcopino[21], que, demonstrando que a *Bucólica* em questão data dos dias que se seguiram à Paz de Brindes, na qual o mundo de então pusera as suas esperanças, e que a Polião, cônsul nesse ano, nascera um filho, Salonino, entende que o poeta quis honrar o seu protector e traduzir a geral espectativa de bem-estar e concórdia, que então reinava. Desiludida essa espectativa com o subsequente rompimento dos chefes, esta bela composição ficou sendo, na frase feliz do mesmo crítico, "uma mensagem eterna da esperança humana".

---

[21] *Virgile et le Mystère de la IV. Églogue*, Paris, l'Artisan du Livre, 3.ème éd., 1930.

O tema fundamental da IV.ª *Bucólica* é, portanto, a nostalgia pela idade de ouro, em que reinava a paz e a felicidade sobre a terra, e os homens não tinham trabalhos nem preocupações.

O melhor amigo de Virgílio, o venusino Horácio, desenvolveu este mesmo tema no seu XVI Epodo, em que aconselha os concidadãos a fugir da corrupção de Roma e a partir, como um dia fizeram os Fócios, para as ilhas bemaventuradas, onde se perpetuava a idade de ouro. E pinta a vida fácil e a natureza acolhedora dessa terra feliz. Não é só aqui que Horácio gosta de fazer intervir descrições deste género, como adornos para aformosearem os seus poemas, ou até como motivo único dos seus versos. Ora mostra o monte Soracte alvinitente, ora a natureza que renasce, depois que as neves fugiram e cresceram as ervas nos campos e as franças nas árvores, os rios retomaram o seu curso normal e o frio se abrandou ao sopro do Zéfiro. E quem se não lembra daquela graciosa ode 13 do Livro III, que começa:

> O fons Bandusiae, splendidior uitro,

cujas águas límpidas, a saltarem de umas pedras, sob uma azinheira, ficam muito tempo a murmurar aos nossos ouvidos?

E a bela ode IV do Livro I, que reflecte a alegria pagã da estação formosa:

> Soluitur acris hiems grata uice ueris et Fauoni
>   Trahuntque siccas machinae carinas,
> Ac neque iam stabulis gaudet pecus aut arator igni
>   Nec prata canis albicant pruinis.
> Iam Cytherea choros ducit Venus imminente luna
>   Iunctaeque Nymphis Gratiae decentes
> Alterno terram quatiunt pede, dum graues Cyclopum
>   Volcanus ardens urit officinas.
> Nunc decet aut uiridi nitidum caput impedire myrto
>   Aut flore, terrae quem ferunt solutae;
> Nunc et in umbrosis Fauno decet immolare lucis,
>   Seu poscat agna siue malit haedo.
> Pallida mors aequo pulsat pede pauperum tabernas
>   Regumque turres. O beate Sesti,
> Vitae summa breuis spem nos uetat inchoare longam.
>   Iam te premet nox fabulaeque Manes
> Et domus exilis Plutonia, quo simul mearis,
>   Nec regna uini sortiere talis...

É uma evocação da Primavera em que à descrição do renovamento da natureza se juntam os quadros realistas dos navios que voltam para o mar, do gado que sai dos estábulos, onde já se não sente à vontade. E lá surge a graciosa nota mitológica de Vénus Citereia, que dança ao luar com as Ninfas e as Graças. Não é só aqui que os elementos mitológicos emprestam brilho às descrições da natureza. Horácio gosta de invocar os Faunos, pedindo-lhes protecção para os seus campos, e de descrever as festas rústicas em honra destas divindades silvestres. Gosta de consagrar, em duas curtas estrofes, uma árvore a Diana. Mas sente-se que se serve das figuras da mitologia mais como de uma convenção literária, do que como de deuses reais (há quem tenha chegado a dizer, embora com pouca razão, que Horácio é o espírito mais irreligioso da Antiguidade), E noutras odes, como naquela em que refere o rapto de Europa, ou a fala de Juno, a interpretação dos mitos é puramente simbólica.

Esta Ode da Primavera pode dar-nos ainda um terceiro aspecto da poesia lírica de Horácio, que é talvez o que lhe dá maiores direitos ao interesse dos modernos: a sua filosofia. A brevidade da vida humana é um dos temas favoritos do Venusino. *Carpe diem* é a sua preocupação dominante, que exprime de mil maneiras, quer quando recomenda a Taliarco (I, 9.13):

> quid sit futurum cras, fuge quaerere...

como naquela conhecida Ode do Livro I, a Leucónoe, em que a aconselha a não fazer uso da astrologia para desvendar o porvir (I, 2, 1-3):

> Tu ne quaesieris (scire nefas), quem mihi, quem tibi
> Finem di dederint, Leuconoe, nec Babylonios
> Temptaris numeros. Vt melius quidquid erit pati!

e ainda naquele belo carme do Livro II, em que lembra ao seu amigo Póstumo como chega depressa o dia em que temos de nos despedir de tudo o que nos prende na vida. Logo o começo da primeira estrofe parece reflectir a fuga irremediável do tempo (II, 14, 1-2):

> Eheu, fugaces, Postume, Postume,
> Labuntur anni ....

Outro dos temas favoritos de Horácio é a necessidade da moderação nos prazeres, de viver com modéstia e de ânimo sempre igual. Assim, diz a Licínio, na Ode X do Livro I, não terás de temer a procela, e o alto mar, e os escolhos da praia...

> Non ebur neque aureum
> Mea renidet in domo lacunar,

>   Non trabes Hymettiae
>   Premunt columnas ultima recisas
>   Africa, ...
>   ....
>   At fides et ingeni
>   Benigna uena est. Pauperemque diues
>   Me petit; nihil supra
>   Deos lacesso nec potentem amicum
>   Largiora flagito,
>   Satis beatus unicis Sabinis.

Esta Ode XVIII do Livro II, de que acabámos de ver o princípio (1-13), alude ao culto de Horácio pela *aurea mediocritas* e também a Mecenas, seu amigo querido. Estamos assim em face de outro dos sentimentos, que brilham aqui e ali na lírica horaciana – o da amizade, que ora se expande jovialmente em convites a Mecenas, para vir descansar, junto do seu amigo, do bulício do Forum, ora apostrofa em versos esculturais o navio que conduz a Atenas o Mantuano e por isso "nos deve Virgílio", ora deplora em estrofes cheias de emoção a morte de Quintílio Varo.

Outras vezes, o Poeta fala contra a sua amada, para depois se apressar a retratar--se das injúrias numa arrependida palinódia. Outras ainda, conta como escapou milagrosamente a uma árvore que ia cair-lhe em cima.

Mas nas odes predomina a descrição ou a exposição objectiva. E nas seis primeiras composições do Livro III, Horácio pinta, em grandes painéis, o quadro da corrupção de Roma e exorta os seus compatriotas à prática da virtude, à abstenção do luxo. Temos aqui a ode à maneira de Píndaro, embora se mantenham as formas da lírica eólia. E no formoso *Carmen Saeculare*, em honra de Diana e de Apolo, entoado nos Jogos Seculares por vinte e sete rapazes e outras tantas raparigas, temos um exemplo único de lirismo coral.

Horácio introduziu em Roma uma enorme variedade de metros gregos; embora Catulo tivesse tentado adaptar alguns, como já dissemos, a Horácio cabe a glória de os ter nacionalizado definitivamente. A estrofe sáfica, cujo terceiro verso tem sido comparado ao ritmo de uma pequena queda de água, e a alcaica ocupam nas odes um lugar de relevo.

Não foi só a métrica que encontrou em Horácio um grande cultor. Facto muito mais importante, o Latim, na pena do venusino, ganhou em elegância, em expressividade, em vernaculidade. Além disso, Horácio enriqueceu o património linguístico com inúmeros neologismos, da melhor formação. E, embora neste ponto a sua fecundidade não tenha ido tão longe como a de Virgílio, no qual se encontra a média de uma palavra nova por cada 40 versos, ainda assim Horácio tem uma em cada 60 e dele se pode dizer que bem cumpriu os preceitos em que fundiu o seu pensamento literário, na celebrada *Arte Poética*.

Podem muitos comentadores dizer que as odes cívicas são artificiais e frias. Podem notar uma ou outra vez que a inspiração do Poeta está cansada e deixa penetrar nos seus versos um pouco de mau gosto. O que, porém, não podem negar é que Horácio, independentemente do seu mérito de introdutor de géneros e metros novos em Roma, mantém para os leitores de todos os tempos o valor do seu estilo conciso e elegante, da sua linguagem vernácula, dos seus temas, em que contempla a vida e a natureza, não como o epicurista ou o estóico que têm querido ver nele, mas como o homem que, sem ideias preconcebidas, busca o seu aperfeiçoamento moral e reflecte, nas suas preocupações sobre o problema da existência humana a resignação de uma consciência tranquila – qualidades que conservam à lírica horaciana a eterna juventude das obras clássicas.

Ao falarmos das origens do lirismo na Grécia, vimos que a elegia tanto podia tratar temas guerreiros, como patrióticos, filosóficos ou eróticos. Mais tarde, os poetas alexandrinos, Filetas e Calímaco, abordaram de preferência estes últimos. O mesmo fizeram os poetas latinos que cultivaram a elegia, no século de Augusto. Na verdade, o assunto que predomina na obra de Tibulo é o amor. Exceptuando uma ou outra composição, em que celebra o aniversário natalício de amigos seus, quase todas cantam a sua paixão por Délia ou por Némesis. Nestas elegias em que, portanto, predominam os sentimentos pessoais, a natureza surge aqui e ali, como quadro imprescindível à concepção de felicidade do Poeta. Gosta de se supor no seu rústico domínio, onde os pomares estão carregados de frutos, onde deporá as modestas primícias das colheitas perante os toscos Lares, e evitará a canícula ardente à sombra das árvores, junto das águas correntes de um regato. As evocações da natureza em Tibulo têm uma verdade, um realismo, representam uma necessidade de alma que lhes dão o aspecto de uma presença real, não de um convencionalismo de escola literária.

Outra vez, o Poeta mostra-se desesperado, porque ao partir para uma expedição militar, com Messala, adoeceu em terras estranhas. E, para se consolar, evoca os felizes tempos da idade de ouro, em que não havia navegações nem guerras. E termina a elegia com um formoso e tranquilo quadro de interior, em que vê Délia a trabalhar na companhia da sua velha mãe (I, 3, 85-94):

> Haec tibi fabellas referat positaque lucerna
>   Deducat plena stamina longa colu;
> At circa grauibus pensis adfixa puella
>   Paulatim somno fessa remittat opus.
> Tunc ueniam subito, nec quisquam nuntiet ante,
>   Sed uidear caelo missus adesse tibi;
> Tunc mihi, qualis eris, longos turbata capillos,

Obuia nudato, Delia, curre pede.
Hoc precor, hunc illum nobis Aurora nitentem
Luciferum roseis candida portet equis.

Tibulo recorre frequentemente aos elementos mitológicos, como motivo de adorno dos seus versos, mas sente-se também que o seu espírito é profundamente religioso e evoca sem esforço as divindades campestres da sua veneração: Ceres, Priapo, os Lares e Pales, a deusa dos rebanhos. E, quando Délia adoece, entrega-se à prática de todos os ritos, até que lhe seja restituída a saúde.

Nos autores que formam o chamado *Corpus Tibullianum*, porque muito tempo andou atribuído a Tibulo, o fundo de ideias é semelhante, somente a arte é inferior, Lígdamo, possivelmente o irmão mais velho de Ovídio, considerado o autor das seis elegias do Livro III, e Sulpícia, que se crê ser a autora de seis pequenas composições do Livro IV, dão a predominância quase absoluta aos sentimentos pessoais.

Propércio orientou no mesmo sentido as suas elegias, repartidas por quatro livros. E se, uma ou outra vez, se mostra um poeta nacional, ao cantar as origens de Roma, na primeira composição do Livro IV, logo se adverte a si mesmo do erro que comete no *Sonho de Propércio*, no Livro III, em que Calíope vem ao seu encontro, dizer-lhe que, para ser lido, devem os seus versos procurar temas mais simples, e serem como o barco que (III, 3, 23):

Alter remus aquas alter tibi radat harenas,

Propércio canta sobretudo a sua paixão por Cíntia. Mas, ao exprimir os seus sentimentos, quase os afoga numa onda de erudição mitológica, de comparações com as heroínas da Antiguidade, que sobrecarregam a elegia de ornatos supér-fluos. É esse o grande defeito do poeta. Porque a habilidade da composição, ao traçar a evolução dos seus sentimentos por Cíntia, e o alargamento da elegia aos temas patrióticos e nacionais lhe conferem um lugar de certo relevo na poesia latina. Além disso, é seu o primeiro ensaio da *heroide*, género que Ovídio vai cultivar até ao exagero.

Na verdade, as *Heroides* de Ovídio, em que uma heroína da mitologia greco--latina escreve ao seu bem-amado ausente, ou este àquela, pelo seu avultado número, pela repetição constante dos mesmos sentimentos e das mesmas atitudes, são de uma monotonia fatigante. Os *Amores*, do mesmo autor, têm sobre elas a vantagem da maior graciosidade da expressão, embora a beleza e a sinceridade andem muitas vezes ausentes. Este defeito desaparece nas grandes colectâneas de *Tristia* e *Pontica*, em que Ovídio, exilado no Ponto-Euxino, deplora o seu afastamento cruel e duro, e revela, a par de uma melancolia profunda, os seus sentimentos nostálgicos. Contudo, não podemos deixar de notar que o conjunto é um pouco monótono, pela continuada repetição dos mesmos estados de alma, apesar da engenhosa habilidade com que o poeta lhes varia a expressão.

O lirismo só torna verdadeiramente a reviver já no século IV, no súbito clarão do século de Teodósio, que iluminou por algum tempo as artes literárias, já em franco declínio.

É nessa época que surgem três poetas de talento. Vem primeiro Claudiano, que parece ter andado toda a vida à procura de um grande assunto, no qual pudesse derramar a sua facilidade para o verso. A sua musa versátil tanto lhe inspira panegíricos, epitalâmios, esboços de poemas épicos e didácticos, como sátiras, epigramas e epístolas, e muitas destas obras ficaram incompletas. Claudiano vive ainda da forma de Virgílio e de Ovídio e usa da decoração mitológica com a insistência de um arqueólogo que acaba de descobrir uma galeria soterrada de imagens antigas. Contudo, algumas descrições têm uma certa graciosidade e frescura, que lhes empresta a fecunda imaginação do poeta. Além disso, nos elogios dos imperadores, vibra um grande entusiasmo pelo passado heróico de Roma.

O gaulês Rutílio Namaciano escreveu um poema *De Redito Suo*, de que só temos o primeiro livro e parte do segundo. Mas o que resta é o suficiente para mostrar que dominam nele dois sentimentos principais: entusiasmo pelo passado de Roma, ódio encarniçado contra o cristianismo. Os dísticos elegíacos em que está composta a obra são de forma correcta e elegante.

O terceiro poeta desta época é Ausónio, que, dotado de uma extraordinária facilidade para o verso, gastou o seu talento em mil bagatelas de curto fôlego. Basta lembrarmos que compôs onze epigramas sobre uma vaca de bronze, feita por Míron.

A natureza não está de todo ausente da obra deste poeta.

Aqui temos uma pequena descrição da primavera, que parece um apontamento para um quadro maior:

> Annus ab exortu cum floriparum reserat uer,
> Cuncta uigent: nemus omne uiret: nitet auricomum rus.
> Et fusura umbras radicitus exigitur stirps.
> Non denso ad terram lapsu glomerata fluit nix.
> Floram spirat odor, Libani ceu montis honor thus.

Outras vezes, canta temas mitológicos um pouco amaneirados, mas ainda graciosos, como no *Cupido crucificado*.

Apesar de cristão, Ausónio recorre frequentemente a esses temas e o seu espírito frívolo, mais inclinado ao paganismo, nunca conseguiu compreender bem a atitude do seu discípulo e amigo querido, Paulino, quando este renunciou ao mundo e se retirou para Nola, afim de melhor cumprir a sua vocação religiosa.

S. Paulino de Nola, juntamente com Juvenco e Santo Ambrósio, é das figuras principais da primitiva lírica cristã. A maior de todas, porém, é a do espanhol

Prudêncio, que cultivou a poesia lírica, a didáctica, a satírica, e a alegórica com uma arte que o nivela aos melhores poetas latinos. Especialmente a sua obra lírica, com o *Liber Cathemerinon*, em que celebra as ocupações do dia e algumas festas do ano, e o *Peristephanon*, ou hinos aos Mártires, respiram uma emoção, uma ternura, uma frescura de inspiração que bem mostram que a graça cristã está com os seus poemas.

Podemos concluir que a poesia lírica latina, que assomara na expressão apaixonada e veemente, quando não graciosa e até rebuscada, de Catulo, que ecoara formosa e musical nos bosques e prados das *Bucólicas* de Virgílio, encontra a sua expressão máxima em Horácio, que ora se debruça tranquilo a ver correr o rio da vida, feliz com a sua *aurea mediocritas*, ora exalta as virtudes cívicas em odes austeras e cuidadosamente elaboradas. Ainda no século de Augusto, os elegíacos latinos, Tibulo, Propércio e Ovídio, expandem nos seus versos exaltadas paixões, que, por vezes, a custo emergem do estendal de erudição mitológica que as cerca. No século de Teodósio, Claudiano, Rutílio Namaciano e Ausónio, servidos todos três por uma grande facilidade no verso, buscam em vão reavivar a chama antiga, apegando-se às tradições pagãs. Com a civilização, a arte e a cultura, o facho da poesia lírica passara às mãos dos cristãos, para brilhar na inspiração fresca, na ternura delicada, na emoção transbordante dos hinos de Prudêncio.

Ao falarmos das origens do lirismo na Grécia, observámos que a classificação das diferentes formas obedecia mais ao metro do que ao conteúdo ideológico. Assim é que se consideram líricos poetas como Arquíloco, Hipónax e Simónides de Amorgo, nos quais avulta o espírito satírico. Julgo ter assim suficientemente demonstrado que, ao reunir numa só lição dois géneros literários que, para os modernos, são diametralmente opostos – o lirismo e a sátira – não fiz uma aproximação forçada. Na verdade, o espírito de crítica azeda, base da sátira, estava já nos iambos de Arquíloco, estalara com violência na *Sátira contra as Mulheres* de Simónides de Amorgo e irrompe igualmente forte em Catulo.

Porém, a sátira como forma literária, aquela de que Quintiliano dizia orgulhosamente *tota nostra est* tem origens mais complexas, ainda por desvendar. Não sabemos ainda que relação existe entre as antigas manifestações populares histriónicas, chamadas *saturae*, e as composições que Énio reuniu sob o mesmo título, mas de forma e fundo tão variado. Por isso fazemos de Lucílio o verdadeiro criador da sátira, ou seja, daquele género em que, sob aspecto jocoso, se tratam assuntos sérios, literários, morais, políticos ou religiosos. Da vasta produção deste poeta, que abrangia trinta livros, pouco nos resta. Sabemos que as suas sátiras versavam três aspectos principais, literário, político e moral, que tanto formulavam considerações gerais como entravam no ataque pessoal. E a sua expressão, vigorosa e colorida embora, abusa dos helenismos e arcaísmos. Contudo, a sua importância máxima está na influência que exerceu sobre os poetas posteriores. Muitas das sátiras de Horácio se inspiram directamente nas de Lucílio, Mas o maior interesse reside precisamente nas outras, naquelas em que o Venusino se defende contra os adversários literários e, mais ainda, nas que contêm confidencias sobre a sua vida, feitas com uma naturalidade e uma sinceridade que nos encantam, Horácio intitulava estas composições *sermones*, querendo certamente significar com isso que lhes dava um tom de desprendida elaboração, de discorrer sem preocupações de método. Sob a mesma epígrafe compreendia também as *Epístolas*, em que igualmente versa questões literárias ou refere episódios da sua vida. É mais uma prova de que a distinção dos géneros entre os antigos nem sempre era muito rigorosa.

Também algumas das seis sátiras de Pérsio conservam a forma epistolar. O estilo destas composições é obscuro e quase prosaico, mas o entusiasmo do autor pelo estoicismo, ao demonstrar, na sátira V, que a verdadeira liberdade reside no domínio de todas as paixões, e o ardor com que defende sentimentos nobres em breve lhe criaram uma fama que se estendeu até aos cristãos.

Marcial foi o autor de catorze livros de epigramas, género literário que existia há muito em Roma, mas que derivara o seu nome da forma, e não do conteúdo, o qual podia ser muito variado. Tendo a pouco e pouco especializado a sua aplicação na crítica mordaz e incisiva, podemos dizer que se identificou com o espírito da sátira, e por esse motivo o incluímos aqui. Sobre Marcial lembremos apenas que o seu estilo vigoroso e colorido serviu para os mais variados ataques aos contemporâneos e que esses ataques, uma ou outra vez deliciosamente irónicos, são na sua maioria de uma baixeza repelente e torpe.

Juvenal fecha a série dos grandes satíricos latinos com a sua obra sombria, onde não brilha um sorriso, onde a sociedade romana desfila numa hedionda deformação. Contudo, não devemos esquecer que é deste autor a celebrada frase que exprime o conceito de perfeição completa entre os antigos (X, 356):

Mens sana in corpore sano

e ainda aquele passo, único, em todas as 16 Sátiras que nos deixou, em que há alguma luz de beleza moral, onde se defende o respeito pela inocência das crianças; e também o conhecido verso que alude aos que se esquecem das verdadeiras razões de viver, na luta pela vida (VIII, 84):

Propter uitam, uiuendi perdere causas.

Em resumo, pode dizer-se que a sátira latina, que a princípio aparecera como um simples correctivo aos defeitos da sociedade, ou até como pretexto para exposições de carácter moral ou literário, com Lucílio, Horácio e Pérsio, acaba por assumir, nos *Epigramas* de Marcial e em Juvenal, ante a temível decadência dos costumes, o aspecto de uma invectiva feroz e grosseira. Dá-nos a impressão de que a Sátira foi em Roma como um grande espelho esférico, colocado diante da corrupção do povo latino. A imagem saiu deformada, mas o objecto era real.

6ª LIÇÃO
A ELOQUÊNCIA E A HISTÓRIA

Cícero e a luta de escolas. Oradores do *Brutus*.
Séneca e a reacção de Quintiliano. Breves referências a Frontão, aos panegiristas e aos escritores cristãos.
A concepção de história entre os romanos, depreendida da leitura das obras dos melhores escritores, em confronto com o conceito latino de eloquência.
Os grandes historiadores: César, Salústio, Tito Lívio, Tácito, Cornélio Nepos e Suetónio.
Uma nobre figura da Antiguidade: Plínio o Antigo.

Estudámos até agora os géneros principais da Poesia Latina: a Epopeia, o Teatro, a Poesia Didáctica, o Lirismo e a Sátira. É natural que a muitos pareça estranho que, tendo consagrado quatro lições à Poesia, destine uma única ao estudo da Prosa, como se esta tivesse representação tão escassa, que apenas se mencionasse por descargo de consciência. Todos sabem, porém, que não é assim; muito pelo contrário, bastariam algumas das figuras da Prosa Latina para fazer a glória de uma Literatura. A verdadeira razão é que os antigos, que conheciam tantos géneros poéticos, apenas contavam três grandes ramos na prosa artística: a Eloquência, a História e a Filosofia. Tendo posto de parte este último, por transcender os limites de um estudo literário, e ainda porque a sua representação entre os latinos nunca assumiu grande originalidade (apenas Cícero e Séneca contam como filósofos) e afastando os géneros menores – a Epistolografia e o Romance – ficaram-nos apenas a Eloquência e a História.

A galeria dos oradores romanos era extensa e variada, como no-lo prova a leitura do *Brutus* ou *De claris oratoribus*, em que Cícero passou em revista todos os seus antecessores. Porém, dessa vasta produção, de que a Antiguidade ainda teve conhecimento, quase nada resta. De todos os talentos oratórios que se formaram e desenvolveram nos tempos agitados da República Romana, tudo se perdeu para nós. Dir-se-ia que a glória de Cícero na Eloquência Latina foi como um astro tão luminoso, que com o seu brilho mergulhou na sombra do esquecimento quantos o cercavam.

Toda a carreira de Cícero decorre num dos mais turbulentos períodos da história de Roma. Basta dizer que a sua primeira causa de vulto, o *Pro Roscio Amerino*, foi defendida no declínio do poder de Sila; a última oração que proferiu, a XIV

Filípica, atacava violentamente Marco António, de quem, acabou por ser vítima. Neste espaço de tempo haviam decorrido sangrentas guerras civis, que apenas acalmaram um pouco na efémera existência do primeiro e do segundo triunvirato. Esta situação política agitada, que reclamava a cada passo a intervenção de discursos enérgicos e persuasivos, acrescida de um estado social pouco seguro, em que a frequência dos crimes levara à criação de tribunais que funcionavam sem cessar, formaram o clima ideal para a expansão e desenvolvimento da Eloquência política e judiciária. Além disso, as escolas de retórica grega já no século II a.c. se multiplicavam em Roma, ante a afluência, cada vez mais numerosa, de jovens das melhores famílias. Catão, assustado com esta torrente de helenismo que lhe inunda a cidade, exila todos os *rhetores* e filósofos, mas eles conseguem voltar em breve. Generaliza-se o costume de ir à Grécia completar a educação oratória, nas escolas de Atenas e Rodes. Com tal acolhimento, os Latinos tomam ânimo de reger também cursos de retórica, uma vez que os cânones eram iguais, somente a língua é a nacional. O próprio Cícero esteve em Atenas, depois de ter seguido na Vrbs cursos desse género, e frequentou em Rodes a escola do orador Mólon. Aos 22 anos apenas, escrevera um tratado *De inuentione*, em que chamava a atenção dos seus compatriotas para a necessidade de seguir de perto os modelos gregos. Estas circunstâncias da sua vida, adicionadas a uma carreira política esperançosa, que percorrera rapidamente todo o *cursus honorum* romano, até culminar no consulado, colocaram Cícero na situação ideal para expandir o seu talento, que chamara logo a atenção sobre si nos primeiros discursos, e brilhara nas acções famosas contra Verres, coroadas de retumbante êxito.

Tem sido demoradamente discutida a carreira política de Cícero e sobre esse assunto se têm emitido as mais desencontradas opiniões. Uns querem ver nele a mais desinteressada honestidade, que, vacilando embora uma ou outra vez, nunca chegou a quebrar a rectidão da sua linha de conduta. Outros percorrem avidamente a palpitante e humaníssima colectânea das cartas, para extrair de lá matéria grave de acusação ao seu autor... É o caso de um extenso trabalho de Carcopino, saído há poucos meses em Paris[22], que busca denegrir a figura moral de Cícero. Não nos alongaremos a considerar estes pontos de vista, que não interessam de momento, mas não deixemos de observar que é preciso ter tido na história um vulto gigantesco, para ser capaz de suscitar ainda, volvidos quase dois mil anos, polémicas tão apaixonadas.

Na verdade, interessa-nos mais conhecer o artista da palavra. A expressão ciceroniana tem uma maleabilidade surpreendente, que tanto lhe permite as largas frases de sonora amplitude, como os curtos incisos, que vibram como setas, no meio de uma argumentação cerrada. No exórdio da oração *Pro Murena*, a expressão reveste um carácter de religiosidade solene, de compenetração da gravidade da

---

[22] J. Carcopino, *Les Secrets de la Correspondance de Cicéron*, L'Artisan du Livre, 2 vols., Paris (1947).

situação. Cícero invoca os deuses, para lhes implorar a mesma protecção que lhes pedira para si, na sua magistratura. O começo da versão que hoje temos do *Pro Milone* mantém o mesmo ar grave, e abre logo com um elogio discreto da fortaleza de ânimo do acusado, apesar do aspecto belicoso do tribunal:

> Etsi uereor, iudices, ne turpe sit pro fortissimo uiro dicere incipientem timere, minimeque deceat, cum T. Annius ipse magis de rei publicae salute quam de sua perturbetur, me ad eius causam parem animi magnitudinem afferre non posse, tamen haec noui iudicii noua forma terret oculos, qui quocumque inciderunt, consuetudinem fori et pristinum morem iudiciorum requirunt.
>
> (I, 1)

Quem não conhece o princípio da I^a *Catilinária*, em que as interrogações se sucedem, num crescendo contínuo de agitação e nervosismo, para cair de repente naquela exclamação de desespero *O tempora, o mores!* e concluir na solução única de fazer recair sobre Catilina os projectos nefastos que ele preparara à cidade?

Nas perorações, que unicamente apelam para o sentimento dos juízes, uma vez dissipado todo o ardor da polémica, as frases vão-se desdobrando umas após outras, como uma vaga alta que se espraiasse longamente no areal.

A parte central dos discursos é extremamente variada. Cícero usa dos mais diversos recursos para defender o seu ponto de vista. Por vezes, infiltra neles a sua fina ironia, que uma ocasião fez comentar ao severo Catão, à saída do tribunal: *Habemus consulem facetum.* É o que sucedeu com o *Pro Murena*, em que Cícero mete a ridículo as formas estereotipadas da jurisprudência; é o caso do *Pro Archia*, em que troça os argumentos do adversário, apontando os seus fracos.

Outras vezes, o orador mostra a arte de um romancista na reconstituição de cenas dramáticas. Oiçamos este passo do *Pro Milone*, em que, depois de referir como Clódio preparara a sua emboscada, conta como Milão partira de casa despreocupado:

> Milo autem cum in senatu fuisset eo die quoad senatus est dimissus, domum uenit; calceos et uestimenta mutauit; pauliser, dum se uxor, ut fit, comparat, commoratus est; dein profectus id temporis, cum iam Clodius, si quidem eo die Romani uenturus erat, redire potuisset. Obuiam fit ei Clodius expeditus, in equo, nulla raeda, nullis impedimentis, nullis Graecis comitibus, ut solebat, sine uxore, quod numquam fere, cum hic insidiator, qui iter illud ad caedem faciendam apparasset, cum uxore ueheretur in raeda paenulatus magno et impedito et muliebri ac delicato ancillarum puerorumque comitatu.
>
> (X, 28)

Segue-se o drama: choque dos dois inimigos, morte de Clódio, às mãos dos homens de Milão.

Outras vezes ainda, Cícero estabelece dentro do próprio discurso um diálogo fictício, entre ele e o seu adversário, para assim dar mais vida e realidade ao debate. Uma das características principais das orações, quer judiciárias, quer políticas, é esta: grande variedade do tom, multiplicidade de recursos. Juntam-se a estas qualidades uma clareza de exposição, uma ordenação lógica das partes verdadeiramente modelar. Tomemos como exemplo o *Pro lege Manilia* ou *De imperio Cn. Pompei*. Depois do costumado exórdio, Cícero expõe o caso e conclui, declarando:

> Causa quae sit, uidetis; nunc, quid agendam sit, considerate. Primum mihi uidetur de genere belli, deinde de magnitudine, tum de imperatore deligendo esse dicendum.
>
> (II, 6)

Estes três aspectos são estudados nas suas diversas possibilidades, exactamente pela mesma ordem. Por último, tendo proposto a eleição de Pompeio, refuta as objecções dos adversários e termina com a costumada peroração.

Planos destes, claramente expostos e metodicamente seguidos, encontram-se por todos os discursos.

Até aqui, vimos, por assim dizer, as qualidades externas da expressão ciceroniana, aquelas que se prendem com a apresentação e a ordenação da matéria. Agora vamos referir-nos, finalmente, às mais importantes: às qualidades de estilo. Agrupam-se em três rubricas principais: a propriedade, a vernaculidade, a urbanidade. A propriedade das palavras e expressões é universalmente conhecida, quer se manifeste na sábia gradação de termos que encontramos, por exemplo, logo no começo da II.ª *Catilinária*:

> Abiit, excessit, euasit, erupit.
>
> (I, 1)

quer na oposição habilidosa de antíteses, na descrição de minuciosos pormenores.

A vernaculidade, aquela qualidade que fez de Cícero, juntamente com César, o melhor representante da Língua Latina, a que causava já a admiração dos contemporâneos, que lhe pediam frequentes vezes a sua autorizada opinião em assuntos de gramática, teve uma importância decisiva no vocabulário comum dos povos civilizados. Cícero, conforme já dissemos na primeira lição, transmitindo-nos, através dos seus tratados, a cultura helénica, criou em Latim a língua das ideias gerais, e, ao fazê-lo, preparou aquele legado espiritual de que ainda hoje usufruímos. Termos como "qualidade", de *qualitas*, e "metade", de *medietas*, formou-os ele, à imitação do Grego. E quantas palavras novas, para traduzir as correspondentes helénicas, e, quando isso era de todo em todo impossível, quantas felizes transcrições do original!

Entendiam os Romanos, com bastante razão, que uma das grandes qualidades do escritor era a urbanidade, ou seja, o emprego da boa linguagem da Vrbs, polida por séculos de Literatura, por oposição à "rusticidade", ou uso da fala popular. Esta qualidade que, ainda que não tivesse mais nenhuma virtude, tinha a de representar um padrão universalmente conhecido e acatado, possuiu-a Cícero no mais alto grau. E, se houve quem visse numa das *Bucólicas* de Virgílio um dialectismo, e quem descobrisse muitos na *História Romana* de Tito Lívio, na obra do grande orador não podem apontar-se exemplos desses.

A prosa de Cícero tem ainda uma outra característica importante, mas que, para nós, infelizmente, é pouco sensível: o número. De facto, a eloquência ciceroniana tinha os seus metros próprios, diferentes dos da poesia, que a todo o custo evitava. Os fins de frase, a que os ouvidos são sempre mais sensíveis, tinham as suas cláusulas bem definidas. Tudo isso devia contribuir para dar à exposição uma sonoridade que cativava o auditório, sensível à música das palavras. Sabemos até que, certo dia, um orador alcançou espantosa ovação, só porque formou a propósito e a tempo uma das cláusulas métricas mais apreciadas.

Na época de Cícero degladiavam-se em Roma três escolas de retórica: a neo-ática, com Licínio Calvo à frente, esforçava-se por atingir a sobriedade, quase aridez, de Lísias; a asiática, representada principalmente por Hortênsio, usava de uma exuberância de ornatos oratórios verdadeiramente barroca; Cícero marcou posição nesta luta, estabelecendo-se na *in medio uirtus*. Fugindo ao mesmo tempo à secura dos primeiros e ao exagero dos segundos, a sua oratória, formada na escola de Mólon, seguiu os moldes de Rodes, caracterizados por uma riqueza e abundância no estilo, que contrabalançava um seguro bom gosto.

Vimos que a oratória anterior a Cícero, só a conhecemos por referências, embora muitos dos autores sejam mencionados elogiosamente no *Brutus*, como os dois Gracos, Marco António e Crasso. Depois de Cícero, temos novamente um longo período de sombra, de que nem nomes conheceríamos, se não fosse o *Diálogo dos Oradores* de Tácito. Sabemos também que a Eloquência, desfavorecida pelas circunstâncias de tranquilidade e de paz, se vai transformando em vã retórica. Passa a viver só nos debates fictícios (*controuersiae*), nas arengas de escola (*suasoriae*). Tal é o estado de coisas que reflecte a obra de Séneca Rhetor: o estilo torna-se inflado e oco, a linguagem corrompe-se de expressões rebuscadas, de um colorido falso. Estes defeitos transmitiram-se ao filho, Séneca filósofo, que, a par de reais méritos, ampliou estes vícios de estilo, a ponto de criar uma reacção violenta. Essa reacção, chefiada por Quintiliano, clama pelo regresso aos moldes do ciceronianismo. Oiçamos directamente a sua crítica à influência perniciosa que o estilo de Séneca, de um brilhantismo fácil, tinha exercido sobre os seus contemporâneos – crítica esta que remata o ensaio sobre as Literaturas Clássicas, no Livro X do *De Institutione Oratoria*, como se fosse o ponto capital dessa exposição:

... tum autem solus hic fere in manibus adulescentium fuit. Quem non equidem omnino conabar excutere, sed potioribus praeferri non sinebam... Foret enim optandum pares aut saltem proximos illi uiro fieri. Sed placebat propter sola uitia, et ad ea se quisque dirigebat effingenda, quae poterat; deinde cum se iactaret eodem modo dicere, Senecam infamabat. Multae in eo claraeque sententiae, multa etiam morum gratia legenda; sed in eloquendo corrupta pleraque atque eo perniciosissima, quod abundant dulcibus uitiis. Velles eum suo ingenio dixisse, alieno indicio: nam si obliqua contempsisset, si parum recta non concupisset, si non omnia sua amasset, si rerum pondera minutissimis sententiis non fregisset, consensu potius eruditorum quam puerorum amore comprobaretur.

(X, I, 125-130, passim)

Foi contra este declínio da oratória que Quintiliano tentou resistir, quer pelo aspecto negativo, publicando um livro sobre *As Causas da Corrupção da Eloquência*, que se perdeu, quer pelo aspecto positivo, reconstruindo nos doze livros *De Institutione Oratoria* os preceitos que ensinara nas suas aulas de retórica. Mas a intenção não salvou a execução. E Quintiliano, embora tenha chamado de novo a atenção dos compatriotas para o insuperável modelo ciceroniano, não alcançou a perfeição estilística do grande orador; nem admira, porque entre os dois não havia só a diferença que vai do génio ao talento, mas também os separava mais de um século de evolução linguística.

O esforço de Quintiliano acabou com a sua vida, no fim do século I d.C. No tempo dos Antoninos, a Eloquência continua a baixar de nível. Frontão, de estilo afectado e arcaizante, muito amaneirado, é o protótipo do gosto corrupto da época.

No tempo de Diocleciano, a colecção dos panegiristas e os discursos de Símaco revelam um renovamento na preocupação pela pureza e elegância da linguagem.

A pouco e pouco, a Eloquência, cuja chama está quase extinta do lado dos pagãos, começa a brilhar entre os cristãos, desde que estes passam a preocupar-se com mostrar aos seus adversários que não são inimigos da cultura clássica, somente exigem que se faça nela uma selecção moral. Os sermões de Santo Ambrósio, publicados depois sob a forma de tratados, são exemplos deste novo movimento. Embora as suas obras não atinjam o valor doutrinal das de Santo Hilário e de Santo Agostinho, nem o mérito literário das de S. Jerónimo, o seu estilo foi claramente modelado pelo dos autores profanos, e, conquanto duro e afectado nalguns pontos, a forma é quase sempre engenhosa e brilhante.

Eis-nos chegados ao fim deste rápido esquema da evolução, no Lácio, da Eloquência, género muito cultivado pelos Romanos, favorecido mesmo pelas suas aptidões naturais e pela organização social, mas de que, apesar disso, nos resta pouca coisa. Dos inúmeros oradores que vão de Catão a Crasso, alguns dos quais, ao que parece, dotados de reais méritos, quase tudo desapareceu. Depois, surge a obra imensa de Marco Túlio, que foi ao mesmo tempo um teorizador autorizado e um praticante admirável desta arte. Espírito brilhante, servido por um estilo dotado de todos os recursos necessários para uma exposição exacta e sugestiva e por uma linguagem da mais castiça vernaculidade, da mais esbelta elegância, Cícero, que deu o nome a um século de Literatura, é incontestavelmente a maior figura da Eloquência Latina e um dos mais alevantados valores de todos os tempos. Com o seu desaparecimento, a oratória entra em decadência. Revela-se ainda original e brilhante, mas amaneirada, nos dois Sénecas. Depois, a sua evolução, reconduzida à força, por algum tempo, ao ciceronianismo, pela autoridade de Quintiliano, prossegue no caminho do mau gosto com Frontão. Levemente melhorada pelos panegiristas, acaba por transitar para o cristianismo, na pena dos grandes doutores da Igreja, que volta a molhar-se no cânon inultrapassável de Cícero.

Para os Romanos, a Eloquência e a História confundiam-se por vezes, como duas facetas diversas da mesma arte de persuadir. Escreviam-se os feitos dos antepassados, para incitar os contemporâneos à prática das virtudes ancestrais. É a concepção que reflecte Salústio no proémio da *Guerra de Jugurta*:

> Nam saepe ego audiui Q. Maximum, P. Scipionem, praeterea ciuitatis nostrae praeclaros uiros solitos ita dicere, cum maiorum imagines intuerentur, uehementissume sibi animum ad uirtutem accendi. Scilicet non ceram illam neque figuram tantam uim in sese habere, sed memoriam rerum gestarum eam flammam egregiis uiris in pectore crescere neque prius sedari, quam uirtus eorum famam atque gloriam adaequauerit.
>
> (IV, 5-6)

Além disso, era costume intercalar na narrativa inúmeros discursos, quase sempre-fictícios. E, mesmo quando essas arengas tinham sido de facto pronunciadas, e delas se conservava uma cópia, o historiador preferia mostrar a sua eloquência pessoal e, ao mesmo tempo, reflectir na fala dos seus heróis traços que ajudassem a compreender o seu carácter. É este o conceito que define a conhecida afirmação de Cícero no *De Legibus*:

> Opus hoc unum maxime oratorium.

O mesmo Cícero chamava à história "mestra da vida".

Este é ainda o conceito de Tito Lívio, que também lhe dá uma cor de epopeia e se sente tentado, ao terminar o prefácio da sua obra, a invocar a musa, como os poetas. Para Quintiliano, a história está muito próxima de ser um *carmen solutum*, uma epopeia em verso branco, e é composta "para narrar, não para provar", como a eloquência. Os seus discípulos, Plínio o Moço e Tácito, seguem nas mesmas ideias. Tácito imprime à História carácter moralizador e artístico e atribui-lhe a missão de explicar os factos. Oiçamos agora parte da resposta que Plínio deu ao seu amigo Titínio Capitão, quando este o aconselhou a cultivar a História, como já cultivara a Eloquência:

> Habent quidem oratio et historia multa communia, sed plura diuersa in his ipsis quae communia uidentur. Narrat illa, narrat haec, sed aliter; huic pleraque humilia et sordida et ex medio petita, illi omnia recondita, splendida, excelsa conueniunt; hanc saepius ossa, musculi, nerui, illam tori quidam et quasi iubae decent; haec uel maxime ui, amaritudine, instantia, illa tractu et suauitate atque etiam dulcedine placet.

(V, 8)

Estabelecido assim que a História era para os antigos uma arte, que tinha muitos pontos de contacto com a Eloquência, e estava muito longe de ser a ciência que o século XIX nela viu, podemos passar ao estudo dos seus principais representantes na Literatura Latina.

Encontramos nela, depois de uma extensa fila de autores de anais sem valor artístico, dois grandes vultos, que surgem nos últimos tempos da República.

O primeiro, César, que escreveu depois com a pena os feitos que traçara à espada, espírito de múltiplas aptidões, que revelou as qualidades de um grande chefe, e, no meio da agitação contínua da sua vida, arranjava tempo para se dedicar à eloquência, à gramática, à tragédia, ao epigrama e à história, tinha da arte de contar o passado uma concepção diferente das que já vimos. Nem admira que assim fosse. César falava, nas suas obras, de uma época muito próxima, de que ele mesmo fora o protagonista, tal como Xenofonte na *Retirada dos Dez Mil*. Além disso, não referia factos, como os outros, com o fim de os apontar aos seus contemporâneos, como paradigmas ilustres. O seu fim era simplesmente justificar a conduta militar e política que tivera. E assim, nos sete livros *De Bello Gallico* e nos três *De Bello Ciuili*, que nos deixou, César raramente, insere discursos, senão os extremamente importantes, pela sua repercussão nos factos, e não se demora em retratos morais ou físicos, mas interessa-se antes pelas exposições sobre a corografia dos países em que decorreu a campanha, sobre os costumes e relações dos povos beligerantes. O valor histórico da obra de César tem sido algumas vezes posto em dúvida, embora a maioria dos críticos o considere imparcial e bem documentado; o seu valor literário, porém, não tem merecido senão aplausos. A habilidade da composição, a vivacidade da exposição, a nitidez com que se exprime, e sobretudo a superior elegância e vernaculidade do estilo colocam César entre os primeiros escritores da Latinidade.

O outro grande historiador da mesma época, Salústio, militou na causa de César e, como ele, escreveu sobre factos contemporâneos. Mas a *Conjuração de Catilina*, a *Guerra de Jugurta* e os fragmentos das *Histórias* revelam um historiador e um artista de têmpera muito diferente. Já citámos aquela frase em que Salústio expõe as vantagens do conhecimento do passado. Nos prefácios, de carácter filosófico, às suas obras, refere como a corrupção dos costumes e a venalidade dos homens o afastara da vida política e o levara a voltar-se para os tempos anteriores.

Além disso, Salústio foi discípulo de Tucídides na importância conferida à análise das causas dos factos, que buscava na decadência moral e nos caracteres dos homens de Estado, e no relevo que dá aos discursos. A sua probidade de historiador muitos a põem em dúvida, e os críticos comprazem-se em assinalar a discrepância entre a atitude de moralista intransigente, que mostra nas obras, e o seu comportamento pouco louvável na vida. O certo é que o artista sobreleva o historiador. E tanto o admiramos nos retratos morais de Catilina, Catão, César, Jugurta, Semprónia e outros, que testemunham uma subtil análise psicológica, como nos grandes quadros de conjunto, como é este, em que evoca a antiga Roma:

> Vrbem Romam, sicuti ego accepi, condidere atque habuere initio Troiani; qui Aenea duce profugi sedibus incertis uagabantur, cumque eis Aborigenes, genus hominum agreste, sine legibus, sine imperio, liberum atque solutum. Hi postquam in una moenia conuenere, dispari genere, dissimili lingua, alii alio more uiuentes, incredibile memoratu est quam facile coaluerint. Sed postquam res eorum ciuibus, moribus, agris aucta satis prospera satisque pollens uidebatur, sicuti pleraque mortalium habentur, inuidia ex opulentia orta est.
>
> (VI, 1-3)

O trecho revela alguns dos dotes que constituem o estranho sortilégio do estilo de Salústio: a dissimetria propositada da frase, a extrema concisão, as palavras abstractas. Esmaltada de arcaísmos, de helenismos, e até de termos familiares, a linguagem deste historiador tem uma beleza rude, um sabor agreste, que lhe imprime um carácter inconfundível.

Só em pleno regime imperial surge outro grande historiador, Tito Lívio. Este, ou porque as circunstâncias políticas o não permitiam, ou porque as épocas felizes não têm história, voltou-se para o passado de Roma e propôs-se escrever todos os sucessos ocorridos *Ab Vrbe Condita*. Desta obra gigantesca, que se deteve na morte de Druso, neto de Augusto, em 9 depois de Cristo, o tempo subtraiu uma parte considerável. Dos 150 livros que compreendia, ao todo conhecemos hoje 35: do I ao X e do XXI ao XLV; avaliamos do conteúdo dos restantes pelos sumários ou *periochae*, atribuídos a Floro, que viveu no século II da nossa era. O que resta da obra é o suficiente para demonstrar que não era a exactidão, o rigor, a interpretação conscienciosa de todas as fontes que daria a Tito Lívio grandes títulos de glória. Historiador à maneira antiga, não se esconde de afirmar no prefácio da sua obra:

> Datur haec uenia antiquitati, ut miscendo humana diuinis primordia urbium augustiora faciat.

Da história de Roma, interessa-lhe a gesta heróica. Instituições, costumes e leis, o que constitui o ressurgimento de uma civilização, não têm lugar na obra de Tito Lívio. Mas vivem lá os heróis, que conhecemos pelos seus retratos, os grandes feitos, transpostos para quadros monumentais, os discursos sublimes, ornatos para revelarem a eloquência do autor, que muitos colocam logo a seguir a Cícero. Noutros passos é o sopro épico que vibra com toda a intensidade: é o quadro da travessia do Ródano, é o drama da passagem dos Alpes pelas tropas de Aníbal, que principia assim:

> Tum quamquam fama prius, qua incerta in maius uero ferri solent, praecepta res erat, tamen ex propinquo uisa montium altitudo niuesque caelo prope immixtae, tecta informia imposita rupibus, pecora iumentaque torrida frigore, homines intonsi et inculti, animalia inanimaque omnia rigentia gelu, cetera uisu quam dictu foediora, terrorem renouarunt.
>
> (XXI, 32)

A amplitude majestosa da frase, a cor poética de muitos termos, e até o aparecimento frequente da cláusula heróica (que o cânon ciceroniano proscrevia rigorosamente) concorrem para nos fazer ver em Tito Lívio mais o brilhante autor de uma epopeia em prosa do que um grande historiador. Estas qualidades em breve fizeram dele um escritor clássico, apesar de muitas construções anunciarem já a decadência, apesar da abundância de dialectismos da região de Pádua, de onde era natural.

O cronista do Império, Cornélio Tácito, detém um lugar à parte na galeria dos historiadores latinos. O pessimismo que ensombra de tristeza toda a sua obra não obstou a que se exprimisse sobre os factos com imparcialidade. E os discursos que introduziu no meio da narração, como já o haviam feito os seus antecessores, se não conservam a forma original, sabe-se, pelo menos, que conservara as ideias. Quer isto dizer que o valor histórico da obra de Tácito é considerável. Mas não é esse aspecto que nos interessa analisar aqui. Para nós importa mais o artista. E este é verdadeiramente genial. Quer pela sua capacidade dramática de pintar os grandes quadros de agitação e revolta, tal como a sedição das legiões e a morte de Agripina, como pela aguda penetração psicológica que revelam os seus retratos, Tácito seria um grande escritor. Mas não é só isso: há o seu estilo colorido de expressões poéticas, esmaltado de metáforas arrojadas e sugestivas, vivificado por dissimetrias propositadas. Das monografias sobre A Vida de Agrícola e a Germânia às grandes obras dos Anais e das Histórias, a expressão vai ganhando em brevidade, em variedade, em concisão, numa palavra, em originalidade. Acrescentando a isto a habilidade e a ordem da composição, que faz decorrer cada livro à volta de uma figura principal, teremos uma ideia sumária da arte estranha e poderosa de Tácito.

Percorremos os quatro grandes historiadores romanos, aqueles que verdadeiramente interessam à Literatura. Contudo, há ainda mais dois que vale a pena citar.

O primeiro, Cornélio Nepos, situa-se no século de Cícero e a ele dedicou Catulo a colectânea das suas poesias. O que nos resta da sua obra, o conhecido *De Illustribus Viris*, vale mais como tratado de vulgarização de factos e figuras históricas, do que como reconstituição do passado, arte em que o autor não revela grande poder de crítica. Além disso, a monotonia da exposição, a secura e pobreza do estilo não tornam a sua leitura atraente.

No século II depois de Cristo, Suetónio redige, entre outras obras que se perderam, as *Vidas de Doze Césares*, que vão de Júlio César a Domiciano. Apesar de se lhe atribuir o mérito de ter elevado a biografia a género literário, e de se ter documentado amplamente sobre a matéria que ia versar, e até de revelar uma certa imparcialidade, os críticos não lhe concedem o título de grande historiador, nem mesmo o de grande escritor. A sua falta de espírito de síntese, que apenas o leva a referir pormenores acumulados, e não vistas de conjunto, os traços mais salientes, a tendência para relatar tudo sem discriminação, até aos mais abjectos costumes, agravados pela monotonia da repetição das mesmas expressões, e pelo artifício de certas transições, são os defeitos mais comummente apontados. Contudo, atinge algumas vezes efeitos dramáticos intensos e o estilo é claro e simples.

Vimos assim os principais vultos da historiografia romana. Estudámos separadamente a prosa de cada um dos quatro grandes historiadores: a de César, elegante e sóbria; a de Salústio, arcaizante, abstracta, e de uma beleza rude; a de Tito Lívio, vibrante de entusiasmo, sonora e majestosa; a de Tácito, concisa, dramática e carregada das cores da poesia. Lembrámos finalmente o talento vulgarizador de Cornélio Nepos, a originalidade e clareza de Suetónio, que fecha a longa série dos historiadores latinos, cuja linhagem vinha dos primórdios da República.

Antes de terminar, não queria deixar de lembrar uma figura muito interessante da Latinidade. Não ocupa nela o lugar de um grande artista da palavra, nem mesmo o de um cientista emérito. Mas a figura austera de estudioso, que domina em duas das melhores cartas do sobrinho, Plínio o Moço, a primeira, que enumera a sua obra volumosa, quase interminável, e o aproveitamento avaro que fazia do tempo, a segunda, que evoca os dias dramáticos em que o seu amor pela sabedoria lhe preparou a morte, ao observar demasiado perto a erupção do Vesúvio, tem uma beleza que é de todos os tempos. E se a vasta *História Natural*, que nos legou, tem hoje para nós mais interesse documental do que científico ou literário, não esqueçamos que Plínio o Antigo, aquele que estudava sem cessar, tomando notas e fazendo comentários, que não queria sequer perder tempo, percorrendo a pé as ruas de Roma, representa na Antiguidade o tipo acabado do homem de ciência, que vota inteiramente a sua vida ao trabalho intelectual, e a curiosidade aberta a todos os conhecimentos, que procura obter com a avidez insaciável de um espírito superior. Nesta figura nobre de investigador incansável, de esforçado trabalhador, prestemos culto ao legado espiritual da antiga Roma.

3. ENTRE A HISTÓRIA E A LENDA:
A FIGURA DE VIRIATO[*]

De entre as muitas teorias que têm sido formuladas sobre a origem dos mitos, há uma que, embora tenha actualmente poucos seguidores, se aplicaria com certa propriedade à figura de Viriato: a do evemerismo, que pressupõe a formação dessas narrativas a partir de pessoas ou factos históricos. Efectivamente, a existência e actuação do herói da resistência lusitana está documentada (tal como a de Vercingetórix para as Gálias e a de Armínio para a Germânia – e diferentemente do que sucede com Wilhelm Tell para a Helvécia) desde os autores clássicos. Acontece mesmo que, pelo lado grego, há relatos que ascendem, directa ou indirectamente, a um historiador da qualidade de Políbio (séc. II a.C.), que terá acompanhado Cipião Emiliano e testemunhou a destruição de Cartago. É o caso dos de Apiano, da primeira metade do séc. II d.C. e de Diodoro Sículo (séc. I a.C.), que se terá servido da mesma fonte, através de Posidónio (séc. II a.C.), embora a extensão do seu débito seja hoje matéria controversa. A estes acrescem referências ocasionais, como as de Estrabão (séc. I a.C. – séc. I d.C.), e, já no séc. II-III d.C., a de Díon Cássio. Por outro lado, temos, da parte romana, uma série de testemunhos que vão desde um epítome de Tito Lívio e outros autores da época de Augusto a Paulo Orósio (séc. V d.C.).

Limitámo-nos a enumerar alguns dos mais importantes, pois os historiadores e arqueólogos conhecem-nos a todos perfeitamente, e muitos dos estudos por eles dedicados ao caudilho lusitano os transcrevem, no todo ou em parte (ou no original grego e latino, com tradução, como António de Vasconcelos[1], ou só em versão portuguesa, como é o caso de Paulo Farmhouse Alberto[2] e de Carlos Fabião e Amílcar Guerra[3] – para só citar exemplos nossos).

---

[*] Publicado em *Lusitânia Romana. Entre o Mito e a Realidade.* Cascais (2004), 11-24.

[1] *Viriatho*, Coimbra (1894).

[2] *Viriato*, Mem Martins (1996).

[3] "Viriato: em torno da iconografia de um mito", in *Actas dos IV Cursos Internacionais de Verão de Cascais*, Cascais (1998), Vol. I, 37-79.

Tão-pouco será necessário recordar que a figura de Viriato e sua actuação nem sempre foram vistas, na Antiguidade, a uma luz favorável. Pelo contrário, definem-no geralmente como um pastor e salteador que se tornou chefe militar. Nesta última função, os seus estratagemas de simular a fuga, para de surpresa atacar o inimigo, ou de tirar partido da configuração montanhosa do terreno, que os Romanos não conheciam bem, serviam de exemplo no ensino da táctica militar, a avaliar pelo compêndio de Frontino (séc. I d.C.).

Mas não menos interessante, como também já tem sido notado por vários estudiosos, é o retrato em moldes quase estóicos que dele traçou Diodoro Sículo, e que atinge o máximo relevo no conhecido episódio da celebração das suas bodas com a filha do rico Astolpas (33.7), quando o noivo se recusa a participar no lauto banquete e apenas aceita comer, de pé, pão e carne, que partilha com os seus companheiros de armas. Este comportamento quase ascético é um tópico retomado por Díon Cássio, que lhe acrescenta as suas qualidades de planeamento e execução de acções difíceis (22.73). Algo de semelhante dissera já Diodoro Sículo (33.1.1-4), que exaltou, não só as suas capacidades de comando, como também a equidade com que distribuía pelos seus companheiros os despojos de guerra, de acordo com os méritos de cada um.

Por sua vez, Floro havia de escrever, no séc. II d.C., uma frase célebre: "Teria sido o Rómulo da Hispânia, se a fortuna o tivesse permitido" (1.33.15). Pela mesma época, Apiano narrara em pormenor as circunstâncias da morte de Viriato, executada à traição pelos "seus mais fiéis amigos", a quem ele cometera o encargo de negociar a paz com o cônsul romano (6.12.74).

É este conjunto de traços que vai marcar a figura para a posteridade.

No entanto, o valor destes e de outros testemunhos dos Antigos tem sido discutido e, em muitos aspectos, posto em causa, desde o séc. XIX, quer por historiadores naturais dos dois países ibéricos que o haviam tomado por herói fundador, quer pelos de outros, sobretudo alemães. Da actualidade, muitos dos melhores estudiosos estão aqui presentes, e certamente procurarão clarificar os factos[4]. Pela nossa parte, apenas nos propomos analisar as principais criações literárias que eles originaram, limitando-nos, quase exclusivamente, à poesia e ao teatro.

Antes, porém, seja-nos permitido recordar, mais uma vez, que a equivalência entre os etnónimos 'Lusitanos' e 'Portugueses' começara cedo. Pelo menos em hagiografias do séc. XII, já é possível detectá-la na *Vida de S. Teotónio*, onde uma vez se lê que D. Afonso Henriques, em 1132, sendo infante, era *dux portugalis* e

---

    [4] Vejam-se, em especial, Jorge de Alarcão, *Portugal Romano*, Lisboa (1973), 20-22, e *O Domínio Romano em Portugal*, Mem Martins (1988), cap. I. Mais recentemente ainda, Amílcar Guerra e Carlos Fabião, "Viriato: Genealogia de um mito", *Penélope* 8 (1992), 9-23, depois de historiarem as várias configurações que foi sofrendo a terra dos Lusitanos, concluem: "Torna-se, pois, evidente que a província da Lusitânia em nenhum momento correspondeu ao território que hoje é português, nem abarcou apenas a região habitada pelo povo que lhe deu o nome" (p. 11). Recorde-se que a negação da continuidade entre Lusitanos e Portugueses já estava na *História de Portugal* de Alexandre Herculano.

depois se tornou *pene lusitanie et ex parte gallecie rex*. Por sua vez, na *Vida de Santa Senhorinha* dos *Acta Sanctorum*, que, vem também em Frei António Brandão[5], o qual a data de 1200, o autor anónimo conta que da Santa obteve um milagre (a cura do futuro D. Afonso II) D. Sancho I, *primus huius nominis lusitanie rex*.

Diferentemente, a chamada *Crónica dos Sete Reis*, de 1419, ao referir as conquistas de D. Afonso Henriques, coloca sempre Lusitânia além Tejo ou "antre Tejo e Odiana"; e mais precisa é ainda quando narra a invasão de reis mouros que "vyerom per Lusytanya e entrarom na Estremadura e pasarom o ryo do Tejo", "pera fazerem guerra a Portugal". Mais tarde, D. Afonso III, ainda infante, "emtrou por aquela terra de Luzitanja, que he da comquista de Portugal, onde auya muytos lugares de Mouros" e ganhou-lhes Mértola[6].

Passado pouco mais de um século, em 1532, mestre Gil Vicente resolveu esta questão de uma maneira simbólica, no *Auto da Lusitânia*. Aí, após uma farsa inicial, entra em cena um Licenciado, para dizer o argumento da obra, no qual se contêm estes versos:

> Em especial
> O antigo de Portugal,
> Lusitânia, que cousa era,
> E o seu original.

Depois de vários episódios, Portugal, "um famoso cavaleiro que havia na Grécia", enamora-se da beleza de Lusitânia, filha do Sol e de Lisibeia (cuja sepultura dará o nome a Lixboa), e a sua pretensão acaba por ser aceite pela Ninfa (que Marte também pretendia desposar), graças à intervenção e conselhos das deusas Vénus, Juno e Verecinta. Sente-se aqui o entrecruzar dos mitos difundidos pelos humanistas com a fantasia libérrima do autor. E dizemos assim porque pertencemos ao número dos que entendem que, tal como A. Costa Ramalho demonstrou com vários exemplos, Gil Vicente conhecia suficientemente bem, não só o latim bíblico, mas também o dos clássicos e dos humanistas, para ter acesso a essas fontes[7].

É por esta época que um dos mais célebres e mais influentes dentre estes, André de Resende, cria um etnónimo destinado a um brilhante destino, o de Lusíadas, que estaria já no *Erasmi Encomium* (Basileia 1531)[8], mas que foi através do poema

---

[5] *Monarquia Lusitana*, Lisboa (1725), Vol. IV, 94-95.

[6] Exemplos tirados (entre muitos outros) de Carlos da Silva Tarouca, ed., *Crónicas dos Sete Primeiros Reis de Portugal*, Lisboa (1952), Vol. I, 36, 107, 133, 254.

[7] *Estudos sobre a época do Renascimento*, Coimbra (1969), 154-173. Note-se que, muitos anos mais tarde (1567), o humanista de quem a seguir falaremos defendeu a perfeita equivalência entre os corónimos *Lusitânia* e *Portugale*. Veja-se Virgínia Soares Pereira, *André de Resende. Carta a Bartolomeu de Quevedo*, Coimbra (1988), 43-48.

[8] Pode ver-se a edição fac-simile deste poema, acompanhada da transcrição do texto latino e tradução por Walter de Medeiros e José Pereira da Costa, em Manuel Cadafaz de Matos, ed., *Algumas Obras de André de Resende*, Vol. I, Lisboa (2000).

do mesmo autor *Vincentius Levita et Martyr*, publicado a primeira vez em 1545, que se tornou conhecido[9]. Aí fala também de *Hesperiam Viriati caede madentem* (I.24), e fornece, a esse propósito, uma erudita nota acerca de *Viriatus, Lusitanus ille, Hispaniae Romulus, ut inquit Florus*, ou seja, uma alusão à frase do escritor latino que atrás mencionámos. Aliás, o conhecimento, quer deste, quer de muitos outros autores antigos que falaram do famoso guerreiro é evidenciado na sua obra maior, *De Antiquitatibus Lusitaniae*, que deixara inédita e inacabada em 1573, e que só sete anos depois viria a ser publicada[10].

Este é o Viriato paradigmático, modelo de austeridade, que passa na terceira estrofe da Carta "A António Pereira, Senhor de Basto, quando se partiu para a Corte, com a casa toda", obra cuja data exacta se ignora, mas que poderá situar-se entre 1532 e 1536[11], quando Sá de Miranda escreve:

> Ouves, Viriato, o estrago
> Que cá vai nos teus costumes:
> Os leitos, mesas, os lumes.
> Tudo cheira; eu óleos trago,
> Vêm outros, trazem perfumes.
> E aos bons trajos de pastores
> Em que saíste às pelejas,
> Vencendo tais vencedores,
> São trocados os louvores,
> São mudadas as envejas!

Na segunda metade do séc. XVI vai ainda ouvir-se o "Diálogo sobre a Grandeza dos Lusitanos" de Frei Amador Arrais. E ouvir-se-á sobretudo a evocação de Viriato como herói fundador em dois passos célebres de *Os Lusíadas*. O primeiro é o da narrativa da história de Portugal, feita pelo Gama ao Rei de Melinde (III, 22.1-4),

---

[9] Vide A. Costa Ramalho, *Estudos sobre o Século XVI*, Paris (1980), 221-236, onde se retoma a discussão sobre "A palavra Lusíadas". O autor assinala a sua presença, não só nos dois poemas resendianos aqui referidos, como na célebre *Oratio pro Rostris*, proferida na abertura das aulas da Universidade, em Lisboa (1534), na qual são citados os versos em causa, o que o leva a supor que o *Vincentius Leuita et Martyr* tenha sido escrito à volta de 1531. A estes dados acrescenta ainda a conhecida anotação de André de Resende a esse passo do poema: *A Luso, unde Lusitania dicta est, Lusiadas adpellauimus Lusitanos* (cf. ed. fac-simile com introd. de J. V. de Pina Martins, Braga [1981], p. 48).

[10] Por Diogo Mendes de Vasconcelos, que a completou com mais um livro. Dispomos actualmente de uma ed. fac-simile, com introd., trad. e com, por R. M. Rosado Fernandes, Lisboa (1996). Nessa obra, André de Resende apresenta, como é sabido, muitos testemunhos epigráficos, nem todos autênticos. Sobre o assunto, vide José d'Encarnação, "Da invenção de inscrições romanas pelo humanista André de Resende", *Biblos* 67 (1991), 193-221.

[11] A. J. Costa Pimpão, *História da Literatura Portuguesa*, Coimbra, s.a. vol. II, 243-244, reconhece que "não temos, infelizmente, possibilidade de datar esta carta". Na sua edição comentada das *Cartas de Sá de Miranda*, Lisboa (1938), p. 107, Teixeira Leite propusera as datas que referimos no texto.

em que se adivinha a etimologia popular do nome próprio (de *vis*, 'força'), e que o retrata como o antigo pastor que veio a atemorizar a própria Roma.

O outro consta do episódio das bandeiras (VIII, 5.5-8 até 7.1-4) e nele se resumem os dados biográficos tradicionais:

> Quem será estoutro cá que o campo arrasa
> De mortos, com presença furibunda?
> Grandes batalhas tem desbaratadas,
> Que as águias nas bandeiras tem pintadas.

> Assim o Gentio diz. Responde o Gama:
> - Este que vês, pastor já foi de gado;
> Viriato sabemos que se chama,
> Destro na lança mais que no cajado;
> Injuriada tem de Roma a fama,
> Vencedor invencíbil, afamado,
> Não com ele, não, nem ter puderam
> O primor que com Pirro já tiveram.
> Com força não, com manha vergonhosa
> A vida lhe tiraram que os espanta,
> Que o grande aperto, em gente inda que honrosa,
> Às vezes leis magnânimas quebranta.

Ouviremos os ecos desta visão emblemática cinco séculos mais tarde. Para já, notemos que nenhum dos dados negativos que figuravam nos escritores antigos é referido ou sequer aludido. Estamos muito longe, portanto, do retrato traçado pelo autor da *Crónica Geral de Espanha de 1344*, em cujos capítulos LXVI a LXIX se qualifica repetidamente o "pastor de gado" de "ladron", embora se reconheça que "era muy ligeyro e muy valente e muy ardido" e se lhe atribuam grandes vitórias. O traço mais pitoresco será, contudo, o que se contém no cap. LXI[12]:

> Este Vyaraço quantas riquezas gaanhava na sua parte, scondyaas, andando pellos mõntes, ẽ covas.

Não falta, porém, a terminar, a traição dos seus melhores amigos e a sentença implícita na última frase, que restaura a *dignitas* romana:

> E cuydaron a aver dos Romãaos galardon mas elles nõ lho quiseron dar, polla grande traiçon que fezeron en mataren assy a seu senhor Viaraço.

---

[12]   As transcrições baseiam-se todas na edição crítica de L. F. Lindley Cintra, Lisboa (1984), Vol. II, 99-102.

Não era essa, como já vimos, a visão que se formara ao longo do séc. XVI, durante o qual ela se afirma cada vez mais – muitas vezes em resposta aos acontecimentos e perigos que ameaçavam o País, como já tem sido realçado por vários estudiosos.

Pelo que toca à poesia, uma obra domina, dentro desta temática, o séc. XVII. É, como todos sabem, a interminável epopeia de Brás Garcia de Mascarenhas, *Viriato Trágico*, que se alonga por vinte cantos, num total de mais de dezoito mil versos heróicos, nem sempre bem cadenciados, e que foi publicação póstuma de 1699[13]. A vida do autor atravessa a dominação filipina, mas ele pôde ainda assistir e participar com os seus feitos, na Restauração[14], como se lê nas estrofes 48-101 do Canto XV, pertencentes ao episódio do sonho de Viriato. Este sonho, que ocupa todo o canto, contém uma longa profecia, que começa nas lutas de Mário e Sila, prossegue com as invasões bárbaras, "a monarquia dos Árabes nocivos" (como lá se diz), "Henrique, tronco venerando / de dezassete reis, forte e guerreiro", e os descobrimentos, até que o arco de glória fecha quando

.... a Coroa erguida de um Henrique
Caía em outro Henrique com coroa,
Com grão pesar, e lástima dizia:
Reina a delícia, acaba a Monarquia.

Esta síntese ocorre na estância 20. Levará ainda mais umas dezenas delas a atingir os prenúncios da Restauração: assistiremos então ao acto de armar os filhos cavaleiros por D. Filipa de Vilhena (aliás, não nomeada) e, a seguir, à eclosão do Primeiro de Dezembro, até que em XV, 98 os viandantes

... em vez de Deus vos salve, dizem: Viva
EI-Rey Dom João que a pátria descativa.

Já anteriormente, no Canto I, se contava que o pastor Viriato perseguira a Ninfa Ocasião, até que ela lhe vai mostrar o seu templo, decorado com as pinturas dos

---

[13] Desta epopeia existe agora uma edição fac-simile com apresentação de J. V de Pina Martins, Lisboa (1996).

[14] Que a agitada vivência pessoal de Brás Garcia de Mascarenhas está subjacente à epopeia, tem sido reconhecido por vários estudiosos. Nessa linha viria Júlio Dantas a criar a sua peça *Viriato Trágico*, Lisboa (1900), que apresentou como uma "Comédia de capa e espada", cujas figuras principais são precisamente o poeta de Avô e o seu terrível opositor, D. Sancho Manuel. A obra, que teve pelo menos três edições, está composta numa linguagem por vezes arcaizante, e tanto inclui duelos como cenas de amor, danças e cantos, até que a rubrica final aponta para o modelo de tanta variedade: "e com esta chacota se despedem, como nos autos de Gil Vicente". Supomos que o êxito desta comédia deverá atribuir-se sobretudo, ao facto de o papel dos protagonistas ter sido desempenhado por dois dos actores mais célebres da época: Eduardo Brazão e Augusto Rosa. Também Camilo fez deste guerreiro e capitão do séc. XVII uma figura do seu romance *Luta de Gigantes*. O caudilho lusitano, esse, volta ao teatro em 2003, com a peça *Viriato*, por Diogo Freitas do Amaral (vide Amílcar Guerra, "Viriato ressuscitado", *Al-madan*, 12 [2003] 18-19). [Agradeço esta última referência ao Dr. Luís Fernandes].

grandes vultos do passado lusitano (I, 37-83). Ora estes continuam, em grande parte, as fantasias de Frei Bernardo de Brito, na primeira secção da *Monarquia Lusitana* redigida nos últimos anos do século XVI. Quanto à Ninfa Ocasião, que determinará, afinal, o modo de actuação de Viriato e serve de epónimo do Canto I, trata-se de um nome de gloriosos antecedentes na cultura grega, que cedo passaram à língua latina.

Literariamente, o poema deve muito a *Os Lusíadas*, – não na unidade estrutural (que lhe falta), mas nas palavras, no estilo, na maneira, como notou Pina Martins[15]. O mesmo ensaísta põe também em relevo outras intertextualidades, como as de Góngora, Garcilaso, Ariosto (por vezes citados no original), para além de Dante e Petrarca.

O mais curioso é que, chamando Brás Garcia a Viriato "o Aquiles Lusitano" (IX, 99) e comprazendo-se em descrever tácticas de guerrilha como eram as suas próprias, considere a guerra "um mal inevitável da condição humana tal qual a conhece", nas palavras de António José Saraiva e Óscar Lopes[16]. De resto, abundam as descrições da natureza e os episódios de amores. É a propósito destes últimos que Hernâni Cidade comenta graciosamente: "nem faltam os ecos a musicar as líricas ternuras"[17].

A morte à traição do chefe dos Lusitanos ocupa os três últimos cantos da epopeia – e daí se originara o qualificativo de 'trágico', que figura no título da obra, a adjectivar o nome do herói.

Ora o fim desta personagem vai constituir o tema da peça *Viriato*, composta, mas não representada, tanto quanto se sabe, pelo árcade Manuel de Figueiredo em 1757.

A peça desenrola-se entre nove actores, todos eles figuras masculinas, entre os quais se contam os futuros traidores, e um Coro das Tropas Aliadas. O lugar é o acampamento de Viriato, junto a Sagunto. Logo de entrada, a vinda da estátua da Paz, "conduzida com toda a decência, e acompanhada de muitas gentes de ambos os exércitos" – como esclarece a rubrica – marca o tom da problemática que enforma a tragédia, ou seja, a escolha entre uma paz enganadora e a guerra necessária. Tal questão é logo formulada na cena II do Acto I por Tântalo, fiel ao chefe lusitano, perante Dictálion, um dos futuros traidores:

> Bárbaros Lusitanos, que Deidade
> Tira do altar de Marte os sacrifícios?
> A Paz, bárbaro povo, à Paz? ofrendas?
> Cantais hinos àquela deusa injusta,
> Que nos tem abusado tantas vezes

---

[15] Na apresentação da citada edição de *Viriato Trágico*, XVIII-XIX.

[16] *História da Literatura Portuguesa*, Porto, 16.ª ed., s.a., p. 386.

[17] "Lições *de Cultura e Literatura Portuguesas*, Coimbra, 5ª ed. (1968), Vol. I, p. 373. Já Carlos de Mesquita definira assim o poema: "As duas parcelas do composto híbrido que é, como já disse, o *Viriato Trágico* prejudicam-se mutuamente. O leve e gracioso poema de cavalaria tira à epopeia bárbara a majestade severa, e esta, por sua vez, amortece o encanto daquele", in António de Vasconcelos, *Brás Garcia de Mascarenhas. Estudo de investigação histórica*, Coimbra (1922), reed. fac-simile, Braga (1996), p. 392.

> Na falsa confiança dos Romanos?
> Que nos tem malogrado em conjunturas
> De os ver inteiramente destruídos?
> Deixai essas insígnias aos cobardes.

No meio deste confronto, passa uma certeira alusão ao modo romano de conquistar os povos para o seu império (Acto III. Cena IV):

> .... o artifício,
> Com que Roma traidora lhes conserva
> Pátria, religião, leis e costumes,
> Faz que espíritos baixos, ignorantes
> Julguem quimera o bem da liberdade.

Mas o espectro da traição adensa-se cada vez mais, até que se consuma, no último acto, o assassínio de Viriato, não exactamente nos moldes em que o descrevera Apiano (6.12.74), ou seja, durante o sono, sem que ninguém se apercebesse do sucedido, mas retardado pelo aparecimento da vítima *coram populo* "com a mão na ferida, encostando-se sobre a espada", como se lê na rubrica de cena, a descrever o ataque que lhe haviam feito, e terminando por exigir dos seus companheiros de armas a jura:

> .... de defender a liberdade,
> De preferir a tudo a vossa Pátria.

Manuel de Figueiredo foi, como é sabido, um dos Árcades que mais teorizaram sobre o teatro, com base na *Poética* de Aristóteles, na de Horácio e nos comentadores. Por isso não surpreende que defenda, em apêndice, a sua efabulação em *Édipo* e em *Viriato*. A esta última chama "fábula simples" (no sentido aristotélico do termo). E observa que, sendo "tão sabido o assunto entre os Portugueses", lhe "pareceu imprudência alterar notavelmente a história", reconhecendo embora que "a acção em si era tão estéril". Mais adiante acrescenta: "O modo de evitar o descobrimento de traição, apontando os mesmos conjurados as verdadeiras razões dela, e atribuindo aos que as perpetram o crime, que se lhes imputa, decidam os conhecedores se é nas circunstâncias da fábula o mais seguro, e o mais político"[18].

A posteridade não lhe foi favorável. Garrett viria a escrever, em carta particular de 1822, que Manuel de Figueiredo era "bom homem e de bastantes

---

[18] Manuel de Figueiredo, *Teatro*, Lisboa (1757), Vol. XIII, 258-260. Modernizámos a ortografia. Sobre este autor, veja-se José de Oliveira Barata, "A Poética de Manuel de Figueiredo", *Humanitas* 45 (1993), 313-334 (com bibliografia).

luzes, mas de nenhum talento poético", e mais tarde, nas *Viagens na Minha Terra*, embora lhe atribuísse "o instinto de descobrir assuntos dramáticos nacionais – ainda, às vezes a arte de desenhar bem o seu quadro, de lhe grupar, não sem mérito, as figuras, declarava que "ao pô-las em acção (...) era sensaboria irremediável"[19].

Também Bocage fez tentativas de drama histórico. De todos só restam fragmentos, Dos quais os mais reduzidos são precisamente os da peça cujo assunto nos importa considerar, O *Herói Lusitano Ou Viriato*. Dela quedaram apenas duas páginas incompletas[20], dadas como pertencentes à Cena I do Acto I. Diz a rubrica que o lugar é nos arraiais de Viriato (como sucede em Manuel de Figueiredo), e que os actores, nove ao todo, compreendem, além do protagonista, dois dos traidores e um oficial do exército lusitano, bem como um tribuno romano, um centurião, uma filha de Viriato e a sua confidente.

Os fragmentos, todos curtos, são três apenas, mas manifestam bem a cadência admirável dos versos de Bocage. O primeiro, atribuído a Servílio, faz, à grande maneira romana, o elogio do inimigo:

> Eis, Flávio, os arraiais dos Lusitanos.
> Paremos um momento a contemplá-los.
> Ali de Viriato, ali de um chefe
> Destemido, ilustrado, infatigável
> Contra os fados do Tibre impera o Génio.

A outra figura pertenceria certamente o segundo, que é um libelo contra a crueldade do chefe lusitano. O terceiro é claramente da boca do próprio guerreiro, que ameaça alargar os seus feitos de armas até à Península Itálica. Pato Moniz, que reuniu estes inéditos em 1814, comenta: "Estou bem certo que desta tragédia, ordenada para cinco actos, havia dois finalizados, e que estes tenuíssimos fragmentos dão bem que sentir-lhe a perda".

Outro grande autor da época, a Marquesa de Alorna, consagrou a Viriato um dos excursos com que ameniza as suas *Recreações Botânicas*, compostas durante o exílio em Inglaterra. Já em tempos nos ocupámos destes *epyllia*, feitos na melhor tradição da poesia didáctica (na esteira das *Geórgicas* de Virgílio) pelo que não nos deteremos muito nestas quase duas centenas de versos[21].

---

[19] Ambas as citações foram colhidas em Luciana Stegagno Picchio, *História do Teatro Português*, trad. port.: Lisboa (1964), p. 215.

[20] Hernâni Cidade, dir., *Bocage. Opera Omnia*, Lisboa (1970), Vol. III (org. J. G. Herculano de Carvalho e Maria Helena Paiva Joaquim), 250-251.

[21] "*Vtile Dulci* nas Recreações Botânicas da Marquesa de Alorna", *Boletim da Faculdade de Direito de Coimbra* (1983), 827-852 = *Novos Ensaios sobre Temas Clássicos na Poesia Portuguesa*, Lisboa (1988), 193-215.

Salientaremos apenas que o episódio é contado a propósito do gerânio, planta simbólica de simplicidade e justiça. Em cena estarão Viriato e Armínia, uma figura feminina que não consta da lista das amadas do herói, e que aqui é desenhada como uma mulher valente, que dá a primazia à causa lusitana, pelo que só lhe concederá a sua mão quando suceder que:

> .... o teu valor derrote a seva Roma,
> Ao mundo mostrarei alegre e altiva,
> Que era d' Armínia Viriato digno.

É então que Viriato parte para a luta e acumula triunfos. O gerânio, que Armínia planta, consagrando-o aos Numes, prospera e viceja. Mas eis que, um dia, começa a definhar. Armínia compreende o augúrio. Porém Viriato aceita a paz que os três embaixadores vêm propor-lhe e, alta noite, consuma-se a traição. A dor de Armínia, "que mil vezes morre, sem cessar de durar", ultrapassa os tormentos infernais, e ela torna-se:

> Qual Níobe, que a dor desfaz em pranto.

A narrativa, até aqui conduzida quase em tonalidades românticas, como que regressa aos modelos ovidianos, de tal modo que os últimos versos são quase uma metamorfose:

> Fatal gerânio! Monumento infausto
> Do caso acerbo! Clio lacrimosa
> Aos subsequentes séculos o diga.

Outro ilustre exilado viria a compor, talvez uma dezena de anos mais tarde (1824), um poema em quinze estrofes irregulares, com o título "A Caverna de Viriato", incluído na sua colectânea *Flores sem Fruto*[22]. É aí que o jovem Garrett, desiludido pela queda do Vintismo, proclama:

> Grilhões, escravos, cárceres e algozes,
> De quanto outrora fomos
> Isto só nos restou, só isto somos.

Este lamento situa-se imediatamente antes da aparição da Sombra de Viriato, que vem profetizar uma era de paz, terminando com estas palavras:

---

[22] Livro I, n.º XVII. Vem acompanhado da tradução francesa de Mademoiselle de Flaugergues, "que foi o mais lisonjeiro cumprimento que o autor podia receber", como se lê em nota. Garrett refere ainda que a composição fora incluída primeiramente na *Lírica de João Mínimo*, publicada em Londres em 1829.

Liberdade
Só restará do universal dilúvio:
Da raça dos tiranos,
Da fratricida guerra
Que ateara a opressão entre os humanos,
Nem a memória ficará na terra.

Estamos, por conseguinte, perante uma composição em que mais uma vez a figura do herói lusitano é convocada para dar esperança ao tempo presente. É interessante notar que o quadro, delineado em belas pinceladas românticas, se apoia em dados topográficos colhidos numa tradição que hoje nenhum arqueólogo subscreve: nos "picos anuviados / do alto Hermínio" (estrofe I), "glória dos altos montes, / Magnífico Hermínio, a quem saúda / A Português loquela / co'o gentil nome da formosa Estrela" (VI), "Berço do nome lusitano" (VII), "tua caverna é esta:/ De tua glória e teu nome é cheio ainda / O val, monte e floresta, / Libertador da antiga Lusitânia" (XI). Aí, e não ao lado de Viseu (como fizera Brás Garcia de Mascarenhas)[23], é situada a figura do antigo pastor.

E assim, deixando de lado outras criações menores, chegamos ao séc. XX.

O poema que agora temos pela frente pertence ao único livro em português que Fernando Pessoa publicou em vida – precisamente aquele que mais tem desafiado a argúcia dos críticos. Visto por uns como uma espécie de contrapartida de *Os Lusíadas*, por muitos como um poema esotérico – "o grande poema esotérico da esotérica *Mensagem*", escreveu Joel Serrão[24]; "de dimensão esotérica e messiânica", disse José Augusto Seabra[25]; ou, "antes de tudo, poema

---

[23] A Cava de Viriato é descrita como situada nas proximidades de Viseu e construída pelo pretor no *Viriato Trágico*, canto X, vv. 98-99. Considerada até há pouco como edificada possivelmente nos meados do séc. I a.C. por Petreio ou Cassius Longus, Jorge de Alarcão, que em tempos aventou essa hipótese (*A Cidade Romana de Viseu*, Viseu [1984], 12-16, 31), chama a nossa atenção para a dificuldade, por falta de paralelos, de considerar construção romana o seu traçado octogonal (que, por outro lado, é frequente nos árabes); e também para a possível solução, encontrada por Vasco Mantas, por meio da fotografia aérea, de estarmos perante um acampamento de Almançor (séc. IX), construído sobre um outro muito anterior, romano, de forma rectangular. Agradecemos também a este último arqueólogo a referência bibliográfica do artigo onde deu a conhecer as suas conclusões provisórias: "Arqueologia e história antiga: dos monumentos aos homens de ontem e de hoje", in José d'Encarnação (coord.), *As Oficinas da História*, Coimbra (2002), 118-122; "Indícios de um campo romano na Cava de Viriato?", *Al-madan*, 2.ª série, n.º 12, Dez. 2003, 40-42.

[24] *Fernando Pessoa, Cidadão do Imaginário*, Lisboa (1982), p. 31.
Note-se que o Poeta deixou um manuscrito com o título "Explicação de um livro", que viria a ser publicado por Jacinto do Prado Coelho e Georg Rudolf Lind em *Páginas Íntimas e de Auto-Interpretação*, Lisboa (1966), 433-438, em que caracteriza *Mensagem* como "um livro tão abundantemente embebido em simbolismo templário e rosicruciano".

[25] Na sua edição, acompanhada de ensaios de vários autores, de *Mensagem. Poemas Esotéricos*, Madrid (1993), p. XXXII.

iniciático", como o classificou Eduardo Lourenço[26], todas estas categorias podem aplicar-se-lhe. Salientemos ainda que toda a primeira parte do livro as-
sume uma configuração heráldica[27], que, em certo modo, é uma contrapartida
do episódio das bandeiras, no Canto VIII da epopeia camoniana, e que muitas
das personagens apontadas são mesmo coincidentes. Uma delas é precisamente
a que nos ocupa, e, tal como em Os Lusíadas, está colocada a seguir a Ulisses e
antes do Conde D. Henrique[28].

Recordemos agora as três quadras que o constituem, para podermos sentir
como os dados da tradição histórica se subtilizaram em termos abstractos e em
metáforas hauridas na natureza:

> Se a alma que sente e faz conhece
> Só porque lembra o que esqueceu,
> Vivemos, raça, por que houvesse
> Memória em nós do instinto teu.
>
> Nação, porque reincarnaste,
> Povo, porque ressuscitou
> Ou tu, ou do que eras a haste –
> Assim se Portugal formou.
>
> Teu ser é como aquela fria
> Luz que precede a madrugada,
> E é já o ir a haver o dia
> Na antemanhã, confuso nada.

Talvez ninguém tenha sabido exprimir melhor do que Eduardo Lourenço
este aspecto da grande contradição subjacente à obra, quando escreve[29]: "Na sua
aparência, Mensagem celebra, relendo-os na luz espectral do sonho que cada um
encarnou, os heróis-mitos da nossa História que ao longo do tempo prefiguraram
o único Herói futuro, restaurador do nosso império perdido nos areais da África,
em Alcácer-Quibir. Mas o que nós escutamos no poema como apologia e promessa
de um futuro reino só suscita esse fervor pela força com que através dessa apologia
a evidência da realidade e da história são recusadas."

---

[26] Na edição citada na nota anterior, XXII. Sobre o esoterismo de Pessoa, vejam-se os trabalhos
de Yvette K. Centeno, em especial Fernando Pessoa, Lisboa (1985).

[27] Na colectânea citada na nota 25, Adrien Roïg, p. 282, classifica todo o livro de heráldico.

[28] Com omissão de Sertório, que figura em Lusíadas, VIII. 8.

[29] Na edição citada na nota 25, supra, p. XXI.

Tendo-nos limitado, como anunciámos no começo, às principais criações literárias no domínio da poesia e do teatro, não nos ocuparemos aqui de um belo romance de merecido êxito, como é a *Voz dos Deuses* de João Aguiar, que já em 1992 contava treze edições e se encontra traduzido em espanhol[30], nem tão-pouco falaremos de outros publicados no País vizinho. Paramos, por conseguinte, nesta visão de um dos nossos maiores poetas.

No conjunto que reunimos, pudemos ver que a figura histórica que encabeçara a resistência contra os Romanos e por ela lutara em muitos lugares da Península se foi delineando como chefe dos Lusitanos. Entretanto, esse povo que parece não ter constituído uma etnia única, vem a ser identificado com o português, facto de que o engenhoso enlace fantasiado por Gil Vicente é uma curiosa expressão. Mas é pela pena dos humanistas que essa noção ganha notoriedade e que a figura de Viriato toma maior vulto. Imortalizado n' *Os Lusíadas,* vai ressurgindo periodicamente como um contraponto à agitação do presente e à incerteza do futuro (de Braz Garcia de Mascarenhas a Garrett). Por fim, reaparece, na *Mensagem,* oscilando entre o real e o meramente simbólico, fugitivo e impalpável, como a luz.

---

[30] Algumas outras foram citadas por autores como Alfredo Athayde, "Viriato na realidade histórica e na ficção literária", *Prisma* 3 (1937), 170-180, e José Manuel Garcia, "Viriato: uma realidade entre o mito e a história", *Revista da Imprensa Nacional/Casa da Moeda* 9, (1985), 59-70; e ainda por Maurício Pastor Muñoz, *Viriato. A Luta pela Liberdade,* trad. port. Lisboa, 5.ª ed. (2004). Por sua vez, as obras de arte inspiradas nesta figura foram analisadas por Carlos Fabião e Amílcar Guerra, no ensaio referido na nota 3, supra.

4. NAS ORIGENS DO HUMANISMO OCIDENTAL: OS TRATADOS FILOSÓFICOS CICERONIANOS[*]

Para muitos, Cícero é o grande orador, aquele que elevou a arte de falar entre os Romanos às alturas que alcançara entre os Gregos. Ao comparar a literatura dos dois povos, Quintiliano, sempre tão consciente da superioridade helénica, ousara afirmar a respeito do Arpinate que ele "já não se tem por o nome de um homem, mas pelo da eloquência"[1]. Os cinquenta e oito discursos chegados até nós confirmam a justeza do asserto, tal como os seis tratados de retórica conservados põem em evidência o domínio dos fundamentos teóricos da sua arte. A necessidade de uma cultura vastíssima e respectivo esquema curricular, sem o que a oratória "não passa de um malabarismo verbal oco e ridículo"[2], o conhecimento da articulação das partes do discurso, a preocupação com a cadência da frase, que se obtém pelo emprego de cláusulas métricas, diferentes das do verso, mas igualmente aprazíveis ao ouvido, tudo isso é demonstrado aos futuros praticantes, embora se acentue que as teorias propostas nada se parecem com as áridas doutrinas escolares em vigor, e que ele mesmo se tornara orador "não a partir das oficinas dos mestres de retórica, mas dos terrenos da Academia"[3]. De resto, precisa ainda noutro ponto, o que faz a eloquência é o engenho e a natureza, "e assim, não foi a eloquência que nasceu das regras, mas as regras que nasceram da eloquência"[4].

Mas, se há arte presa ao momento, que viva dele e para ele, com o tríplice fim de "provar, agradar e comover", capaz de "despertar a multidão ou de moderar os seus excessos"[5], mas por isso mesmo apertada nas malhas de um condicionalismo

---

[*] Publicado em *Revista da Faculdade de Letras da Universidade do Porto*, II série, vol. I (1985), 7-28.

[1] *De Institutione Oratoria* 10.1.112.

[2] *De Oratore* 1.5.17.

[3] Cf., respectivamente, *De Oratore* 2.3.10 e *Orator* 3.12.

[4] Cf., respectivamente, *De Oratore* 1.25.113 e 1.32.146.

[5] Cf., respectivamente, *De Oratore* 2.27.115 e 2.9.35.

histórico que não se repete, é esta mesma. E a força ou a doçura do discurso, a harmonia da cadência das cláusulas verbais, a abundância e a agudeza das frases, numa palavra, o "esplendor do verbo", para usar a própria expressão de Cícero[6], perdem-se irremediavelmente quando desencastoadas do ambiente que as determinou, e, pior ainda, quando passadas ao crivo deformador da tradução.

Todos estes factos concedem uma quota-parte de razão aos que não conseguem entrar em sintonia com o ardor e veemência das *Verrinas*, das *Catilinárias*, das *Filípicas*, embora o ataque à corrupção de um alto magistrado, o desmontar de uma conspiração política, a defesa desesperada da liberdade sejam situações que invariável e inexoravelmente se repetem em todos os tempos. Muito mais haveria a dizer sobre o valor de outros dos discursos mais famosos, sobre o vigor e solenidade do *Pro Milone*, a graça cintilante do *Pro Murena* e do *Pro Caelio*, a profundidade do pensamento político do *Pro Sestio*, a perenidade do elogio do valor das letras no *Pro Archia*.

Mas a obra de Cícero não se esgota com estes modelos de arte oratória, nem a sua influência se cinge aos tratados de retórica e à sua acção como estadista. Bem ao contrário, quando procuramos determinar quais são os pilares em que assenta a formação das consciências no mundo ocidental, há uma obra que nunca pode faltar, e essa é o conjunto dos tratados filosóficos de Cícero[7]. Embora só doze, dos vinte e um que compôs, chegassem até nós, e dois dos principais muito incompletos (*De Republica* e *De Legibus*), eles são fundamentais, quer pela importância permanente dos temas versados, quer pela forma atraente por que são expostos, quer ainda, e sobretudo, pelo elo insubstituível que representam entre a filosofia grega, que continuam, e a *sapientia* romana, que começam a amoldar. É através deles que esse saber acumulado – e lembremos que, para os medievais, Cícero era "o Sábio" – atravessará o longo período de eclipse do Grego na Europa ocidental, e ressurgirá, enriquecido com novos achados, de que o mais sensacional será a redescoberta de grande parte do *De Republica*, por Angelo Mai, no começo do século passado.

A entrada do helenismo em Roma tinha sido um longo percurso, cujos primórdios os progressos da ciência, particularmente da arqueologia, cada vez fazem recuar mais no tempo[8]. Mas é sobretudo através do chamado Círculo dos Cipiões, frequentado por gregos de origem, como o filósofo Panécio e o historiador Políbio, e abrigado pela autoridade de Cipião Emiliano e de Lélio, que o pensamento

---

[6]   *De Oratore* 2.8-9.34, de onde, aliás, são tomadas quase todas estas expressões.

[7]   STRACHAN-DAVISON, *Cicero*, p. 369 (apud S. J. WILSON, *The Thought of Cicero. Philosophical Selections* [London 1970], p. 1) escreveu: "If we were required to decide what ancient writings have most directly influenced the modern world, the award must probably go in favour of Plutarch's *Lives* and the philosophical writings of Cicero".

[8]   Designadamente os achados de Sant'Omobono, na colina do Capitólio. Veja-se o volume de *La Parola del Passato* de 1981, consagrado ao "Lazio Arcaico e Mondo Greco".

helénico adquire – não sem alguma oposição – foros de cidadania na capital do mundo. Os filhos de grandes famílias aprendem com professores gregos. Paulo Emílio, que, após o seu triunfo sobre Perseu da Macedónia, em 168 a.c., apenas quis receber a biblioteca do palácio de Pela, para servir ao ensino dos filhos, é um dos arautos da nova educação. Outro será Cornélia, a mãe dos Gracos. Ambos confluem na família daqueles grandes estadistas, uma vez que um dos filhos de Paulo Emílio viria a ser adoptado por Públio Cornélio Cipião, filho do vencedor de Zama, e, sob o nome de Lúcio Cipião Emiliano, viria a ser o destruidor de Cartago; e Cornélia era filha de Cipião-o-Africano Maior.

Tudo isto se passa no séc. II a.c., o mesmo que vira chegar a Roma uma embaixada de que fazia parte Crates de Malos, gramático e orador da Escola de Pérgamo, que, por motivo de uma queda, permaneceu largo tempo na Urbe e aí obteve assinalável audiência, ensinando a sua arte.

Mas desde o final do século que se torna habitual que os jovens romanos se aperfeiçoem na filosofia e na retórica nos próprios locais onde preleccionavam os maiores mestres: Atenas e Rodes.

É longa a série dos que assim fizeram. Ouviremos primeiro o testemunho de alguém que foi um dos maiores poetas latinos, e viveu entre 65 e 8 a.C.[9]:

> Coube-me em sorte ser criado em Roma e aprender
> quanto mal fez aos Gregos a cólera de Aquiles.
> A boa Atenas ampliou um pouco a minha cultura,
> a saber, deu-me o desejo de distinguir curvas de rectas
> e procurar a verdade nos bosques de Academos.

"Procurar a verdade nos bosques de Academos" – disse, pois, Horácio. Assim fizera também, em 79 a.C., a figura que nos ocupa. Passara seis meses em Atenas, já então equipado com longos anos de aprendizado ("desde os alvores da nossa vida" – escreve ele[10]) junto de um gramático estóico, Élio Estilo, do epicurista Fedro, do académico Fílon de Larissa, do estóico Diódoto, que seria seu hóspede durante vinte e cinco anos. Na cidade de Palas estuda com Antíoco de Ascalão, adversário de Fílon e chefe da Academia; ouve os Epicuristas, levado por seu amigo Ático. Assim, entre os dezoito e os vinte e oito anos, Cícero escuta os maiores filósofos de todas as tendências. Tendências que, por vezes, buscam conciliar-se, como é o caso de Antíoco de Ascalão, que pretende harmonizar Aristóteles e Platão com os Estóicos.

A Academia que ele frequenta já não é, efectivamente, a escola que florescera sob a égide de Platão. Entrara na fase conhecida por Cepticismo ou "capacidade

---

[9] HORÁCIO, *Epistulae* 2.2.41-45.

[10] *De Natura Deorum* 1.3.6.

de estabelecer antíteses entre aparências e juízos de qualquer maneira"[11], que aceita a doutrina da probabilidade. É a este probabilismo que Cícero proclama ter aderido, num dos vários passos em que afirma ser discípulo desta instituição e partidário desta atitude[12]:

> Quanto a nós, a Academia, de que dependemos, dá-nos a maior liberdade de defender de pleno direito o que se nos apresentar como mais provável.

Esta declaração de fidelidade à Academia, na fase em que a frequentou, e também ao fundador, repete-se de forma significativa. No *De Legibus*, por exemplo, pusera na boca de Ático, apontando-lho como modelo sempre seguido, o louvor de "o teu querido e famoso Platão, esse que tanto admiras, que colocas acima de todos, que estimas mais do que ninguém"[13]. Destinavam-se estas palavras a incitar o autor a escrever um tratado sobre as leis, para fazer sequência ao *De Republica*, tal como o fizera o filósofo ateniense. Precisamente, no seu *De Republica*, Cícero principiara por anunciar que seria o tratado grego o seu paradigma; ele iria ser um companheiro de Platão, *Platonis se comitem profitetur*[14].

Tal não significa que muitos outros filósofos gregos não sejam invocados, e as suas teorias discutidas, quando não aceites. E isso de tal maneira, e com tal conhecimento de causa, que Cícero se tornou para nós, em muitos casos, uma das principais fontes de conhecimento – por vezes até a única – da filosofia helénica. Para não falar dos Pré-Socráticos, a que muitas vezes se refere, de Platão e de Aristóteles, dos Epicuristas, temos de ter sempre bem presente que é ele um dos principais transmissores das doutrinas estóicas, no seu período antigo e médio. Esta qualidade suscita, aliás, uma difícil questão, à qual tornaremos mais adiante.

De resto, Cícero formulara um plano ambicioso e arrojado, que era o de aclimatar em Roma a filosofia. Em Roma, que fechara as portas à embaixada ateniense, constituída por dois ou três dos mais notáveis filósofos de então[15] – o académico Carnéades, o estóico Diógenes e talvez o peripatético Critolau – que em 155 a.C. viera pedir a supressão ou a redução da multa que fora aplicada à sua cidade, por ter saqueado Oropos; que expulsara também Alkios e Philiskos, que talvez no ano seguinte (ou em 173 a.C., segundo outros), tentaram abrir uma escola epicurista em Roma. Em 161 a.C., o Senado autorizara o pretor Marco Pompónio a excluir da

---

[11] SEXTO EMPÍRICO, *Peri Hermeneias* 1.8.

[12] *De Officiis* 3.4.20.

[13] *De Legibus* 1.5.15.

[14] *De Republica* 1.16.

[15] PLUTARCO, *Catão-o-Antigo* 21.1-3; POLÍBIO 33.2; AULO-GÉLIO 6.14.8; CÍCERO, *De Oratore* 2.38.157--161 e *Tusculanae* 4.3.5.

Urbe todos os filósofos e retores. Esta atitude vem na linha da que geralmente se atribui a Catão-o-Antigo, de oposição ao helenismo. Até que ponto é lícito fazê-lo, seria uma longa discussão, que não cabe aqui renovar[16].

De qualquer modo, e não obstante o exemplo, já referido, dos Cipiões, Marco Túlio, ao querer implantar em Roma o pensamento filosófico, tinha consciência de que se defrontaria com objecções de toda a ordem. Por isso aproveita os prefácios das diversas obras para justificar a consagração de uma parte do seu tempo a uma tarefa intelectual que o pragmatismo romano tinha por um desperdício de actividade. Verifica-se, de resto, que, com excepção do escrito juvenil *De Inventione*, os tratados se situam quase sempre em épocas da sua vida de forçada inactividade política: os tempos conturbados entre a formação e dissolução do Primeiro Triunvirato, o seu regresso a Roma e a partida como procônsul da Cilícia (em que compõe, sucessivamente, o *De Oratore*, *Partitiones Oratoriae*, *De Republica* e *De Legibus*), e a ascensão prodigiosa de César (entre 45 e 44 a.C. escreve, entre outros trabalhos menores, *Tusculanae*, *De Finibus*, *De Natura Deorum*, *Academica*, *Brutus*, *Orator*, os perdidos *Consolatio* e *Hortensius*, *De Amicitia*, *De Senectute*); depois do assassínio do ditador, e no curto período que mediará até à sua própria morte, encontra ainda ocasião para compor o *De Officiis* e, ao mesmo tempo, para atacar contundentemente Marco António nas *Filípicas*.

É no *De Finibus* que mais detidamente enumera as críticas dos seus prováveis opositores: os que não admitem uma consagração exclusiva à filosofia; os que só a aceitam, se moderada; os que acham suficientes os originais gregos; e ainda aqueles que entendem que o filosofar está abaixo da *dignitas* romana[17]. Se é fácil demonstrar que uma simples tradução de Platão e Aristóteles é útil, se é possível afirmar que a língua latina era tão ou mais rica do que a grega (o que Lucrécio negara, em bem conhecido passo do seu poema[18], ao queixar-se da *patrii sermonis egestas*, falta essa que estava precisamente destinada a ser remediada por Cícero), havia uma refutação fundamental a fazer – é que, ao dedicar-se a esta actividade, nunca ele descurara os interesses do povo romano[19]:

> Eu, por mim, uma vez que entendo que nos trabalhos, esforços e perigos do Forum, não desertei o posto de defesa em que fui colocado pelo povo romano, devo sem dúvida, na medida das minhas forças, trabalhar, para que os meus concidadãos se tornem mais instruídos, graças à minha actuação, estudo e obra.

---

[16]   Veja-se, entre outros, o capítulo que ao assunto consagrámos em *Estudos de História da Cultura Clássica, vol. II. Cultura Romana* (Lisboa ⁵2013, 188-195), e bibliografia aí citada.

[17]   *De Finibus* 1.1.1.

[18]   *De Rerum Natura* 1.136-139.

[19]   *De Finibus* 1.3-4.10-11.

Neste mesmo ano de 45, advogará, no prólogo das *Tusculanae*[20], a necessidade de uma literatura filosófica em Roma, onde a falta de consideração pela poesia e pelas artes, pela pintura, pela música, pela geometria, fora causa do seu atraso, pois *honos alit artes*, como lapidarmente escreve, antecipando em muitos séculos as amarguradas queixas dos epifonemas dos Cantos V e VII de *Os Lusíadas*[21].

O que se passa com a filosofia – continua – é que as tentativas existentes são desprovidas de qualidades que atraiam os leitores[22]:

> A filosofia esteve abandonada até ao nosso tempo, sem ter qualquer brilho nas letras latinas; somos nós que temos de a iluminar e despertar, a fim de que, se alguma utilidade tivemos para os nossos concidadãos quando estávamos ao serviço, a tenhamos também, se possível, na inactividade. E tanto mais devemos esforçar-nos nesse sentido, quanto é certo que consta haver já muitos livros latinos escritos impensadamente por pessoas sem dúvida excelentes, mas não suficientemente cultas [......], mas isto de uma pessoa pôr por escrito as suas reflexões, quando não sabe dar-lhes ordem nem brilho, nem aliciar o leitor com um certo encanto, é de quem abusa desmedidamente do vagar que tem e das letras.

De resto, Cícero propõe-se resolver a antinomia retórica/filosofia em sentido inverso de Platão. A questão já fora esboçada no *De Oratore*, cuja abertura, cheia de alusões ao cenário natural do *Fedro* de Platão, logo sugeria a intenção de criar uma contrapartida romana ao célebre diálogo. Mas é sobretudo no seu testamento espiritual, que é o *De Officiis*, que o motivo será analisado e dissecado, até levar à conclusão de que, ao contrário do que pensavam Platão e Isócrates, Demóstenes e Aristóteles, era necessário conciliar a retórica com a filosofia[23].

Entre 51 e 44 a.C., o plano cumpre-se, com intermitências, pelas razões que vimos, mas com segurança e largueza de vistas. Com excepção do *De Officiis*, a forma usada será o diálogo. O processo fora talvez introduzido pelos Sofistas, praticado por discípulos de Sócrates, e elevado à categoria de género literário por Platão, o "querido e famoso Platão", que a todo o momento é mencionado como modelo. E nalgumas obras, como *De Republica*, *De Senectute*, *De Amicitia*, Cícero utiliza, tal como o filósofo ateniense, um distanciamento – neste caso, cronológico – que lhe permite ausentar-se da discussão. Todos os exemplos referidos têm como interlocutores membros do Círculo dos Cipiões ou amigos seus, o que ao mesmo tempo lhes confere solenidade e autoridade. Noutros, porém, como *De Legibus*, a discussão

---

[20] *Tusculanae* 1.1.2.1-4.

[21] Em especial o verso "porque quem não sabe arte não na estima" (V, 97.8).

[22] *Tusculanae* 1.3.5-6.

[23] *De Officiis* 1.2.4.

estabelece-se entre Cícero, o irmão Quinto e seu amigo Ático. O nosso desconhecimento da evolução do diálogo filosófico em Aristóteles (cujos ensaios juvenis nesse domínio eram tidos por modelares) e noutros discípulos de Platão nada nos permite adiantar sobre a possível originalidade desta prática.

Em dois dos casos mais famosos, *De Republica* e *De Legibus*, dispomos do modelo platónico, pelo que se torna mais fácil – embora não totalmente exequível – avaliar da sua novidade em relação ao padrão helénico. Exemplificando com o primeiro, não só notamos facilmente que também o *Fedro* e o *Fédon* são utilizados, mas Panécio e Políbio são apontados como fontes. Em 1.21-34, Lélio recorda que ouviu Cipião falar de política com aqueles dois homens. Muitas ideias são averiguadamente estóicas, como a de que "a nossa morada [......] é o mundo inteiro, que os deuses nos deram como lugar da nossa estadia e como pátria comum com eles"[24], noção esta que vai repetir-se no *De Legibus*[25].

Também é possível que, conforme estudo recente, haja uma forte influência do historiador grego na chamada "arqueologia" do *De Republica*[26]. Mas mais interessante é observar que, ao invés do filósofo ateniense, Cícero não imagina uma cidade confessadamente inexistente, mas que cada um pode "fundar para si mesmo", na sua alma[27]. Em vez disso, prefere fazer o retrato de uma cidade real, a da Roma Republicana[28], conquanto a sua exposição, logo após o prólogo, comece a teorizar sobre a melhor constituição. O tema, esboçado em Heródoto[29], em trecho que tem a distinção de ser o mais antigo texto de teoria política que se conhece, ocupara um largo espaço na *República* de Platão (Livros VIII e IX) e na *Política* de Aristóteles (Livros III e IV). A classificação das constituições adoptada pelo Arpinate não é a de nenhum destes famosos tratados, mas a divisão tripartida que figurava em Heródoto, que o mesmo Platão utilizara no *Político* (291c-292d) e que Políbio, no começo do Livro VI, enumerara ao lado das respectivas formas degeneradas: democracia ou isonomia, monarquia e oligarquia – e que ele procura designar com os termos latinos de *civitas popularis, regnum, civitas optimatium*. De cada uma se descreve a degeneração a que está sujeita e o seu ciclo evolutivo, com a finalidade de descobrir qual é a melhor. Logo neste ponto do Livro I se antecipa que o modelo ideal será uma constituição mista, noção esta a que certamente não é alheia a reflexão de Políbio, de que entre as causas da grandeza de Roma estava o facto de reunir as três formas, uma vez que o poder dos cônsules a assemelhava

---

[24] *De Republica* 1.13.19.

[25] *De Legibus* 1.7.23.

[26] J.-L. FERRARY, *L'archéologie du De Re Publica* (22.4.37-63): *Cicéron entre Polybe et Platon, Journal of Roman Studies* 74 (1984), 87-98.

[27] PLATÃO, *A República* 592b.

[28] *De Republica* 2.11.22.

[29] 3.80-83.

a uma monarquia, a constituição e funcionamento do Senado a uma aristocracia, e o poder do povo, a uma democracia[30].

O essencial do plano do Livro I está nestes tópicos: mostrar qual o melhor regime político, dar como exemplo as instituições romanas, descrever a melhor forma de governo. A excelência da constituição romana será demonstrada no Livro II. Mas a discussão sobre a Justiça, que em Platão é tema inicial que atravessa depois toda a obra, vai aqui ocupar o Livro III, partindo dos argumentos de Carnéades. Porém, só os dois primeiros livros da obra se recuperaram quase integralmente. E assim ficamos na dúvida se quando, no Livro V, surgia a noção do governante perfeito, o *rector* ou *moderator*, tal figura se assimilava à palavra de brilhante destino na história política que veio a ser *princeps*. Têm-na uns como quase certa; pensam outros que Cícero a evitou deliberadamente[31]. A importância do seu uso não se reduz a uma questiúncula de pormenor, como todos sabem. É que ela havia de passar à história para definir o regime político de Augusto e constitui uma das provas da influência do tratado na história política e institucional europeia.

São, de resto, muitas as ideias importantes expostas ao longo do *De Republica*, Uma é a própria – e famosa – definição de *res publica*, várias vezes repetida. Escolhemos a do Livro I, deixando no original as palavras-chave[32]:

> A *res publica*, disse o Africano, é a *res populi*. E o povo é, não uma reunião de homens agrupados de qualquer maneira, mas a reunião de uma multidão associada pela sua adesão a uma lei e pela comunidade de interesses. A causa primeira da sua associação não é tanto a sua debilidade, quanto uma espécie de tendência natural do homem para se associar. É que a espécie humana não é feita para o isolamento e a vida errante...

Mais adiante, a noção de que o poder emana do povo, e só assim existe verdadeira liberdade[33]:

> A qualidade de cada *res publica* depende da natureza e da vontade de quem a governa. Eis porque em nenhuma outra cidade, senão naquela em que o soberano poder pertence ao povo, a liberdade pode ter o seu domicílio. Não há nada que seja mais doce do que ela, e, se não for igual para todos, já não é liberdade.

---

[30]   6.11.11.

[31]   Está no primeiro caso J. P. BALSDON in *Oxford Classical Dictionary*, s. v. 'princeps', e no segundo R. HEINZE, *Vom Geist des Roemertums*, Stuttgart (1972), 141-148.

[32]   *De Republica* 1.25.39. A origem desta definição, geralmente tida como estóica (proveniente de Panécio), é certamente aristotélica, como demonstrou em 1959 R. Stark (apud O. GIGON, *Bemerkungen zu Ciceros De Officiis* in "Politeia und Res Publica" ed. Peter Steinmetz, Wiesbaden (1969), 267-268, p. 278).

[33]   *De Republica* I, 31.47.

Os modernos teorizadores políticos encontram no *De Republica* a primeira formulação de doutrinas de flagrante actualidade. Uma é a oposição, que pode existir, entre *aequabilitas* e *dignitas*, tal como é definida em 1.27.43 e 1.34.53. "Precisamente esta oposição entre *aequabilitas* e *dignitas*, entre o direito a igualdade de tratamento e o direito ao reconhecimento de serviços individuais, é um dos problemas nucleares da teoria da democracia contemporânea, que nos últimos tempos tem encontrado uma elevada atenção na discussão da ciência política" – escreve Peter Weber-Schaefer, em artigo recente, que tem por título "A teoria do Estado de Cícero e o seu significado para a moderna ciência política"[34].

Outra é a noção de *lex naturalis* como legitimação do poder do Estado, uma vez que este mesmo poder está limitado por esse direito, anterior à lei positiva, anterior ao Estado, fora do alcance do legislador. A noção de lei natural, que o *De Legibus* precisará mais do que uma vez, é muito antiga – data, pelo menos, dos Sofistas – mas são os Estóicos que a identificam com "a suprema razão, ínsita na natureza, que manda o que se deve fazer e proíbe o contrário"[35]. Porém, como observa o mesmo Weber-Schaefer, "a tradição determinante do pensamento europeu do direito natural, em que assentam as definições contemporâneas do direito dos povos e de discussão dos direitos do homem, ascende em primeira linha à sistematização ciceroniana da doutrina estóica do direito natural e sua recepção em Lactâncio, Santo Ambrósio, Santo Agostinho e S. Tomás de Aquino"[36].

Entre outras doutrinas de interesse, umas pela sua actualidade, outras pelo seu valor informativo, deve mencionar-se ainda a noção de individualidade da cultura romana (1.22.36), a qual se deve a qualidades próprias (2.15-16.28-30), as condições para a guerra justa (*aut fide aut pro salute* – 3.26.37) e a ideia de que foi a defender os seus aliados que Roma se tornou senhora do mundo (3.26.37).

Esta noção de *fides*, que aqui se exprime, e a de que a devoção ao serviço da cidade é um ideal que prefere mesmo ao da sabedoria (3.3.6) são princípios tipicamente romanos. A eles se juntará o de *pietas* e de justiça, cujo elogio vai culminar no famoso *Sonho de Cipião*, com que, à maneira do seu modelo platónico, que terminava com o mito escatológico de Er da Arménia, encerra o livro.

Com fortes reminiscências do *Fedro* e do *Fédon*, de que chega a traduzir passos, com uma teorização sobre as origens da alma claramente estóica, possíveis reminiscências do *Protreptikon* de Aristóteles[37], aquele que é geralmente considerado o mais belo trecho da prosa latina, copiado à parte do tratado a que pertencia,

---

[34]   "Ciceros Staatsheorie und ihre Bedeutung fuer die moderne Politikwissenschaft", *Gymnasium*, 90 (1983) 478-493. A citação é das pp. 490-491.

[35]   *De Legibus* 1.6.18. Cf. também 1.15.42.

[36]   *Op. cit.*, p. 485.

[37]   Sobre o estado actual da questão, vide K. BUECHNER, *Somnium Scipionis: Quellen. Gestalt. Sinn*, Wiesbaden (1976).

cedo comentado e traduzido nas línguas modernas, tem uma inegável e fascinante coloração romana. Aquele sítio de eleição num além cósmico, onde se encontram os antepassados de Cipião Emiliano, com que ele conversa no seu sonho, atinge-se exercitando a justiça e a *pietas*. São os feitos em defesa da cidade que outorgam, acima de tudo, a imortalidade. E, se a poetas e filósofos é concedido igual galardão, o primeiro lugar cabe aos homens de Estado que bem mereceram da sua pátria.

Que a natureza da lei é discutida no *De Legibus*, que se lhe seguiu, já vimos anteriormente. Quer pela discussão teórica sobre a lei suprema, no Livro I, quer pela riqueza informativa sobre as instituições romanas, que os outros dois livros conservados contêm, quer ainda por ser ponto de referência obrigatório nos escritores quinhentistas que se ocupam do assunto, este diálogo é também dos mais influentes de Cícero. Sem menosprezar as *Tusculanae*, com a sua longa discussão sobre a imortalidade da alma e o elogio da virtude como o supremo bem, nem o vigoroso ataque ao Epicurismo nos dois primeiros livros do *De Finibus*, nem as provas da existência dos deuses no *De Natura Deorum* (todos de 45 a.C.), vamos fixar-nos no último dos tratados filosóficos de Cícero, o *De Officiis*, endereçado ao filho Marco.

O tratado não estava previsto na enumeração das obras filosóficas escritas ou a escrever que figura no começo do Livro II do *De Divinatione*, composto na segunda quinzena de Março de 44 a.C. A forma de diálogo é abandonada e substituída por uma longa exposição, em três livros, cada um com seu prefácio justificativo, como era norma do autor. Porque a mediocridade intelectual do destinatário não permitia fazer dele um interlocutor válido para a forma dialogada, como supõe M. Testard[38]? Ou porque, segundo a hipótese de A. Michel, o autor pensava também num outro leitor jovem, que então despontava no horizonte da política romana, Octávio? Se a primeira suposição não parece provável, pois em Cícero há exemplos que mostram que o destinatário de uma obra não é necessariamente seu interlocutor (assim, o *De Finibus* é oferecido a Bruto, o *De Republica* provavelmente a Quinto Cícero e o *De Senectute* é consagrado a Ático), a segunda encontra um confortável apoio no elogio do promissor político de dezanove anos que se lê na IIIª *Filípica* (2.3-5). Por outro lado, escrever para uso e educação de um filho era prática inaugurada, entre os Romanos, por Catão-o-Censor, a quem Cícero tantas vezes tomara como paradigma, e de quem fizera interlocutor principal no *De Senectute*. Mas o seu trabalho parece visar mais longe, quando afirma, ao terminar o Livro I, que "não é só quando vivos e presentes que os mestres instruem, e ensinam quem gosta de aprender, mas, esse mesmo fim, eles o alcançam depois de mortos, no seu legado literário"[39]. Como dirá no último parágrafo da obra, "falarei, mesmo estando ausente" (*absens loquar*).

---

[38]   Na introdução à sua edição do *De Officiis* na Colecção Budé (Paris 1974, Tome I, 21-25); a tese de A. Michel foi sugerida a este autor pessoalmente (cf. nota 1 da p. 24 da mesma edição).

[39]   *De Officiis* 1.44.156.

O jovem Marco estudava então em Atenas com o peripatético Cratipo, "príncipe dos filósofos do nosso tempo", como lhe escreve o pai (1.1.2). Está na própria capital da filosofia, em condições de absorver tudo o que há de melhor na cultura grega. É preciso juntar-lhe uma parte romana – é o que insinua, discretamente, o prefácio do Livro I:

> Embora devas, meu filho Marco, depois de, há um ano, seres discípulo de Cratipo e, para mais, em Atenas, estar imbuído de preceitos e doutrinas filosóficas, devido à excelsa autoridade, quer do mestre, quer da urbe, aquele enriquecendo-te com a ciência, esta com os exemplos, contudo penso que, tal como eu sempre juntei, para utilidade minha, os estudos gregos com os latinos – e isso não só na filosofia, mas também na prática oratória – também tu deves proceder do mesmo modo, para alcançares igual facilidade de expressão em ambas as línguas. Para esse fim, me parece, prestei grande auxílio aos nossos concidadãos, de modo que não só os que ignoram as letras gregas, mas também os que as aprenderam, pensem que ganharam alguma coisa para sua instrução e discernimento.

Qual a percentagem de elementos gregos e de elementos romanos que existe no *De Officiis* é precisamente um dos problemas mais acesos, especialmente nos últimos decénios. Desde a discussão entre Pohlenz e Reinhardt sobre o peso relativo dos dois grandes nomes da *Stoa* média – Panécio e Posidónio – até à admissão da dificuldade de apreender a essência desta obra por Suess (1965), a interpretação foi variando ao sabor da moda de atribuir a um ou outro daqueles filósofos, dos quais nada resta, a origem das doutrinas expostas. Ao retomar o assunto, em 1969, O. Gigon clamava pela necessidade urgente de um novo comentário[40]. Por sua vez, revendo a questão, em 1974, Hans Armin Gaertner[41] atribui ao escrito sobre os deveres de Panécio um forte pendor especulativo; ao passo que a tendência para a casuística, revelada por Cícero – para além dos prefácios e dos passos em que discorda do filósofo grego – seria contributo próprio, derivado da finalidade da obra: carta ao filho, sobre ética prática, Mais recentemente, Andrew R. Dyck (1984)[42] faz uma sugestiva análise da relação entre os *exempla Romana* e a teoria que deveriam esclarecer, e por esse método chega a interessantes conclusões sobre o que poderá ser ou não original do Arpinate.

Os casos mais interessantes são os de Sila e César, em 2.8.26-29, que, conforme nota aquele autor, têm vida própria e se destacam do contexto, a ponto de Cícero ter de regressar ostensivamente ao assunto que fora seu ponto de partida.

---

[40]   *Bemerkungen zu Ciceros De Officiis*, cit., 267-278.

[41]   *Cicero und Panaitios, Beobachtungen zu Ciceros De Officiis*, Heidelberg (1974).

[42]   Notes on composition, text and sources of Cicero's De Officiis, *Hermes* 112 (1984) 215-227.

Toda esta questão é suscitada pelo facto de o autor confessar, primeiro, que seguiu sobretudo uma obra de Panécio sobre o mesmo tema, em três volumes, mas não lhe foi suficiente para a extensão da matéria a percorrer[43]:

> Ora Panécio, que sem discussão é quem mais cuidadosamente tratou dos deveres, e a quem nós mais seguimos, fazendo certas correcções, propôs três questões, nas quais os homens costumavam deliberar e consultar acerca do seu dever: uma, quando duvidavam se o assunto em causa é honesto ou vil; outra, se é útil ou inútil; a terceira, se o que aparentava honestidade contendia com aquilo que parece útil, de que modo haviam de se distinguir. Acerca dos dois primeiros pontos, desenvolveu-os em três livros; quanto ao terceiro, escreveu que havia de falar dele depois, mas não cumpriu a sua promessa.

Sabemos, através de uma carta, que, para preencher essa lacuna, escreveu a Atenodoro Calvo a pedir que lhe mandasse o essencial do livro de Posidónio em que o tema era versado, e, por outra carta, temos conhecimento de que este lhe "enviou um memorial muito bom"[44], porém o filósofo de Apameia tratara o assunto com tal brevidade, a despeito da sua importância[45], que se viu forçado a elaborar a terceira parte da obra servindo-se sobretudo dos seus próprios recursos[46]:

> Portanto, completaremos esta parte sem quaisquer adjuvantes, mas, como costuma dizer-se, com as nossas próprias munições. Pois, desta parte do assunto, depois de Panécio, nenhuma das obras que chegaram às minhas mãos expôs nada que me agradasse.

Ora os exemplos romanos multiplicam-se nesta terceira parte. Um dos mais célebres é certamente o de Régulo[47]. Tal não tem impedido muitos comentadores de procurar uma fonte grega a esse passo, seja ela Posidónio, seja Atenodoro Calvo[48]. Em artigo recente e já citado, Andrew R. Dyck contra-argumenta, com fundamentadas razões, que não é este o género de casos que Cícero vai buscar a modelos gregos. Não vamos repetir aqui os motivos aduzidos[49], mas apenas acrescentar-lhe mais um: embora não saibamos o que sobre Régulo possa ter escrito Posidónio, resta-nos a versão do

---

[43] *De Officiis* 3.2.7.

[44] A primeira carta citada é *Ad Atticum* 16.11.4; a segunda, *Ad Atticum* 16.14.4.

[45] *De Officiis* 3.2.8.

[46] *De Officiis* 3.7.34.

[47] *De Officiis* 3.26-27.99-100.

[48] Respectivamente, tese de O. GIGON, *op. cit.*, p. 271, e de M. POHLENZ, *Kleine Schriften*, Hildesheim (1965), I, 282-283.

[49] R. DYCK, Andrew, *op. cit.*, 225-226.

historiador Políbio, e este desconhece a ida do antigo cônsul a Roma, e sua lealdade à *fides* prestada aos Cartagineses, para, sob liberdade condicionada, negociar a troca da sua pessoa por jovens Cartagineses detidos pelos Romanos – o que Régulo não fez, porque preferiu o bem da sua cidade, oferecendo-se ele ao suplício que o esperava; pelo contrário, Políbio só faz reflexões sobre a insolência do general romano, quando vencedor, em contraste com a sua humilhação depois de vencido, implorando que lhe poupassem a vida[50]. Eram bem diferentes, pois, os termos em que a tradição romana apresentava esta figura da Primeira Guerra Púnica: exemplo infalível, citado nas escolas a todo o momento, como se deduz de diversas cartas de Séneca[51], e o próprio Cícero a ele se referira, exaltando a sua *virtus, fides* e *constantia* – que o tornavam mais feliz do que Balbo no seu leito de rosas – no tratado composto no ano anterior, o *De Finibus*[52].

Para além da questão das fontes, nunca completamente solúvel, enquanto nos faltarem os originais gregos que poderiam ter sido utilizados – sejam eles Panécio ou Posidónio, Diógenes de Babilónia, Antípater de Tarso ou Hecatão de Rodes[53] – há diversas ideias tipicamente romanas que só por si constituiriam motivo de interesse para a leitura da obra. Uma é o conceito tão latino do *otium cum dignitate* – atribuído a Cipião-o-Africano no prefácio do Livro III, para o adaptar ao comportamento actual do próprio autor –, bem como outras ideias morais caras aos Romanos da época republicana, tais como *clementia, fides*. É a não-observância da *fides*, declara Cícero em passo célebre da obra, que está a fazer com que sejam castigados com razão (*iure plectimur*). Recordaremos apenas o começo desse famoso texto[54]:

> Em tal assunto, gosto mais de lembrar factos de outros povos do que nacio-
> nais. Contudo, enquanto era a generosidade que mantinha o império do povo
> romano, e não a injustiça, enquanto se fazia guerra para defender os aliados ou
> para preservar o poderio, o fim das guerras era brando e a severidade só exer-
> cida quando necessária, o Senado era porto de abrigo de reis, povos e nações, e
> os nossos magistrados e generais ansiavam por obter um único título de glória,
> o de terem defendido as províncias e os aliados com justiça e com lealdade.

De outra noção importante, a de guerra justa, fizemos já menção anteriormente. É nesta linha de pensamento que Cícero proclama que é *caritas* ('o amor') que deve governar o mundo e vencer o ódio[55].

---

[50] POLÍBIO 1.29-35.

[51] E.g. *Ad Lucilium* 7.67.7.12; 8.71.17; 16.98.12.

[52] *De Finibus* 2.20.65. O gesto de Régulo ficou célebre também graças à ode V do Livro III de Horácio.

[53] Todos estes autores são citados por Cícero. Mas R. DYCK, Andrew, *op. cit.*, p. 227, limita as fontes a três: Panécio, Posidónio, Cláudio Quadrigário.

[54] *De Officiis* 2.8.26-27.

[55] *De Officiis* 2.7.23-24.

Bastariam estas doutrinas para assegurar um lugar de eleição ao *De Officiis*. Mas há ainda outros passos de interesse, de que salientamos dois: um é o que recomenda que se exija serviço aos escravos, mas que se lhes dê o que é justo[56]; outro, o que define a atitude perante o trabalho[57]. Este último trecho tem sido geralmente apontado como prova de que os Romanos desprezavam o trabalho manual e as profissões ditas humildes. Não é isso, no entanto, o que lá se declara. Cícero limita-se a condenar as actividades que são "escravas dos prazeres", como a cozinha demasiado requintada, as profissões de perfumista, dançarino e jogador, contrapondo-lhes a medicina, a arquitectura, o ensino "de coisas honestas". Aceita o comércio, se praticado em grande escala, sem fraude e para benefício de muita gente. E exalta a agricultura, como já o fizera Catão, e como depois o fariam Varrão e Virgílio. Neste, como noutros pontos, insere-se numa linha de pensamento que une os mais altos representantes da cultura romana, e que se encontra cristalizado naquelas histórias em que se contava que o Senado fora arrancar à charrua o magistrado que havia de salvar a República, como Cincinato ou Manius Curius Dentatus. De resto, a consideração pelo *labor* é precisamente um dos valores que singularizam a cultura romana.

Consagrado a tornar acessível uma moral prática, aplicada a situações concretas, compreende-se que o *De Officiis* tenha sido muito lido e se possa ter dito acerca dele que ajudou a formar consciências, directa ou indirectamente, na Europa medieval e renascentista. Para já não falar da sua "cristianização" por Santo Ambrósio, há toda uma série de autores antigos, clássicos e profanos, que o citam ou dele são tributários. No séc. XIII, a sua influência faz-se sentir sobre S. Tomás de Aquino. No Quattrocento, o redescobridor de várias obras de Cícero, Petrarca, possui uma cópia, que ainda hoje se conserva (o Ms. T), anotada pela sua própria mão. Depois há o entusiasmo dos Quinhentistas, e de tantos outros que se lhes seguem[58].

É grato pensar que, nesse tempo, acompanhávamos o movimento da Europa culta. E que precisamente a primeira obra de um autor clássico a ser vertida para português tenha sido o *Livro dos Ofícios de Marco Túlio Ciceram, o qual tornou em linguagem o Infante D. Pedro*. Dedicado ao Rei D. Duarte, logo, composto entre 1433 e 1438, e figurando no rol dos livros do monarca – que viria a utilizar largos excertos dele no cap. LVIII do *Leal Conselheiro* – como "Marco Tullio, o qual tirou em lingoagem o Ifante D. Pedro", resultou do gosto pela leitura de tal obra e do pedido que outros lhe fizeram para que a traduzisse:

> E por que eu nom sey per que aventuira se acertou que huũ livro, que assaz dannos ha me deu vosso Irmaão, o Iffante Dom Fernando, o qual Tullio compos, e chámasse "dos Oficios", em este anno passado tomey afeiçom a

---

[56] *De Officiis* 1.13.41.

[57] *De Officiis* 1.42.150-151.

[58] Pode ver-se uma enumeração no prefácio da edição, já referida, de M. Testard, Tomo I, 67-70.

leer per elle. E quanto mais liia, tanto me parecia melhor e mais virtuoso, e nom soomente a mym, mas assy parecia a alguũs outros a que eu liia em portugues alguũs seos capitulos, em tanto que per elles algũas vezes fuy requerido que tornasse este livro em esta linguagem.

No prosseguimento da sua justificação, o Infante tem consciência de que o seu estilo não está à altura do de Cícero, que aqui alcançou os seus mais "fremosos latiĩs", em quantas obras dele conhece, parecendo-lhe esta "a milhor ditada" e mais proveitosa. Modestamente declara "cam pouco eu entendo do latim" e que "a minha maneira descrever em linguagem [...] nom he abastante ao seu mui notável estillo", embora mostre adiante, nas considerações que tece sobre o *De Officiis*, como soube entender o seu verdadeiro alcance.

Notem-se três pontos essenciais: o livro havia sido uma oferta, "assaz dannos ha", do Infante D. Fernando (talvez o mesmo exemplar que constaria da biblioteca do Condestável D. Pedro); o Duque de Coimbra toma o hábito, não só de o ler para si, mas de traduzir capítulos para português a amigos seus (o que está em consonância com as proveitosas leituras de que fala Rui de Pina no cap. 125 da *Crónica de D. Afonso V*); conhece outras obras do Arpinate, e considera esta a mais útil e bem escrita (embora mais adiante observe que o Livro III era um tanto obscuro).

Ora, citações do *De Officiis* figuravam já no *Livro da Virtuosa Benfeitoria,* cuja data de composição fixámos entre 1418 e 1425, e que, de qualquer modo, é dedicado a D. Duarte ainda príncipe[59], e nesse livro se afirmava também "ensinança nos de Tullio, que entre os philosophos moraaes em bem fallar tem frol graciosa"[60]; dos autores profanos, é este o mais referido, depois de Aristóteles (nada menos de onze vezes, contra as trinta e seis do Estagirita)[61].

Por todos estes factos, e sobretudo pelo trabalho de comparação, feito por Joseph Piel na sua edição do *Livro dos Ofícios*[62], entre esta versão e a castelhana, por Alfonso de Cartagena, datada de 10 de Janeiro de 1422, damos como provado que se trata de trabalhos independentes, ou seja, por outras palavras, que a tradução do Duque de Coimbra assenta no original latino. Lembraremos de passagem que outro tanto julgamos ter mostrado quanto às "Heticas d'Aristotelles", que o mesmo Adayam de Santiago ordenou para D. Duarte, e o conhecimento da *Ética a Nicómaco* na versão latina por parte do Infante D. Pedro, testemunhado por um passo do *Livro da Virtuosa Benfeitoria*[63].

Além disso, pela procura acurada do equivalente português, quer para termos latinos, quer para alguns termos gregos que figuram no original, a versão vale,

---

[59] Sobre as razões desta datação, veja-se o nosso artigo "Helenismos no Livro da Virtuosa Benfeitoria", *Biblos,* 57 (1981) 313-358, especialmente 316-318.

[60] *O Livro da Virtuosa Benfeitoria* ed. Joaquim Costa, 2.ª ed., Porto (1940), 75.

[61] O facto foi já notado por R. RICARD, *Études sur l'histoire morale et religieuse du Portugal*, Paris (1970), 119.

[62] *Livro dos Ofícios*, ed. Joseph M. Piel, Coimbra (1948), XII-XVII.

[63] Cf. o nosso artigo, já citado, "Helenismos no Livro da Virtuosa Benfeitoria", 351-352 e nota 92.

não só como documento cultural, mas também – para citar as palavras de Joseph Piel – como "um documento interessante da crise, em que a Língua se encontrava no momento da transição entre a Idade Média e o Renascimento, quando se vê constrangida a satisfazer as exigências não só de novos géneros literários, como ainda de um novo ideal de civilização"[64].

Mas não é só esta obra de Cícero que passa ao domínio cultural português pela acção do Infante D. Pedro: é ele quem apresenta a D. Duarte a versão do *De Amicitia*, pelo Prior de S. Jorge, em carta notável, em que discorre, ele mesmo, sobre o valor da amizade[65]; ele que encarrega Vasco Fernandes de Lucena de "tornar de latim em linguagem" o *Livro de Velhice de Túlio*[66]. E a diferença entre a elevação intelectual da epístola do príncipe e a banalidade das considerações do proémio do cronista-mor ao seu trabalho é bem reveladora. O maior interesse deste prefácio reside, aliás, nas declarações – em consonância com Rui de Pina, que chama "bem latynado" ao Infante[67] – sobre o seu conhecimento da língua:

> ...e como quer que eu veja certo que entendeis o latim mui cumprida-mente, e que as obras de Tulio vos são assim familiares, que não haveis mister glosa nem interpretação para as entender...

Da versão do *De Officiis*, bem como da do *De Senectute* se aproveita muitas vezes D. Duarte no *Leal Conselheiro* – para além de outros textos de Cícero. Fernão Lopes e Zurara também o tomam como autoridade – geralmente por via indirecta, ou pela versão do Infante D. Pedro ou do *De regimine principum* de Egídio Romano, como foi há muito demonstrado por Joaquim de Carvalho[68].

Da continuidade deste magistério tuliano, já na plena luz do humanismo renascentista, não nos cabe ocupar-nos aqui. O interessante é notar o papel exercido pelo corte de Aviz e pelos homens de letras que gravitavam na sua órbita na difusão do conhecimento do tratadista latino.

Convém, no entanto, não esquecer que, mesmo antes deste surto cultural, a presença ciceroniana se fazia sentir entre nós, pelo menos desde o século anterior. No *Speculum Regum* de Álvaro Pais, por exemplo, Cruz Pontes contou meia centena de citações[69]. E ainda que o conhecimento do *Boosco Deleitoso*, talvez dos começos

---

[64] *Livro dos Ofícios*, cit., p. XXXVII.

[65] Publicada por D. António Caetano de Sousa nas *Provas de história genealógica da casa real portuguesa* I, III, 18, e reeditada com correcções por A. J. DIAS DINIS, em apêndice ao seu artigo "Quem era Fr. João Verba, colaborador literário de el-rei D. Duarte e do Infante D. Pedro", *Itinerarium* 10-11 (1956), 484-485.

[66] Prólogo publicado por Joseph Piel em apêndice ao prefácio à sua edição do *Livro dos Ofícios*, XLIII-XLVI.

[67] *Crónica de D. Afonso V*, cap. 125.

[68] "Sobre a erudição de Gomes Eanes de Zurara", *Biblos*, 25 (1949) 43-45, e *Cultura Filosófica e Científica* in: "História de Portugal" dir. Damião Peres, Portucalense Editora (1932), vol. IV, p. 517.

[69] No seu artigo *Cícero em Portugal*, na "Enciclopédia Verbo".

do Quattrocento, deva ser de via indirecta, vale a pena notar com que reverência se refere à grande figura[70]:

> ... e foi-me dito que era um poeta filósofo que havia nome Ciceram [...] e porque fôra gentil e nom fôra católico, porém a guirlanda que trazia, que perteence aos poetas, era sêca...

> ... Dom Ciceram, filósofo e grão poeta...

Para bem entendermos estes qualificativos, temos de ter presente que 'poesia' não é ainda uma arte autónoma na Idade Média, como observou Curtius, e que a palavra normalmente usada para o acto de compor é 'ditar'[71].

Falámos há pouco de via indirecta porque, conforme foi demonstrado há anos por Mário Martins, o *Boosco Deleitoso* é, na sua maior parte, uma tradução do *De Vita Solitaria* de Petrarca[72]. Mas aqui, como em Fernão Lopes e Zurara, o desvio não lhe diminui o significado.

De muitas maneiras, desde o séc. XIV Cícero marca uma presença continuada no meio cultural português. E, embora não se possa dizer de nenhum monarca lusitano que aos dezasseis anos tivesse lido quase todos os livros de Túlio com o seu preceptor, como se conta acerca de Isabel I de Inglaterra, houve entre nós, pelo menos dois membros da dinastia de Aviz que mostravam conhecê-lo, e com isso ofereciam um modelo aos seus súbditos: o autor do *Leal Conselheiro* e o da *Virtuosa Benfeitoria*. E este último fez mais ainda, pois traduziu ou mandou traduzir algumas das obras de maior valor formativo do grande autor latino. Que ele mesmo tenha dado o exemplo com o *De Officiis* é uma escolha significativa, que se ajusta tão bem à sua personalidade como aquela síntese magnífica que, muitos séculos depois, Fernando Pessoa havia de traçar do filho segundo do Rei da Boa Memória:

> Claro em pensar, e claro no sentir,
> É claro no querer;
> Indiferente ao que há em conseguir
> Que seja só obter;
> Dúplice dono, sem me dividir,
> De dever e de ser.

---

[70] Citações, respectivamente do cap. 30, p. 71, e do cap. 100, p. 228, da edição do *Boosco Deleitoso* por A. Magne, Rio de Janeiro (1950).

[71] CURTIUS, *Europaiesche Literatur und lateinisches Mittelalter*, Darmstadt (1973), 160. Para exemplos abonatórios do sentido de "ditar", vide o nosso artigo "Helenismos no Livro da Virtuosa Benfeitoria", 348-349.

[72] "Petrarca no Boosco Deleytoso", *Brotéria*, 38 (1944) 367-373; *Estudos de Literatura Medieval*, Braga (1956), 131-143.

5. VIRGÍLIO, POETA DA PAZ E DA MISSÃO DE ROMA[*]

No primeiro século da nossa era, já o poeta Estácio chamava templo ao túmulo de Virgílio[1], e um contemporâneo daquele, Sílio Itálico, celebrava anualmente o *dies natalis* do Mantuano com mais devoção que o próprio[2]. Um e outro tinham sonhado – e tentado, embora sem êxito – compor uma grande epopeia, como o Mestre. A glória de rivalizar com Virgílio estava destinada a autores de outras épocas – àquele que o tomou por guia da visita ao Inferno, chamando-lhe reverentemente *"tu duca, tu segnore, e tu Maestro"*[3]; ao cantor de "As armas e os barões assinalados"; ao criador visionário do *Paraíso Perdido*. Referimos apenas os poetas das grandes alturas, mas a intertextualidade virgiliana alarga-se, no tempo e no espaço, a um sem-número de escritores notáveis, que vêm até aos nossos dias (lembre-se a *Invenção de Orfeu* de Jorge de Lima[4]). Por isso todo o mundo culto celebrou há alguns anos o bimilenário de Virgílio como sendo o de um daqueles raros homens que merecem o título de pai do Ocidente ou seja, de toda uma unidade espiritual que é a cultura europeia.

Cabe perguntar, no entanto, o que diz ainda ao homem de hoje um poeta que, tornado um clássico logo após a sua morte, tem sido objecto de estudo e de admiração em épocas de espíritos tão diversos – e adversos – como o findar da Idade Média e o começar da era atómica. Colocando a questão nestes moldes, estamos a excluir do âmbito do nosso trabalho os confrontos eruditos com os Poemas Homéricos (começados na Antiguidade, com as *Saturnais* de Macróbio, e retomados por comentadores sucessivos até ao recente e monumental estudo

---

[*] Publicado em *Estudos em homenagem a Jorge Borges de Macedo*. Centro de Arqueologia e História da Universidade de Lisboa, Lisboa (1992), 73-85.

[1] Estácio, *Silvae* IV, 4.51-55.

[2] *Religiosius* – escreve Plínio-o-Moço III, 7.8.

[3] *Divina Commedia, Inf.* II, 140.

[4] A demonstração está feita por Luís Busatto, *Montagem em "Invenção de Orfeu"*, Rio de Janeiro (1978).

de Georg N. Knauer[5]); ou os exercícios de cálculo sobre o número e ordenação dos versos, para descobrir neles um significado mítico e um princípio imutável de simetria; a análise do esplendor das suas metáforas, da eufonia dos seus ritmos, do profundo sentimento da natureza e das criaturas, em que a sua arte literária se descombina; a investigação do valor histórico da tradição itálica subjacente à sua grande epopeia[6]. Se todos estes aspectos interessam ao estudioso do passado como objecto de pesquisa em si mesmos, não são eles que podem responder a esta pergunta fundamental: para além de um exemplo de perfeição formal só acessível aos que têm a dita de o ler na língua original, que nos oferece Virgílio em relação aos problemas dos nossos dias?

Cremos que a resposta está na constelação de valores éticos em que se move a sua poesia. Valores que tendem para uma aspiração do homem de todos os tempos – a paz alicerçada na justiça, na lealdade, na clemência. Tudo isto está prefigurado nas *Bucólicas* e nas *Geórgicas* e expresso na *Eneida*, entrelaçado com outro ideal que começara a esboçar-se desde os mais antigos poetas, se afirmara com Cícero e atinge agora a plenitude – a noção da missão de Roma como pacificadora e organizadora dos povos.

As duas noções dificilmente poderão dissociar-se, como veremos em seguida.

Quando Virgílio nasceu, em 70 a.C., ainda a sua terra natal não gozava do direito de cidadania, que só veio a receber em 49 a.C. O poeta, assiste, aliás, ao sucessivo alargamento desse direito à Península, que o leva ao sentimento de uma vasta unidade geográfica, traduzida no magnífico elogio da Itália, no Livro II das *Geórgicas*[7]; à enganadora Paz de Brindes, em 40; ao triunfo de Octávio em Áccio, em 31; ao estabelecimento da *Pax Augusta*, enfim. Mas, até essa meta, quantos terríveis dissídios, quanta discórdia marcara a sua idade viril!

Tinha vinte e um anos na altura em que César passou o Rubicão, quarenta quando Marco António se suicidou em Alexandria. Entre um e outro acontecimento, a guerra civil entre César e Pompeu, a batalha de Farsália, o assassínio de César, o segundo triunvirato, a batalha naval de Áccio. Anos sucessivos de calamidades, que o poeta sente e interpreta desde o tempo em que compunha bucólicas ao gosto de Teócrito. Autobiográficas ou não – para o efeito, tanto importa – a I.ª e IX.ª dessas poesias retratam a situação angustiante em que ficaram os habitantes de

---

[5] *Die Aeneis und Homer. Studien zur poetischen Technik Vergils mit Listen der Homerzitate in der Aeneis,* Goettingen (1979).

[6] Uma resenha crítica da bibliografia sobre estes tópicos – que é imensa e não cessa de aumentar – pode ver-se, por exemplo, em J. Perret, *Virgile,* Paris (1967), 172-191. Mais recentemente, o estudo com que S. J. Harrison abre a colectânea de artigos por ele organizada *Oxford Readings in Vergil's* Aeneid, Oxford (1990), com o título "Some Views of the Aeneid in the Twentieth Century" faz uma síntese brilhante das principais tendências.

[7] *Georg* II, 136-176.

Cremona e de Mântua, quando os triúnviros, após a batalha de Filipos, confiscaram as terras aos camponeses, para recompensar os veteranos dos seus exércitos[8]:

> Nós abandonamos a terra pátria e seus doces campos;
> Nós da pátria fugimos ....

diz tristemente, no começo da I.ª *Bucólica*, o pastor Melibeu, para mais adiante continuar, ao fazer o contraste entre a sua sorte e a de Títiro[9]:

> Afortunado ancião! Aqui, no meio dos rios de sempre
> E de sagradas fontes, gozarás a frescura da sombra.

e, mais tarde[10]:

> Mas nós partiremos daqui, uns para África sequiosa,
> Outros iremos para a Cítia e para o Oaxes que arrasta greda na sua torrente
> E para os Bretões de nós separados pelo mundo inteiro.
> Será que algum dia, muito tempo volvido, tornarei a ver
> O telhado de colmo do meu pobre tugúrio?
> Será que, tempos depois, verei o meu reino e nele as espigas?
> Um ímpio soldado os alqueives tão cuidados irá possuir?
> Um bárbaro terá estas searas? Eis até onde a discórdia
> Os míseros cidadãos conduziu! Para eles semeámos os campos!

O amor à terra, religiosamente cultivada, o horror da discórdia, o isolamento de quem se afasta para lugares inóspitos – eis, sob o disfarce pastoril, um cenário característico dos nossos dias.

Quer tenha sido escrita antes, como uns pretendem, quer depois, como julgam outros, a IX.ª *Bucólica* reencarece sobre o tema do despojamento das terras, na primeira resposta do pastor Méris[11]:

> Ó Lícidas, ter a nossa vida chegado ao ponto
> Em que um estranho, de posse do nosso campinho
> (O que nunca temêramos), dissesse: "Isto é meu; colonos antigos, emigrai!"
> E agora, vencidos, tristes, já que o destino tudo subverte
> É a ele que levamos (que a sorte o confunda!) os nossos rebanhos.

---

[8]   *Buc.* I, 3-4.
[9]   *Buc.* I, 51-52.
[10]   *Buc.* I, 64-72.
[11]   *Buc.* IX, 2-6.

O tema inverso, da produtividade espontânea das terras enfim pacificadas e regressadas à idade do ouro, no meio da paz e da concórdia geral, em visão mes-siânica cujo sentido exacto há dois mil anos se discute, está, como todos sabem, no cerne da IV.ª *Bucólica*.

Mas o começo das *Geórgicas*, compostas, segundo refere a tradição antiga, anos depois[12], retoma o motivo da indigência dos camponeses, ao chamar para eles a atenção de Augusto[13]:

> Concede-me um percurso fácil, sê propício à empresa audaz,
> Compadece-te, como eu, dos homens ignaros do campo,
> Precede-me no caminho, e costuma-te desde já a ser invocado.

Aliás, o poema foi concebido – e aqui não há razão para dúvida, uma vez que é o próprio autor que o declara – por insistência de Mecenas (*haud mollia iussa*)[14], como parte da política de Augusto, de regresso à agricultura, fonte de riqueza e de paz.

É no elogio a tais potencialidades que termina o Livro II, num dos mais conhe-cidos e imitados passos de Virgílio – aquele que principia[15]:

> Felizes, por de mais felizes, se seus bens conhecessem,
> Os lavradores, a quem a própria terra justíssima,
> Longe da discórdia da guerra, derrama no solo o fácil sustento.

Nos campos, tudo é paz e tranquilidade; foi assim que se engrandeceu Roma (II, 534). O tema da paz já vinha de longe. Com ele terminava o Livro I, fazendo um apelo a Augusto para que a preservasse. Tocara-lhe ao de leve no segundo, ao ensinar a cultivar a oliveira, *placitam Paci nutritor olivam* (425). Voltara a ele no passo há pouco citado, ao sublinhar que é "longe da discórdia das armas" (*procul discordibus armis* – 458) que a terra equitativa distribui o alimento. Ao terminar o poema, depois do episódio, formoso entre todos, de Orfeu e Eurídice, data-o do momento em que o vencedor de Áccio administra a lei aos povos dela desejosos (*victorque volentis/per populos dat jura* – IV, 561-562).

As *Geórgicas* exortam os camponeses a cultivar a sua parcela de terra, e são a apologia e a dignificação do trabalho, desse *labor* que era um dos valores em que

---

[12] De acordo com o conhecido passo da *Vita Donati* 27, Virgílio recitou a poesia a Augusto, revezado por Mecenas, quando o imperador regressou vitorioso de Áccio. A crítica moderna diverge quanto à cronologia das várias partes da obra. Veja-se, entre outros, J. Perret, *Virgile*, Paris (1967), 49-55.

[13] *Georg.* I, 40-42.

[14] *Georg.* III, 41. Sobre esta *vexata quaestio*, veja-se a discussão de E. de Saint-Denis na introdução à sua edição das *Geórgicas*, Paris (1974), V-XIV, com bibliografia.

[15] *Georg.* II, 458-460.

assentava a cultura romana, desde os tempos de Catão-o-Censor[16]. *Labor omnia vicit/ improbus* (I, 145-146) – como se lê numa das sentenças mais célebres de todos os tempos. O *labor* da *Eneida* será outro. É a missão de Eneias, que se confunde com a missão de Roma, prefigurada ou anunciada em múltiplos passos do poema: na profecia de Júpiter a Vénus, no Canto I (254-296); na de Apolo em Delos, no Canto III (92-98); na fala de Júpiter a Mercúrio, para que lembre a Eneias os seus deveres, no Canto IV (229-237); e, logo a seguir a esse passo, na exortação do Cileneu[17]:

> Se em ti nada influi a glória de tamanhos feitos,
> Nem metes ombros à empresa por amor da tua glória,
> Olha para Ascânio que está a crescer, e a herança de Iulo
> A quem é devido o reino de Itália e a terra romana.

A empresa é o *labor* de Eneias (a palavra é mesmo a que figura no original), e a obediência às suas exigências a chave do seu carácter. *Italiam non sponte sequor* ("não é por minha vontade que busco a Itália") é a sua desculpa a Dido[18]. O herói vai fazer-se ao largo[19]:

> Gemendo e com o coração desfeito por tão grande amor,
> Cumpre, no entanto, as ordens divinas, e regressa aos navios.

Eneias é o herói estóico, como estóicos eram os Romanos que fizeram a grandeza da sua cidade, antes mesmo de terem assimilado o sistema filosófico grego que mais havia de coadunar-se com a sua índole[20]. Os Romanos eram superiores pelos seus costumes e leis, pela sua disciplina; tinham mais *gravitas, constantia, magnitudo animi, probitas, fides* – escrevera Cícero nas *Tusculanas* I, 1, ao fazer o inevitável paralelo com os Gregos; estes superavam-nos na cultura e na literatura. O mesmo contraste será retomado por Virgílio, num dos passos mais conhecidos da sua epopeia[21]:

> Outros modelarão, bem o creio, bronzes com vida
> E sem dureza; extrairão do mármore seres animados;
> Defenderão melhor as causas; medirão com o compasso

---

[16] Fr. 128 Malcovati. Cf. também Columela XI, 1.26. Sobre a importância desta noção entre os Romanos, vide Dieter Lau, *Der lateinische Begriff Labor*, München (1975).

[17] *Aen.* IV, 272-275.

[18] *Aen.* IV, 261.

[19] *Aen.* IV, 395-396.

[20] Sobre a discutida questão, veja-se entre outros, o artigo de C. M. Bowra, "Aeneas and the Stoic ideal", *Greece and Rome* 3 (1933-1934), 8-21 (reimpresso em *Oxford Readings in Vergil's Aeneid* ed. S. J. Harrison), Oxford (1990), 363-377.

[21] *Aen.* VI, 847-853.

O curso dos céus e anunciarão o nascer dos astros.
Tu, Romano, sê atento a governar os povos com o teu poder
– estas serão as tuas artes – a impor hábitos de paz,
A poupar os vencidos e derrubar os orgulhosos.

Pax, clementia, justitia num império organizado – são os conceitos fundamentais postos na boca de Anquises, no momento em que está prestes a terminar a passagem em revista dos futuros heróis romanos nos Campos Elísios. Um canto central no poema – o Canto VI – onde podemos ver, na escolha dos males que, à entrada do Orco, atormentam os homens[22]

.... a mortífera Guerra,
Os férreos tálamos das Euménides e a delirante Discórdia,
Com os vipéreos cabelos atados com fitas sangrentas

e na enumeração dos supliciados no Tártaro (onde não faltam os que violaram a *fides*, ludibriando os clientes, e os que fizeram a guerra civil, faltando aos juramentos), e dos eleitos dos Campos Elísios, perfilarem-se os grandes valores éticos, depois retomados, no Canto VIII, na selecção dos motivos do escudo de Eneias. Como muito bem notou Williams, as lendas representadas neste último correspondem às virtudes do carácter dos Romanos: a loba e os gémeos simbolizam o poder de sobrevivência; o rapto das Sabinas, o enxertar de ideias religiosas e sociais no valoroso ardor dos homens de Rómulo; a história de Mettius, o castigo do perjúrio (ofensa à *fides*); a invasão de Porsena, o amor à liberdade, a resistência à tirania, conseguida pela *fortitudo* (Horácio Cocles e Clélia); a defesa do Capitólio, a recompensa divina pela prática da justiça; as cenas no Elísio e no Tártaro, finalmente, ilustram o castigo da rebelião (Catilina) e o triunfo da justiça (Catão de Útica)[23]. No centro do escudo, a batalha de Áccio é vista como a vitória da civilização sobre a barbárie – dum lado César Augusto com a Itália, o Senado e o povo, os Penates e os grandes deuses; do outro, Marco António com os povos do Oriente e Cleópatra, "com bárbaros recursos e armas diversas", "os monstros dos deuses do Nilo e o ladrador Ânubis", e

No meio do combate, Mavorte furioso,
Está cinzelado em ferro, bem como as tristes Fúrias, vindas do éter.

---

[22]   *Aen.* VI, 280-282.

[23]   R. D. Williams, *The Aeneid of Virgil. Books 7-12*, London (1973) 265-266. Sobre o estudo de Eneias e sua relação com o poema veja-se K. W. Gransden, *Aeneid. Book VIII*, Cambridge (1976), 161-163, e bibliografia aí citada, e ainda C. J. Fordyce, *P. Vergili Maronis Aeneidos Libri VII-VIII*, Oxford (1977), 270. Para uma leitura simbólica do universo representado, muito em voga ultimamente, veja-se Philip Hardie, *Virgil's Aeneid: Cosmos and Imperium*, Oxford (1986), cap. 8, e Jacques Romeuf, "Le bouclier d'Énée (*Aen.* VIII, 626-731: Imagination picturelle et création littéraire", *Revue des Études Latines*, 62 [1984], 143-165).

Com sua veste rasgada caminha a Discórdia jubilosa;
Segue-a Belona, com o sanguíneo chicote.

Cena de terror e de confusão, em contraste com o espectáculo do tríplice triunfo de Augusto, celebrado no meio "de alegrias, de jogos, de aplausos"[24].

Mas, se este final grandioso liga o passado com o presente, dando o relevo máximo àquele momento decisivo na história do mundo, a parte central do mesmo canto fizera já algo de semelhante, em tom diferente, no episódio da visita de Eneias a Evandro, quando o rei arcádio conduz o herói ao futuro lugar de Roma[25]. A lição agora é de simplicidade, de *paupertas*, por um lado, de religiosidade, pelo outro. Quando convida o Troiano a entrar na sua cabana, Evandro sublinha esse princípio moral, que constitui uma advertência velada aos contemporâneos[26]:

Assim que chegaram ao sítio: "Este limiar", exclamou,
"Alcides o cruzou, vencedor; este palácio o recebeu.
Ousa, ó meu hóspede, desprezar as riquezas; mostra-te também
Digno de um deus, e caminha sem azedume para a nossa pobreza."
Disse, e sob os tectos da sua estreita morada
Conduz o grande Eneias, e instala-o num leito
Feito com folhas e com a pele de uma ursa da Líbia.
A noite cai, e com as suas asas sombrias envolve a Terra.

Um formoso *intermezzo* de paz, este Canto VIII, a que não faltam outros episódios justamente célebres, como o sonho de Eneias e a subsequente subida do Tibre, com as águas subitamente amansadas como um lago, a surpresa emocionada das ondas, do bosque das margens, enquanto, ao abrigo do túnel de folhagem, na líquida e plácida superfície, cortam o caminho sobre a imagem das florestas virentes[27].

Mas a *Eneida* não é isto – objectará o leitor versado em Virgílio. A *Eneida* principia, como toda a gente sabe, *arma virumque cano* e termina com uma cruel cena de combate singular, em que Eneias mata Turno, seu rival. A *Eneida* gasta um livro inteiro – o segundo – a contar a queda de Tróia. E consagra a segunda metade (Cantos VII a XII, com breves interlúdios) a descrever as guerras travadas com os Latinos, até assegurar pela força a posse do Lácio. O poema compraz-se, no final

---

[24] *Aen.* VIII, 685, 698, 700-704, 917.

[25] *Aen.* VIII, 280-369. O contraste entre a Roma primitiva e a que Octávio encontrou "de tijolo e deixou de mármore" havia de tornar-se um lugar comum da poesia do Século de Augusto. Cf. Tibulo II, 5.19-66; Propércio IV, 1.1-70.

[26] *Aen.* VIII, 362-369.

[27] *Aen.* VIII, 86-96.

do Canto VII, em enumerar, com grande aparato, o exército itálico[28], e, ao longo do X, em fazer o catálogo dos aliados[29], em descrever o longo combate ao fim do qual Turno mata Palante, os feitos bélicos de Mezêncio, *contemptor deum*, a morte do filho deste, Lauso, às mãos de Eneias, e a do próprio rei dos Etruscos[30]. A figura radiosa de Camila, rainha dos Volscos, que surgira no final do Canto VII, é também abatida ao terminar o XII. Dos dois heróicos jovens, Niso e Euríalo, ambos morrem numa expedição nocturna, no Canto IX, depois de se terem sacrificado em vão numa tentativa de prevenir Eneias, ausente, do ataque dos Rútulos[31].

Mas este mesmo episódio nos elucida sobre o sentir último do poeta. Mal um amigo acaba de cair sobre o cadáver do outro, o narrador exclama compadecido[32]:

> Afortunados ambos! Se algo podem os meus carmes,
> Nem um só dia jamais vos subtrairá à lembrança do tempo,
> Enquanto a casa de Eneias habitar do Capitólio
> O rochedo inamovível, e o senhor romano detiver o poder.

Exemplo de temeridade vã, que o poeta comenta com sentidas palavras. A *amicitia* e a *fides* que ligavam os dois jovens ficaram, no entanto, a assinalar o acidentado caminho para a paz que é toda a segunda metade da *Eneida*. Outros jovens encarnarão outras virtudes. Palante, filho de Evandro, define-se nas palavras com que desafia Turno[33]:

> Ou os despojos opulentos que te arrebatar ou uma morte insigne
> Farão minha glória. Para o meu pai, ambos os destinos valem, o mesmo.
> Basta de ameaças! ....

A Lauso, filho de Mezêncio, o rei crudelíssimo para quem "o seu deus era o seu braço"[34], até Eneias admira, como exemplo de dedicação filial, dessa *pietas* de que o próprio herói do poema é o mais excelso modelo. Lauso perde a vida em defesa do pai. Eneias procurara desviá-lo dessa sorte, em homenagem à sua *pietas*[35]:

> Para onde vais ao encontro da morte, ousando cometer feitos
> Acima das tuas forças? A tua dedicação ilude a tua imprevidência.

---

[28] *Aen.* VII, 641-817.

[29] *Aen.* X, 163-214.

[30] *Aen.* X, 362-509, 689-793, 794-908.

[31] *Aen.* IX, 175-448.

[32] *Aen.* IX, 445-448.

[33] *Aen.* X, 449-451.

[34] *Aen.* VIII, 481-488; X, 773-774.

[35] *Aen.* X, 811-812.

O jovem encarniça-se no ataque, e cai sob os golpes de Eneias. Mas este não exulta com a vitória, à maneira homérica, e, ao contrário do que a prática guerreira de longas eras lhe consentia, não o despoja das armas[36]:

> Mas quando o filho de Anquises viu do moribundo
> O vulto e o rosto, o rosto a empalidecer de modo estranho,
> Gemeu, com profunda compaixão, estendeu a dextra
> E a imagem do amor por seu pai aflorou-lhe o espírito.
> "Que há-de agora dar-te, mísera criança, pelo teu mérito,
> Que te dará o piedoso Eneias, que seja digno de tal carácter?
> Fica com as armas, que foram a tua alegria; a ti, mandarei,
> Se disso tens cura, aos Manes e cinzas de teus antepassados."

Este acto magnânimo, visto à luz da ética militar antiga, contrasta com a atitude de Turno, que, depois de matar Palante, tripudiara sobre ele e lhe tirara as armas[37], também aí, nova intervenção do poeta, mas em sentido inverso do que vimos anteriormente[38]:

> A mente do homem não conhece o destino e o futuro,
> Nem sabe conservar a medida, quando a fortuna é propícia!
> Tempo virá para Turno em que bem quereria, por alto preço,
> Ter deixado Palante intacto, e em que estes despojos e este dia
> Há-de odiar!

O final do poema, mais de dois mil versos adiante, dir-nos-á porquê. Os dois grandes opositores, Eneias e Turno, vão medir-se em combate singular. Os juramentos estão feitos, mas as tréguas ficam em perigo quando Tolúmnio atira um dardo contra o exército troiano. No meio da perturbação geral, Eneias detém os seus homens e concentra em si todo o perigo[39]:

> Para onde ides? Que discórdia é esta que surgiu?
> Oh! Reprimi a fúria! Já o pacto está firmado, e as condições
> Todas concertadas; só a mim é lícito combater;
> Deixai-me e não hajais temor ....

---

[36] *Aen.* X, 821-823.
[37] *Aen.* X, 490-500.
[38] *Aen.* X, 501-503.
[39] *Aen.* XII, 313-316.

Eneias está ferido, mas, curado por intervenção de Vénus, regressa ao combate e vence Turno. Este suplica-lhe que lhe poupe a vida, sem que a prece seja atendida. Esta parte do esquema é comum ao modelo da *aristeia* homérica, e como tal deve ser entendida[40]. Porém duas alterações fundamentais evidenciam a típica sensibilidade virgiliana. Turno pede a Eneias que o deixe viver ou que, ao menos, devolva aos seus o cadáver que em breve será, e o vencedor está prestes a ceder[41]:

> .... Deteve-se Eneias, terrível na sua armadura,
> Volvendo os olhos, e susteve a mão direita.
> Já as palavras começavam a flecti-lo, e hesitava cada vez mais,
> Quando por desgraça apareceu no cimo do ombro de Turno o boldrié
> E sobre o cinturão brilharam os conhecidos pregos
> Do jovem Palante, a quem Turno ferira e derrubara, vencido;
> Era essa insígnia do inimigo que o rei trazia aos ombros.
> Assim que embebeu os olhos na vista dos despojos,
> De cruel dor reminiscentes, inflamado pelas Fúrias e com ira terrível,
> Exclamou: "Hás-de porventura escapar-me, tu que estás revestido
> Dos despojos dos meus homens? É Palante que te imola com este golpe,
> Palante que castigo no teu sangue celerado."
> Enquanto isto dizia, enterra-lhe a lança no peito,
> Fremente de raiva; os membros perdem a força na rigidez da morte,
> E a alma, com um gemido, foge indignada para junto das sombras.

Na luta entre a *clementia* para com o inimigo e a *fides* devida ao amigo, venceu esta última. Ora Eneias simbolizava o povo romano e este era "o povo da *fides*", como expressivamente havia de chamar-lhe Pierre Boyancé[42]. Tal é a lição mais evidente do final da *Eneida*. Mas há ainda outra, mais discreta, mas não menos importante, como sinal, que é, do humanitarismo virgiliano. Referimo-nos à enigmática frase final, que é também a última do poema. É inegável que, em dois importantes momentos da *Ilíada* – a morte de Pátroclo e a de Heitor[43] – se lê uma descrição semelhante da partida da alma para o reino das sombras:

---

[40]   A análise estrutural deste tipo de episódios pode ver-se no livro famoso de Bernard Fenik, *Typical Battle Scenes in the Iliad. Studies in the Narrative Technique of Homeric Battle* Description, Wiesbaden (1968).

[41]   *Aen.* XII, 938-952.

[42]   Título de um conjunto de artigos do autor incluído na sua colectânea *Études sur la Religion Romaine*, Rome (1972), 135-152.

[43]   *Ilíada* XVI, 855-857 = XXII, 361-363.

A estas palavras, envolveu-o o termo da morte.
A alma evola-se dos seus membros para a mansão do Hades,
Gemendo a sua sorte, ao deixar a força da juventude.

A fórmula homérica está encurtada em Virgílio, mas a sua densidade emocional é reforçada pelo emprego de um adjectivo – *indignata* –, que figura igualmente num passo do Canto XI (831), em que a rainha dos Volscos recebe um golpe mortal de Arrunte. Por isso os comentadores têm discutido demoradamente o significado e a relevância da palavra em questão, neste contexto. Diremos, como K. W. Gransden, que "de todas as tarefas de Eneias, este último morticínio é o mais pesado, e, contudo, sempre o aguardara" e que "a hesitação no final é a do leitor, pois há uma escolha existencial que está feita para todos e imprime um certo cunho na humanidade"[44], e concordaremos com Williams em que a fórmula "encerra a *Eneida* com um sentimento de tristeza e desorientação, uma vez que a tónica se centra, não nos triunfos de Eneias, mas na tragédia da morte de Turno"[45]. É, afinal, o processo já notado por muitos autores, de sugerir mais do que exprimir, e designado por Kenneth Quinn como *implicit comment*[46].

O príncipe troiano é, como já dissemos, um homem a quem está destinada uma altíssima missão, que ele cumpre escrupulosamente. Não se considera feliz, porque gozar das alegrias da vida, vendo a paz e a concórdia em sua volta: não é o lote que lhe coube em sorte. A ele pertence exercitar a *virtus* e o *labor*, sem provar as respectivas recompensas. É este modo de pensar que está subjacente ao famoso passo em que, antes de regressar ao combate com Turno, se despede do filho[47]:

Depois que o escudo se ajustou ao flanco e a couraça ao dorso,
Deixando as armas, aperta Ascânio nos braços
E beija-o de leve, sob o capacete, com tais palavras:
"Aprende comigo, ó filho, a virtude e trabalho honesto;
A fortuna, com outros. Agora a minha dextra
Te protegerá em combate e te levará a grandes recompensas.
Procura, logo que atingires a idade viril,
Lembrar-te disto, e, fazendo por seguir o exemplo dos teus,
Que te incitem a memória de teu pai, Eneias, de teu tio, Heitor."

---

[44] *Virgil's Iliad. An Essay on Epic Narrative*, Cambridge (1984), 215.

[45] *The Aeneid of Virgil*. Books 7-12, cit., 509. Entre numerosos artigos que em anos recentes voltaram ao tema, salientamos, pela sua originalidade, o de R. Jenkyns, "Pathos, tragedy and hope in the Aeneid", *Journal of Roman Studies* 75 (1985), 60-77, que vê esta cena como a antítese do final da *Ilíada*: aqui a reconciliação dos povos está assegurada e até ratificada pela reconciliação entre Júpiter e Juno, pelo que o poeta pôde, a seguir, "compor um final sem paralelo em velocidade, densidade, excitação" (p. 74).

[46] *Virgil's Aeneid. A Critical Description*, London (1968), 339. A discussão da interrelação, não expressa, mas implícita, entre a morte de Lauso e a de Palante, pode ler-se *ibidem*, 341-343.

[47] *Aen.* XII, 432-440.

É que, conforme já dissemos e como escreveu William Sellar, em livro ainda actual, "a verdadeira tónica do poema não é o *arma virumque cano*, mas o *tantae molis erat Romanam condere gentem* ("tamanho era o esforço de fundar a raça romana"), verso esse com que encerra o exórdio."[48]

Uma série de ideias-mestras ligam, portanto, as três grandes obras de Virgílio entre si e trazem-nas até aos nossos dias.

Assim, o entusiamo pela Urbe aflorara já em conhecido passo da I.ª *Bucólica*[49]:

> Mas esta, de tal modo ergueu a cabeça acima das outras cidades,
> Quanto soem os ciprestes em meio dos flexíveis viburnos.

e passara às *Geórgicas*, quando, ao terminar o elogio da agricultura e suas virtu-lidades, exclama[50]:

> Esta foi a vida que levaram outrora os priscos Sabinos,
> Que levaram Remo e o Irmão; assim cresceu a Etrúria forte
> E, de tudo quanto há no mundo, Roma se tornou o mais belo,
> E com uma só muralha circundou sete colinas.

Da *Eneida*, já vimos que ela é de facto o poema do império romano[51]. E "o estudo – se não o elogio – de Roma é condição prévia de qualquer compreensão séria do desenvolvimento da civilização ocidental" – como observou há alguns anos David Thompson, ao prefaciar a sua antologia sobre "A Ideia de Roma"[52].

A ideia da grandeza daquela a que Tibulo havia de chamar, numa frase que ficou para sempre, *aeterna Vrbs* ("a Cidade eterna")[53] subtende a da generalização da paz, organizada e sustentada sob a sua égide, do modo que ficou imortalizado no passo do Canto VI que há pouco citámos.

Mas a paz é uma conquista que se alcança à custa da superação de confli-tos externos e internos, que tanto podem ser a guerra com os Rútulos como

---

[48] *The Roman Poets of the Augustan Age. Virgil*, Oxford, (¹1877, repr. 1941), 300.

[49] *Buc.* I, 24-25.

[50] *Georg.* II, 532-535.

[51] Cf. W. A. Camps, *An Introduction to Virgil's Aeneid*, Oxford (1969), 110: "The idea of Rome is thus the dominant value in the *Aeneid* and the primary motive of its action".

[52] *The Idea of Rome. From Antiquity to the Renaissance*, Alburquerque (1971), XI.

[53] II, 5.23-24: *Romulus aeternae nondum formauerat urbis/moenia.* O mesmo Tibulo exprime adiante (vv. 57-60), sob a forma de profecia, a noção da grandeza e da missão da Urbe:
> Roma, tuum nomen terris fatale regendis,
> Qua sua de caelo prospicit arva Ceres:
> Quaque patent ortus et qua fluitantibus undis
> Solis anhelantes abluit amnis equos.

a saída dilacerante de Cartago, em busca de terras desconhecidas, para nelas se estabelecer.

Desta série de conflitos, que lançam luz sobre a condição humana, avulta o que se desenrola entre o heroísmo, base natural de um poema épico, e a piedade, sentimento de uma época mais amadurecida[54].

É certo que, também aqui, já existiam precedentes homéricos. Que o último canto da *Ilíada*, em que o velho Príamo consegue do impetuoso Aquiles a devolução do cadáver de seu filho Heitor, era demonstrativo de um abrandamento de costumes, já Wolfgang Schadewaldt o demonstrou com grande finura de análise[55]. Mas essa ética tem ainda as suas limitações[56]. Aquiles recebe um avultado resgate e tem de ser advertido de que a sua cedência é da vontade dos deuses por sua mãe, a deusa Tétis[57]. A situação na *Eneida* é diferente, nos diversos passos em que tal conflito surge, e especialmente no final, que analisámos há momentos. A luta é agora entre dois sentimentos nobres, um, descendente em linha recta dos velhos ideais homéricos, a lealdade a uma amizade nunca desmentida. Mas o outro é novo, e estava na base do triunfo da expansão romana: a *clementia*, que juntamente com a *virtus*, a *iustitia* e a *pietas* figuravam no escudo de ouro que tinha sido colocado na Cúria, em comemoração das qualidades de Augusto. O lugar de eleição, que lhe é dado ao terminar o poema, é certamente bastante significativo. Tal como Dido no Canto I, Eneias parecia prestes a repetir[58]:

Não inexperiente do mal, aprendi a socorrer os infelizes.

A mudança súbita que se opera no seu espírito leva-o a tomar de novo a espada, para que a justiça seja cumprida. Justiça? A fórmula final, expressa nos termos que já analisámos, parece negá-la. É esse toque de humanitarismo, somado a tantos outros que fulgem ao longo da obra de Virgílio, que concorre, e não pouco, para assegurar a perenidade do valor da sua mensagem e nos faz ver nele, ao lado do poeta da beleza, o poeta da grandeza de Roma e o poeta da paz.

---

[54] A observação de que predomina na *Eneida* este conflito partiu de Dryden, *The Works of Virgil, Translated into English Verse*, ed. John Carey, vol. I (1819), 266, apud Kenneth Quinn, *Virgil's Aeneid. A Critical Description*, cit., p. 21.

[55] *Von Homers Welt und Werk*, Stuttgart, (³1959), 332-351.

[56] Cf. Karl Deichgraeber, *Der letzte Gesang der Ilias*, Mainz (1972), 91.

[57] *Ilíada* XXIV, 120-142.

[58] *Aen.* I, 630.

6. APOLOGIA DAS LÍNGUAS CLÁSSICAS PARA O NOSSO TEMPO[*]

A Professora Jacqueline de Romilly é geralmente considerada a mais distinta helenista francesa da actualidade. Conhecida no mundo dos especialistas desde o famoso livro *Thucydide et l'impérialisme athénien* (Paris, [1]1947), a que se seguiria a edição crítica do historiador para a Colecção das Universidades de França (em cinco volumes, 1953-1972, dos quais três da sua exclusiva responsabilidade), e diversas outras obras notáveis, de que salientamos, entre as mais recentes, *La modernité d'Euripide* (Paris, 1986) e *Les Grands Sophistes dans l'Athènes de Périclès* (Paris, 1988; já traduzido em inglês), celebrizada no mundo académico como a primeira mulher a ensinar no Collège de France, tem-se notabilizado ainda pela defesa que empreendeu do ensino de pendor literário em geral, e o das Línguas Clássicas em particular, ambos em risco de submersão pelo mundo da técnica.

Muito tem já conseguido a sua palavra autorizada e influente, quer junto do próprio Ministério da Educação Nacional, onde conseguiu que o prestigioso Jack Lang remediasse os erros do seu antecessor, quer através da imprensa, quer fundando uma associação de *Sauvegarde des enseignements littéraires* (francês-latim-grego, em primeiro lugar, mas também línguas e literaturas estrangeiras, filosofia, arte), que em menos de um ano recebeu sete mil adesões, entre as quais as de escritores, matemáticos, médicos e políticos.

Depois de ter publicado, em 1985, *Enseignement en détresse*, volta agora ao tema, no começo deste mesmo ano de 1994, com o expressivo título *Lettre aux Parents sur les choix scolaires*. Porque é um livro que interessa a todos os classicistas e a todos os pais em geral, e porque as semelhanças com a nossa situação são iniludíveis, pareceu-nos que seria útil dar ideia do seu conteúdo e do seu alcance, bem como dos principais argumentos utilizados (e isto, não obstante a possibilidade que, ao contrário dos nossos alunos, têm os jovens franceses de optarem por latim ou grego desde a "quatrième").

Acompanharemos a nossa súmula da tradução de alguns trechos da obra.

---

[*] Publicado em *Boletim de Estudos Clássicos* 21, Coimbra (Junho/1994), 67-74. Palavras proferidas na apresentação de uma conferência pela Professora Jacqueline de Romilly na Fundação Calouste Gulbenkian.

Desde que, no plano de estudos, principiou a repartição, após o "baccalauréat" geral, entre letras, ciências e economia, com uma série de opções facultativas em cada um desses ramos, daí resultou que a formação dos jovens ficará à sua escolha e dos seus pais. "Ora, essa é uma liberdade nova, acompanhada por uma responsabilidade igualmente nova". É que a preferência por certas disciplinas, se muito numerosa, pode acarretar, a breve trecho, o desaparecimento das outras.

A autora enumera de seguida alguns dos livros que, nos últimos dez ou quinze anos, têm denunciado o "Caos pedagógico" (título do de P. Némo, 1993, não menos elucidativo do que o de M. M. Maschino, *Savez-vous qu'ils détruisent l'Université? –* 1984 – e o de J.-P. Vélis, *La France illettrée –* 1987). A grande crise, prossegue, diz respeito às Letras: "à língua francesa, à literatura francesa e à literatura sem mais, bem como aos estudos da Antiguidade, que sempre foram parte essencial deles, e cuja utilidade é hoje tão tolamente desconhecida". É que, "a pretexto de que tudo se renova, não se quer mais nada com o passado (....) um igualitarismo simplista parece condizer melhor com os números e a tecnologia do que com as Letras e a reflexão livre"[1]. Ó manes de Du Bellay! – acrescentaremos nós. Vai en-tão ser preciso que na "France mère des arts" se escreva de novo, quatro séculos volvidos, uma *Defense et Illustration de la Langue Française?*

Quanto à estrutura da obra, ela divide-se, para além de uma introdução e conclusão, em quatro partes: o Francês; o Latim e o Grego ao serviço do Francês; Presenças; Escolhas na prática. As três primeiras são corroboradas, cada uma, por testemunhos de pessoas de outras formações, hoje detentoras de altos cargos.

A parte relativa à língua materna, com a descrição dos efeitos nefastos do aban-dono do estudo da gramática, da ortografia, do vocabulário, dos grandes textos literários, com os alunos a darem mais de quarenta e cinco erros de francês por página, e isso ao fim de quinze anos de escolaridade, com "uma ignorância profunda das concordâncias gramaticais, dos géneros e números, ou então uma ignorância não menos profunda do sentido das palavras e das ligações entre elas", a perda "da ideia de que a lógica, mesmo assim, existe", o hábito de "recorrer aos discursos simplistas que lhes servem, dia após dia, a televisão e outros meios mediáticos" ou as "fórmulas pedantes da nova gíria universitária" ou ainda" as expressões abstrusas que a nova pedagogia inventa" – tudo isto é um quadro familiar que não requer qualquer esforço a um professor de português para ser transposto para a nossa língua. Como não menos familiar lhe será o resultado desastroso da maior parte dos livros de ensino actuais que substituem as grandes obras do passado ou da contemporaneidade por recortes de imprensa. A precisão e a perfeição da linguagem aprende-se nos textos literários. Em que difere um texto desses dos outros? – pergunta. "Simplesmente

---

[1] Lembre-se a "novilíngua" do *Big Brother* em 1984, de George Orwell, que "excluía todas as outras ideias que não fossem as do partido" (citado por Vítor Manuel Aguiar e Silva no seu lúcido artigo "Língua Materna e Sucesso Educativo", *Diacrítica* 3-4 (1989), p.19).

nisto, que foi escrito com cuidado por autores de qualidade, que foi lido, aprovado, reeditado, difundido; dito de outra forma, um texto literário define-se pelo facto de estar bem escrito; de outro modo, não teria atravessado os séculos e as fronteiras".

Alguns exemplos de textos muito conhecidos de autores franceses ilustram, com fina sensibilidade literária e notável sentido pedagógico, estes princípios. Dos vários testemunhos que apoiam esta parte da exposição, citaremos apenas um, o de François Jacob, um biólogo especializado em genética celular do Instituto Pasteur, Prémio Nobel de Medicina em 1965: "O que importa, na escola, é menos adquirir por atacado o maior número de conhecimentos possível do que ensinar a aprender. A ginástica intelectual que a vida moderna implica exige que nos familiarizemos tanto com a literatura e a história como com as matemáticas e a biologia. Em todos os domínios, é preciso saber exprimir-se. Uma especialização demasiado precoce não pode senão esterilizar o espírito."

A segunda parte da obra, precisamente a que mais interesse tem para nós (basta substituir, no título, a última palavra: "O Latim e o Grego ao serviço do Francês") vai demonstrando sucessivamente a falácia dos argumentos que costumam acumular contra a vantagem do aprendizado das Línguas Clássicas aqueles que não as sabem. Assim, o benefício da sua dificuldade é exemplificado com a análise da proposição da *Eneida*, porque nesse jogo "a atenção deve estar sempre desperta. De tal modo que assim se ganha o hábito de a ter sempre desperta".

Outro argumento é o de que o estudo de uma língua actual muito diferente, como o chinês, o russo ou o japonês, traria as mesmas vantagens. "Pois bem, não é nada disso! Porque aqui intervêm as interligações que tornam insubstituíveis para nós as duas línguas-mães: com efeito, por mais diferentes e difíceis que elas sejam, deixam contudo entrever, em cada instante, os sinais de reconhecimento que atestam que estão na origem da nossa".

O elogio das Línguas Clássicas em si, pelo seu valor intrínseco, é feito em termos que merecem ser transcritos. Embora um pouco extenso, vale a pena trasladá-lo, porquanto raramente se terá ouvido formular com tanto entusiasmo e rigor, ao mesmo tempo, as razões da sua superioridade:

"O Grego – para começar pela mais antiga das duas – é uma língua de todo em todo extraordinária.

As suas frases são muito simples, fáceis, próximas do concreto. Mas a paleta de que se serve é tão variada e rica que com ela se vai de surpresa em surpresa.

O Grego tem, no domínio da gramática, um número que nós não temos, o dual (para dois objectos ou duas pessoas), um modo que nós não temos, o optativo (para o desejo e diversos matizes de emprego nas orações subordinadas), uma voz que nós não temos, a média (que não é activa nem passiva, mas indica que o sujeito está pessoalmente interessado na acção), distinções nos tempos que não temos (conforme se trata de uma simples acção passada, ou do seu resultado no presente). Tem formas diferentes de exprimir a repetição, conforme ela se situa no passado ou então é de carácter geral. Tem, ainda por cima, minúsculas palavras invariáveis, as "partículas", que sugerem a ironia, a reserva ou a certeza. Oh que maravilha que é jogar com todas estas possibilidades! Dão à frase a vida e o rigor. Ao mesmo tempo revelam aos jovens todas as modulações possíveis que a linguagem pode dar a um pensamento. E, ao procurar encontrar equivalências numa tradução, descobrirão as possibilidades e sujeições da sua própria língua. O Grego é como uma cadeia de alta fidelidade ao lado de um transístor aos berros: retransmite tudo e ensina a tudo apreciar.

A mesma ductilidade caracteriza o vocabulário. Ora vejam lá! Uma língua em que podemos formar palavras compostas à nossa vontade, quer unindo raízes (e os poetas não se privam disso), quer procedendo, antes do radical, a pequenos acrescentos (os prevérbios) que adicionam cambiantes de todas as espécies ("a fundo", "em seguida", "descendo", "subindo"... até mesmo cambiantes de desprezo ou de simpatia). Que jogo delicado e preciso! Permite dizer as ideias, permite inventar imagens impressionantes, permite tudo.

Mas porque é assim? Ah! Não deve acreditar-se que o que aqui está são os privilégios da sorte: os Gregos forjaram a sua língua lucidamente, deliberadamente. De Homero ao séc. V, organizaram-na e ordenaram-na. Quando começaram a analisar e a destrinçar as ideias, formaram uma quantidade de derivados que lhes permitia classificá-las – assim, as palavras em -*ikos*, mães de todas as nossas palavras em -*ico.* Fizeram este esforço conscientemente: reflectiam sobre a sua língua, criticavam-na, poliam-na. Quando começaram a escrever em prosa, foram primeiro inábeis, tensos; depois amplificaram as suas frases. E nunca mais cessaram de discutir o assunto e de procurar o bom uso. Para eles, o *logos* era ao mesmo tempo pensamento e palavra; e davam-lhe todos os seus cuidados.

Por isso se viu o Grego estender-se através do mundo: conquistou muitos países na Ásia, por meio de penetração pacífica, depois com Alexandre; em breve se tornou língua de cultura em Roma e no império romano. Foi adoptada pelo cristianismo; como é sabido, os Evangelhos são-nos conhecidos essencialmente pelo Grego. E esta língua, mais ou menos modificada, estragada, restaurada, adaptada, é uma das raras cuja continuidade abrange mais de trinta séculos.

A Língua Latina não tem a transparência do Grego; mas adquiriu, com o uso, uma liberdade de expressão que não foi muitas vezes igualada (....) A Língua Latina adapta-se a todos os géneros, como o império romano a pouco e pouco abordou e integrou todos os povos. E aí está como o que há momentos se disse do Grego é ainda mais verdadeiro do Latim. Graças ao seu poder, Roma fez com que quase toda a Europa tenha falado Latim. A Igreja teve a sua capital em Roma e falou Latim. Os textos oficiais dos povos em volta ficaram durante séculos a ser redigidos em Latim. Os letrados falavam Latim e escreviam tratados em Latim. O Renascimento teve certa dificuldade em redescobrir o Grego, mas o Latim estava lá, vivo e disponível para todos os homens instruídos.

Não gosto muito de insistir no argumento histórico, sempre manchado, talvez, de algum passadismo. Mas, no caso presente, este argumento histórico junta-se a um argumento de qualidade que não deve nada ao tempo; além disso, apelando para um passado que não é só o nosso, o dos Franceses, lembra que os que mantiverem essa herança comum manterão, desse modo, uma solidariedade em profundidade entre os diversos povos que têm, para com essas línguas, a mesma dívida e conservaram durante séculos, no seu ensino, esses mesmos exercícios sobre os mesmos textos. A Europa (...) conservou as mesmas recordações. Se quiser unir-se, seria loucura desprezá-las."

O elogio termina com considerações de ordem geral sobre o actual desdém por qualidades essenciais, que a pedagogia de agora despreza: a atenção, a memória e o espírito crítico. "Ora, que se faz delas? Deixou-se baixar a faculdade de atenção das crianças, a pretexto de não as forçar. Renunciou-se a exercitar a sua memória, pela mesma razão. E como haveria de se desenvolver o seu espírito crítico, quando se limita cada vez mais, pelo menos no tempo, o seu campo de experiência! Ora, as Letras são o remédio... Estas três faculdades – atenção, memória, espírito crítico – não poderão já ser desenvolvidas mais tarde, ou sê-lo-ão só muito dificilmente. São os médicos que no-lo dizem: as faculdades que não se exercitam quando ainda é tempo disso atrofiam-se e desaparecem. Ora, os estudos literários em geral exercitam-nas às três em conjunto. E a vida reclama-as a nós, em cada momento."

Seria tentador referir aqui muitos outros passos onde impera um bom senso que parece ter abandonado grande parte dos pedagogos actuais. São, muitas vezes, textos verdadeiramente antológicos, como este em que perpassam, com uma leve ironia, séculos de experiência histórica e social:

"Fala-se nos nossos dias, e todos os dias, de democracia ou de república: uma palavra grega e uma palavra latina. Serviram durante séculos. Deitaram-lhes toda a espécie de molhos, de maneira mais ou menos honesta. Receberam a sobrecarga variada das experiências históricas, das doutrinas filosóficas e, muito simplesmente, das propagandas. Em Grego ou em Latim, os vossos filhos vão encontrá-las muito limpas e novas. A primeira foi inventada no interior de um belo sistema de classificação: democracia opõe-se a oligarquia e a monarquia, conforme é um só homem que manda, ou alguns, ou todos. E os Gregos logo discutiram, abstracta e resolutamente, sobre as vantagens e inconvenientes de cada sistema. Todos se deitaram à tarefa e, com o auxílio da experiência, distinguiram assim as condições de uma boa democracia. É talvez por essa razão, por essa segurança de análise inspirada pelo gosto da liberdade que certos regimes proscrevem esses textos do seu ensino. Mas é talvez por essa razão que vós, pais, deveríeis velar pela sua manutenção."

Muitas mais são as pistas de reflexão abertas por este livro, todas elas aplicáveis ao nosso mundo moderno ou pós-moderno, ou qualquer que seja o qualificativo que se queira inventar para sugerir a continuidade da vida humana sobre a terra. Vale a pena pensar, pelo menos, nas poucas que aqui ficam.

7. DO ENSINO DO LATIM NA ACTUALIDADE*

A renovação da didáctica das línguas tem-se alargado também às antigas, como não podia deixar de ser. Entre as tendências mais marcadas, pode assinalar-se o afastamento da prática quase exclusiva da tradução, retroversão e análise gramatical, em benefício do desenvolvimento da crítica literária e do alargamento de conhecimentos históricos e arqueológicos; a aplicação do estruturalismo (desde 1959), o uso do laboratório de línguas (desde 1966). A estes movimentos renovadores se deve o aparecimento, nos países culturalmente mais avançados, de novos manuais, de que o mais notável foi, de longe, o *Cambridge Latin Course*, em diversos volumes, acompanhados de diapositivos e gravações, que combinavam o ensino "programado" (para laboratório de línguas), a psicolinguística e a gramática transformacional com uma vasta informação histórica e arqueológica. Neste plano trabalharam vinte e sete cientistas, ao longo de cinco anos. Publicada a primeira unidade em 1970, no ano seguinte era adoptado em cem escolas britânicas, num total de 3600 alunos, e em 1972 já tinha atingido a 3.ª edição. Outros manuais dão preferência à informação arqueológica (como o de G. C. Lightfoot, *Romani apud se*, London, 1968); outros ao latim falado (como o de C. W. E. Peckett and A. R. Munday, *Pseudolus noster*, Shrewsbury, ⁵1972, ou o de Suzanne Bails e Georgette Beros-Cazes, *Latine loquor*, Paris, 1970); outros ainda ao desenvolvimento do gosto literário (como o de M. G. Balme and M. S. Warman, *Aestimanda*, Oxford, ³1968); ou alargam o ensino do latim à fase medieval (S. Morris and E. O. Furler, *Hereditas*, London, 1970). Finalmente, não devem esquecer-se os livros destinados aos principiantes mais velhos, os "grands débutants" ou "late beginners", como o de Jean Beaujeu, Simone Deléani e J. M. Vermander, *Initiation à la Langue Latine*, Paris, Vol. I, ⁵1971, Vol. II, 1969.

Limitámo-nos a exemplos das duas décadas anteriores, e à área francesa e inglesa. Mas poderíamos acrescentar que outro tanto se passa na alemã, onde, para além de novos manuais, há importantes trabalhos sobre metodologia do ensino do latim, quer individuais, como o de Hans-Joachim Glueclich, *Latein-unterricht*.

---

* Publicado em *ICALP, Revista do Instituto da Cultura e Língua Portuguesa*, 5, Lisboa (1986),124-127.

Didaktik und Methodik, 1978, quer sobre a forma de colectânea, como *Die alten Sprachen im Gymnasium*, editado pela Bayerischer Schulbuch-Verlag em 1968, ou *Neue Einsichten. Didaktik des altsprachlichen Unterrichts*, saído em Darmstadt, 1974. Uma revista, *Altsprachlicher Unterrichs*, mantém permanentemente ao corrente das novidades os professores de latim e de grego.

Convém salientar que entre os responsáveis por estas obras figuram alguns dos maiores especialistas alemães, como H. Patzer, que subscreve, na última das colectâneas mencionadas, o artigo "Aktuelle Bildungsziele und altsprachlicher Unterricht", de que será especialmente elucidativo repetir conclusões como estas: "O Latim tem uma função indispensável, pelo facto de ser *uma parte da história da nossa língua materna*" [sublinhado do autor]; "o Latim pelo menos (se possível o Grego também) é indispensável para uma *reflexão linguística contrastivamente formulada*" [sublinhado do autor], porque a língua materna e as línguas estrangeiras modernas só assim recebem maior relevo; "as literaturas antigas têm a maior das participações na literatura mundial, porque contêm quadros particularmente impressionantes, fundamentalmente importantes e que por isso deixaram marca na história das realizações (ou oscilações) das potencialidades humanas" (pp. 64-65).

Repare-se bem que a "língua materna" de quem escreveu as reflexões acabadas de verter para português não é sequer uma língua românica... Acrescente-se que é também da autoria de um alemão, Carl Vossen, o livro de grande êxito e de significativo título, *Latein Muttersprache Europas* (Duesseldorf, ²1979), o qual principia por um capítulo intitulado "Europa: da filha do rei à moderna confederação" e termina por outro "A importância do Latim para uma Europa unida". Na mesma linha, embora num plano mais erudito, se situa a colectânea organizada por Karl Buechner, *Latein und Europa. Traditionen und Renaissancen* (Stuttgart, 1978).

Esta breve amostragem do que se tem passado nalguns dos países mais cultos pretende evidenciar até que ponto se considera que o Latim mantém o seu valor formativo e informativo, e continua a ser via de acesso privilegiado aos idiomas actuais do mundo ocidental, não só aos de origem românica, como aos de outros ramos linguísticos, que lá foram haurir grande parte do seu vocabulário erudito. Somente, para que ele preencha estas funções é necessário que o seu aprendizado deixe de ser exclusivamente dirigido à memória, tal como se praticou durante muitos anos (perdendo assim as principais virtualidades do seu ensino), e que também não se transforme numa amálgama de curiosidades ditas culturais, a que alguns tentam reduzi-lo.

Pelo que toca ao nosso País, alguma coisa se tem feito também nesse sentido, não obstante as severas limitações que a redução da sua presença no ciclo complementar tem ocasionado. Refira-se, contudo, que algumas perspectivas se abrem neste momento. Efectivamente, correspondendo ao desejo expresso pelos Conselhos Científicos das Faculdades de Letras de Coimbra, Lisboa e Porto, e de acordo com o parecer emitido pelas Faculdades de Direito de Coimbra e de Lisboa, o Despacho n.º 65/ME/84, de 29 de Março, do Ministro da Educação, nomeou um grupo de trabalho, para "estudar a reinserção das línguas e culturas clássicas como disciplinas dos ciclos complementares do ensino secundário, nomeadamente nos cursos de Línguas e Literaturas Clássicas e Modernas, Direito, História e Filosofia", O Grupo, composto por professores das Universidades de Coimbra, Lisboa, Porto e do Minho, entregou já o seu relatório e conclusões.

Enquanto esperamos os efeitos desta diligência, é-me grato mencionar que os esforços de renovação metodológica, enumerados no princípio destas reflexões, também têm chegado até nós. Merece especial louvor neste domínio o livro de Carlos Alberto Louro Fonseca, professor auxiliar da Universidade de Coimbra, com o modesto título de *Iniciação ao Latim*. Publicado pela primeira vez em 1978, atingiu em 1983 a 3.ª edição, facto que só por si testemunha o bom acolhimento que teve como manual para "principiantes mais velhos". Voltado de preferência para a prática imediata da língua, reforçada por exercícios contínuos, em breve passa a textos simples de escritores clássicos, entremeados com deliciosos poemas medievais, tudo enquadrado por desenhos do próprio autor, que ora reproduzem dados arqueológicos complementares, ora ilustram, com graça por vezes não isenta de ironia, bem adequada à idade dos destinatários, algumas composições.

Ao lado de revistas de investigação pura, como *Humanitas* (Coimbra) e *Euphrosyne* (Lisboa), surgiram boletins policopiados para divulgação junto dos professores do ensino secundário. Esta a função de *Classica*, do Departamento de Estudos Clássicos da Faculdade de Letras de Lisboa, iniciada em 1977 e já com 12 números publicados, e, mais recentemente, do *Boletim de Estudos Clássicos*, do Instituto de Estudos Clássicos da Faculdade de Letras de Coimbra, cujo primeiro tomo é de 1984. Textos anotados, gregos (muitos deles paródias de Luciano) e latinos, e também de latim renascentista, notas críticas sobre livros de didáctica das línguas antigas, bibliografia selecta, noticiário sobre descobertas arqueológicas no país e no estrangeiro e sobre congressos de especialidade têm constituído o essencial desta publicação. Para ser fiel às modas, o n.º 5, referente a Junho deste ano, também inclui a narrativa latina da tomada de Tróia em banda desenhada.

Naturalmente que muito há ainda a fazer, num ensino que urge renovar por todos os meios modernos, e que é preciso fazer reviver, de modo a que possa retomar o seu papel de disciplinador do espírito, de forma de alcançar um melhor conhecimento das línguas que dela descendem, de via de acesso a uma literatura e a uma cultura de que todos somos largamente tributários. Porque não devemos esquecer que um dos ingredientes que cimentam a unidade da cultura ocidental dá pelo nome de Latim.

8. EUROPA: OS ENIGMAS DE UM NOME[*]

O nome próprio Europa aparece pela primeira vez em Hesíodo, para designar uma figura mitológica, em pleno catálogo das filhas de Tétis e de Oceano, o qual preenche os versos 346 a 366 da *Teogonia*. A enumeração processa-se do modo habitual, por sequências de quatro nomes, de três ou de dois (nestes últimos casos acompanhados por qualificativos, que completam o hexâmetro) e concluindo com um só nome, destacado como o da figura mais bela de todas. Mas as Oceânides, acrescenta o poeta, são muitas mais – ao todo, três mil (362-6). É sua função cuidar da criação dos jovens, em conjunto com Apolo (345-8). Os mitónimos que as designam, tal como noutros catálogos, podem variar entre o chamado nome falante, ligado ao *habitat* e à função, ou carecer de significado, pelo menos aparente[1]. É no meio destes, junto à encantadora *Petraie* (que terá a ver com rochedos) e *Menestho*, que aparece a Oceânide denominada *Europa* (357)[2].

O mesmo poeta, no *Catálogo das Heroínas*, refere-se a uma amada de Zeus *tanysphyre Europeie*, ou seja, "Europa de belos tornozelos", filha do ilustre Fénix, a quem amou "o pai dos homens e dos deuses". Ora este fragmento faz parte do comentário de um escoliasta à *Ilíada* 14. 292[3], onde se narra a metamorfose do deus supremo em touro, para conseguir raptar uma jovem de quem estava enamorado. No passo homérico em questão, que pertence ao chamado "catálogo das amadas de Zeus", no qual, para realçar o seu desejo de se unir a Hera no alto

---

[*] Publicado em Maria do Céu Fialho e Maria de Fátima Silva, *Génese e Consolidação da Ideia de Europa* – vol. I – Coimbra (2005), 7-14.

[1] M. L. West, no comentário à sua edição do poema (*Hesiod, Theogony*, Oxford [1966], 260), observa que o catálogo das Oceânides se assemelha ao das Nereidas em geral, mas os nomes são "menos persistentemente aquáticos e frequentemente menos transparentes".

[2] No comentário citado na nota anterior, West recorda que em Calímaco, fr. 630 Pfeiffer, Europa parece ser uma fonte em Dodona. Por outro lado, o facto de outra Oceânide se chamar Ásia (359) deverá atribuir-se, acrescenta o mesmo helenista, a mera coincidência (*ibidem*).

[3] Fr. 140 Merkelbach-West de Hesíodo, ao qual se segue o fr. 141, anteriormente citado.

do Ida, enumera os seus amores de outrora[4], o nome de Europa não figura, mas somente a sua filiação e os descendentes que lhe deu (14. 321-322):

> Nem quando foi da filha de Fénix, de larga nomeada,
> Que para mim gerou Minos e Radamanto, aos deuses semelhante.

Os outros dados da história aparecem nos inúmeros poetas que a trataram, designadamente Estesícoro, Simónides, Praxila, Baquílides[5] e, com maior desenvolvimento, Mosco, já na época helenística[6].

Voltando, porém, ao fragmento de Hesíodo, ele contava ainda que Zeus tomara a forma de um touro e transportara a jovem através do mar para a ilha de Creta[7]. Por outro lado, a filiação de Europa ascendia, para uns autores, a Fénix, tido geralmente como o herói epónimo dos Fenícios, e, para outros, a Agenor, o que faz dela irmã de Cadmo, o mítico fundador de Tebas.

Desta breve análise, parece poder concluir-se que a Europa filha de Tétis e Oceano é distinta da amada de Zeus, filha de Fénix ou de Agenor.

Quanto à hipótese de o nome do nosso continente derivar do da Oceânide, como teria afirmado o sofista Hípias[8], ou do da princesa fenícia, como regista dubitativamente Heródoto (4. 45) ou ainda de uma outra donzela de origem trácia, como supôs o historiador alexandrino Hegesipo[9], a prudência aconselha-nos a manter a atitude céptica do pai da História no passo acabado de mencionar, o qual principia assim:

---

[4] Desnecessário se torna lembrar que a pertinência de uma enumeração desta natureza, feita perante a própria esposa em tal momento, tem sido objecto de inúmeras discussões e que, por isso mesmo, a sua autenticidade tem sido muitas vezes posta em causa. Os defensores da mesma argumentam com a conveniência de Hera em seduzir o marido naquela ocasião, a fim de poder levar por diante o seu plano de lhe distrair a atenção do campo de batalha, para os Aqueus poderem superar a investida troiana. Sobre a questão, veja-se R. Janko, *The Iliad: A Commentary*, IV, Cambridge (1992), 201-203.

[5] Respectivamente, fr. 18 Page, fr. 57 Page, fr. 87 Page, fr. 10 Snell-Maehler.

[6] A enumeração completa, incluindo os autores latinos, encontra-se na introdução à edição comentada de Winfried Bühler, *Die Europa des Moschos*, Wiesbaden (1960).

[7] Cf. R. Janko, *The Iliad. A Commentary* IV, 204. O motivo do rapto de Europa, geralmente representada como uma jovem montada num touro, alarga-se desde cedo às artes plásticas, quer em relevos, quer em pinturas de vasos. Martin Robertson, no seu artigo do *Lexicon Iconographicum Mythologiae Classicae*, s. v., apresenta mais de duzentos exemplos; em rubrica separada (*Europa 2*) menciona um único caso certo da figuração do continente num relevo romano do séc. II, da Biblioteca Chigi, em Roma. Note-se que a metamorfose de um deus em touro ou em cisne ou outras não pode considerar-se um vestígio de teriomorfismo, porquanto os Gregos, ao contrário dos Egípcios, não veneravam animais; trata-se simplesmente de metamorfoses animalescas. Cf. W. Burkert, *Griechische Religion der archaischen und klassischen Epoche*, Stuttgart (1977), 113.

[8] Fr. 86 B 8 Diels-Kranz.

[9] *F Gr H* 391 F3 Jacoby. Há ainda mais figuras com este nome, como pode ver-se no cap. 2 de Francisco Diez de Velasco, *Lenguajes de la Religión. Mitos, símbolos e imágenes de la Grecia Antigua* (Madrid, 1998) 27-39, que traça um total de sete genealogias, muitas das quais "mais parecem uma racionalização dissimulada", 35.

Quanto à Europa, ninguém entre os homens sabe se é toda banhada pelo mar, nem de onde o tirou o seu nome, nem quem lho pôs.

Nesse mesmo capítulo, já o autor discutira a questão de as designações dos três continentes conhecidos dos Antigos derivarem de nomes de mulheres[10]. Pela nossa parte, apenas podemos reconhecer a possibilidade de uma figura, mitológica ou não, dar o nome a um lugar ou mesmo a uma região[11] – conquanto seja mais comum o contrário, a saber, criar-se um *aition* para explicar a origem de um topónimo, ou mesmo de um corónimo.

Certo é que, no estado actual dos nossos conhecimentos, a primeira aplicação geográfica do nome que nos ocupa ocorre no *Hino Homérico a Apolo*, no passo em que o deus de Delfos anuncia a criação de um oráculo que será muito consultado e receberá hecatombes de

Quantos senhoreiam o fértil Peloponeso
E quantos moram na Europa e nas ilhas cercadas pelo mar.

O trecho em questão figura nos vv. 250-251, que se repetem exactamente (como aliás, todo o conjunto em que está inserido) em 290-291.

A composição e data deste Hino têm sido objecto de muita discussão[12], mas, quer se trate de um poema único, quer provenha da junção de dois – um a Apolo Délio e outro a Apolo Pítico – o passo em causa será de c. 585 a.C.[13]. Tal significa

---

[10] Heródoto 2. 26. Sobre a controversa questão, vide Alan B. Lloyd, *Herodotus. Book II. Commentary 1-98*, Leiden (1976), 82-85, com bibliografia.

Esta questão é independente de uma outra que surge pela primeira vez, que se saiba, em *Os Persas* de Ésquilo (181-214) no sonho de Atossa. Aí, a rainha-mãe conta que lhe apareceram duas mulheres, uma vestida à moda dórica e outra à moda persa, a primeira das quais derrubara a equipagem de Xerxes. As duas figuras femininas, uma intitulada Hélade e outra Ásia, aparecem também no século seguinte, pintadas no registo superior do célebre Krater-de-volutas apúlio, no Museu Nacional de Nápoles, pelo Pintor de Dario. O motivo reaparece na época helenística, no sonho de Europa com que abre o já referido poema de Mosco com esse título. Mas aí só Ásia é nomeada, e tanto essa figura como a sua rival disputam a posse da princesa (1-27).

[11] É o que sugere, por exemplo (embora num contexto cultural diferente) o versículo 12 do Salmo 48, em que se reafirma a caducidade do homem, *quantumvis nominibus suis appelaverint terras*. Repare-se que, na aurora da Idade Moderna, um continente – a América – tomou, como todos sabem, o nome, não do seu descobridor, mas de quem o identificou como distinto da Ásia. Também é curioso lembrar que as terras a sul do Mediterrâneo começaram por se chamar Líbia, designação que se mantém actualmente para um dos seus países, mas que prevaleceu usada pelos Romanos; de África (que, aliás, principiara por abranger a região de Cartago, e que ainda figura no mapa da versão latina de Ptolomeu, de 1490 (e. g. no Ms. *Parisinus Latinus* 10764, de 1496), como *Africa Minor*).

[12] A este respeito, veja-se a edição comentada de T. W. Allen, W. R. Halliday and E. E. Sikes, *The Homeric Hymns*, Oxford (1936), 240; R. Janko, *Homer, Hesiod and the Hymns*, Cambridge (1982), 99-132; e ainda Andrew M. Miller, *From Delos to Delphi. A Literary Study of the Homeric Hymn to Apollo*, Leiden (1986), que regressa à tese da autoria única.

[13] Proposta por R. Janko, *Homer, Hesiod and the Hymns*, 132, com base na data em que os Anfictiões declararam a Planície de Criseia consagrada a Apolo.

que, pelo menos nos começos do séc. VI a.C., se opunha a uma parte continental (Europa) a Península do Peloponeso e "as ilhas cercadas pelo mar"[14]. A segunda ocorrência conhecida do nome é mais de um século posterior, uma vez que terá sido em 473 a.C. que foi cantada a 4.ª *Ode Nemeia* de Píndaro, onde se lê, nos vv. 69-70:

> Mas não se pode atravessar para além de Cádiz, para as trevas.
> Volta ao contrário as velas do navio, em direcção à Europa, à terra firme.

O alargamento do corónimo até ao sudoeste da Hispânia, não podemos datá-lo com precisão. Sabemos, contudo, que entre os dois textos – o *Hino Homérico a Apolo* e a 4.ª *Nemeia* – se situava, pelo menos, a *Descrição da Terra* por Hecateu de Mileto, que dividia o mundo em duas partes, Europa e Ásia[15].

Quanto à progressiva diferenciação entre os dois continentes, que da oposição Hélade/Ásia se alarga à de Europa/Ásia, ela vai-se afirmando no decurso do longo confronto armado das Guerras Medo-Persas. Da memória que esses acontecimentos imprimiram na literatura da época, darão conta alguns dos ensaios deste volume. Aqui registe-se apenas que a primeira ocorrência conhecida do etnónimo Europeus é em Heródoto 7. 73:

> Segundo dizem os Macedónios, os Frígios chamavam-se Brigos durante todo o tempo em que, sendo Europeus, habitavam junto com os Macedónios; mas depois que se mudaram para a Ásia, junto com o país, mudaram o nome para Frígios.

Ao lado desta questão, temos, como já transpareceu do que foi dito acima, a da divisão em continentes e respectivos limites e extensão.

Heródoto trará à discussão, mais do que uma vez, essas divergências, e, designadamente, a *vexata quaestio* da posição ocupada pelo Egipto na divisão em três continentes, porque, em seu entender, se, tal como sustentavam os Iónios, os limites entre a Ásia e a Líbia eram definidos pelo Rio Nilo, teria de se considerar o Delta um quarto continente (2. 15-18)[16]. Outro passo significativo é o que se encontra em 4. 42:

---

[14] O já referido Hegesipo, no passo atrás citado, parece chamar Europa ao norte da Grécia, como observam Allen, Halliday and Sikes no *comm, ad loc.* referido supra, nota 12. Janko, também mencionado nessa nota, escreve com mais rigor: "Grécia setentrional e central" (p. 122). Não menos importante é o facto de esta oposição geográfica ser muito semelhante à que se encontra entre Hélade (como Grécia do Norte) e Argos (como a do Sul) sugerida por versos da *Odisseia* como 1.344 e 4.725 - 4.816, facto esse já salientado por José Ribeiro Ferreira, *Hélade e Helenos*, 276. Repare-se ainda que, cerca de seis séculos mais tarde (em relação ao *Hino a Apolo*), Estrabão (2.5.44) dirá algo de parecido em relação à Ásia, nome que, a partir da península onde ficava a Cária e a Iónia e outros povos, se alargou a todo o continente.

[15] Se ele admitia a existência de uma terceira, a Líbia, é duvidoso; no entanto, Jacoby (*F Gr H* I, Kommentar, p. 366 sqq.) admite tal possibilidade.

[16] Sobre esta complexa questão e possíveis mal-entendidos em que ela assenta, vide Alan B. Lloyd, *Herodotus. Book II Commentary* 1-98, 82-91, e do mesmo especialista, *Erodoto. Le storie*, 2, pp. 246-9.

Admiro aqueles que delimitaram e dividiram entre si a Líbia, a Ásia e a Europa, porquanto não são pequenas as diferenças entre elas. É que, ao comprimento, a Europa alcança as outras duas; e, em largura, não me parece sequer que se lhes possa comparar.

Quanto às dimensões relativas dos continentes, aqui discutidas, também vieram a conhecer mais do que uma teoria, a avaliar pela crítica que, já no Século de Augusto, Estrabão fez ao seu antecessor Políbio, devido a ter afirmado que o comprimento da Europa é inferior ao da Líbia e da Ásia juntas (2. 4. 5). O mesmo Estrabão retoma também uma disputa não menos acesa, desde o tempo de Eratóstenes, a da divisão dos continentes por meio dos grandes rios (Nilo e Don) ou então pelos istmos (entre o Mar Cáspio e o Mar Negro e entre o Mar Vermelho e o Ecregma[17], discussão essa que o matemático e geógrafo de Cirene achara que não conduzia a nada (1. 4. 7), e que o seu crítico rejeita por completo, por entender que nem os rios dividem continentes por inteiro, nem fazem dos continentes ilhas, e o que importa é ter a noção do conjunto do mundo habitado (1.4. 8)[18].

Deixando o pormenor desta complexa questão para alguns dos ensaios que se seguem, voltaremos agora a nossa atenção para outro dos principais aspectos que aqui importa considerar, ou seja, a etimologia do nome Europa.

Pois se ele não é o de uma ninfa, nem o de uma princesa – e os melhores dicionários etimológicos gregos negam qualquer relação – qual poderá ser a sua origem?

Um lexicógrafo do séc. V da nossa era, Hesíquio, define-o assim: "país do poente e tenebroso". Esta explicação tem sido aproximada do assírio êrêb šamši ("sol poente", por oposição a açu, "sol nascente") e do aramaico e hebraico 'ərāb. Seria, em qualquer dos casos, de origem semítica, origem essa aceite por Lewy, Grimme e Stewart[19]. O mesmo Lewy refere também possíveis etimologias indo-europeias.

Tanto Frisk como Chantraine consideram, porém, que a origem da palavra continua por explicar. Chantraine formula, embora dubitativamente, a hipótese

---

[17]   Nome que designava o escoamento do lago Sirbonis para o Mediterrâneo.

[18]   Na sua descrição da Europa, Estrabão refere que, para além de uma parte gelada, e não habitada, "confina com o país dos habitantes da Ursa, nas cercanias do Tánais, do Paul Meótis (mar de Azov) e Borístenes" (2. 5. 26).

[19]   Lewy, "Die semitischen Fremdwörter im Griechischen", Berlin (1895). Grimme, Glotta 14, 17 (apud Frisk, Griechisches Etymologisches Wörterbuch, Heidelberg [1960]), s.v. Εὐρώπη. Por sua vez, na sua extensa recensão a Chantraine, Dictionnaire Étymologique de la Langue Grecque, Tome I, Paris (1968-1970), in Gnomon 43 (1971), 641-75, O. Szmerényi, menciona, na p. 669, o artigo de G. R. Stewart, "Europe and Europa", Names 9 (1961) 79-90, que defende a origem semítica. Por outro lado, Frisk, no vol. III, de aditamentos, ao seu Dicionário (1972), regista ainda a hipótese de Deroy, Revue Internationale d'Onomastique 11 (1959), 1-22, que ligava o corónimo a εὐρώς e ὤψ (ὀπ-) o que daria um sentido bem diferente (o adjectivo significa 'lodoso').

de poder relacioná-la com o adjectivo εὐρωπός ("largo"), da família de εὐρύς, que teria entrado já em compostos micénicos[20].

Em 1984, a questão voltou a ser discutida por Bruno W. W. Dombrowski[21], que novamente excluiu a hipótese das origens assírias ou aramaicas e, depois de confrontar as etimologias até então apresentadas em várias outras línguas semíticas, procedeu a uma análise formal e semântica de palavras gregas em -οπός / -ωπός e em -οψ / -ωψ, a qual o levou a concluir que *Eurōpā* é uma forma nominal grega constituída de modo completamente regular, e que estaria representada sobretudo em dórico – o que explicaria o timbre da vogal final. Teríamos, assim, dois elementos: εὐρυ ('vasto', largo') e - οπ - ('olho', 'ver'), que dariam o sentido originário de 'de vasto olhar', ou 'que vê ao longe'. São estes supostos atributos que levam o autor a procurar a origem de 'Europa' na deusa *Anāt* da região sirofenícia, devido ao facto de essa divindade se caracterizar pelos olhos, além de estar ligada ao deus-touro, como Europa a Zeus na configuração de touro. Seria, portanto, o correspondente ao fenício *'nt='Anāt*, ou seja, a tradução do nome da deusa fenícia, transmitida pelo arménio de Ugarit/Fenícia.

Sem negar a possibilidade de 'tradução' do nome de uma divindade de um para outro povo, gerando assim uma equivalência que Heródoto tinha por um dado adquirido[22], já a caracterização de uma deusa pelo olhar não poderá pôr-se em paralelo, como faz o autor, com os epítetos homéricos de βοῶπις e de γλαυκῶπις (aliás, ainda hoje não satisfatoriamente esclarecidos[23]), e muito menos pôr a deusa *Anāt* em relação com Atena. Mas, mesmo abstraindo destas dificuldades, há outra maior, que foi evidenciada por Rüdiger Schmidt, ao recensear este mesmo livro[24], e que é de ordem histórica: é que, para explicar a primeira versão daquele nome em dialecto dórico, Dombrowski vê-se na necessidade de "fazer retroceder o quadro geral da história do Mediterrâneo do final do segundo milénio a.C., de maneira a que a primeira tradução do nome fenício *Anāt* para um dialecto dórico se torne possível". Pela nossa parte, acentuaremos que tudo o que é relativo à invasão dórica e até à sua historicidade é actualmente matéria de controvérsia. Atente-se ainda em que a mais antiga ocorrência conhecida do nome (o já citado *Hino Homérico a Apolo*) apresenta a vogal final com o timbre *ē*, como é próprio do iónico.

---

[20]   Aldo Corcella, no seu comentário a *Erodoto. Storie 4*, Milano (1993), 268, declara abertamente que a origem semítica está hoje desacreditada e inclina-se para a proposta de Chantraine.

[21]   *Der Name Europa auf seinem griechischen und altsyrischen Hintergrund*. Ein Beitrag zur ostmediterranen Kultur und Religionsgeschichte in frügriechischer Zeit (Amsterdam).

[22]   Note-se que o primeiro destes epítetos, várias vezes aplicado a Hera na *Ilíada*, é usado no mesmo poema também para mulheres mortais (3.144, 7.10). O mesmo faz Hesíodo (frs. 23 e 129 Merkelbach-West).

[23]   E.g. 2.42. Observe-se que W. Burkert, "Herodot als Historiker fremder Religionen" in: *Hérodote et les peuples non grecs*, Entretiens Hardt 3.5, Genève (1990), 1-39, não desvaloriza essas possibilidades.

[24]   *Kratylos* 30 (1985), 190-2. A citação é da p. 191. (Agradecemos à Dr.ª Maria Esmeralda Castendo a possibilidade de obter cópia desta recensão).

A questão da etimologia semítica do nome de Europa foi retomada há poucos anos por M.L. West, que a pôs em dúvida, bem como a interpretação do nome de Cadmo como 'Leste', e concluíu que "fonologicamente a associação entre o nome de Europa e qualquer forma de palavra semítica é muito frágil", e ainda que a glosa de Hesíquio "se o que diz é algo mais do que que a Europa é o continente ocidental, apenas atesta a antiguidade desta etimologia"[25].

Voltando, em consequência, à proposta de Chantraine, teríamos, a partir do adjectivo εὐρύς, a noção de largos espaços, que em tudo se conformaria com a crença de que este continente excederia a extensão dos outros dois juntos, tal como atrás vimos ser convicção corrente entre os primeiros geógrafos. Contudo, não podemos esquecer que, no primeiro texto conhecido onde o corónimo figurara, ele abrange só uma região a norte da Grécia, embora já no séc. V a.C. tivesse chegado até às Colunas de Hércules. Todavia, enquanto não dispusermos de dados mais seguros, teremos de continuar a repetir a já citada opinião de Heródoto (4. 45), de que, quanto à Europa, ninguém sabe "de onde tirou o seu nome nem quem lho pôs".

---

[25] *The East Face of Helicon*. West Asiatic Elements in Greek Poetry and Myth, Oxford (1997), 4.51.

9. EUROPEUS E ASIÁTICOS NUM TRATADO DE CLIMATOLOGIA MÉDICA[*]

Entre os sessenta e dois tratados que constituem o chamado *Corpus Hippocraticum*, ocupa lugar de honra o que se denomina *Ares, Águas, Lugares*, obra fundadora da climatologia médica e da antropologia.

Juntamente com *A Doença Sagrada*, pertence ao número dos que, depois de muita discussão no séc. XX, tendem a ser de novo considerados obras autênticas do Mestre de Cós e datados pelos melhores especialistas da segunda metade do séc. V a.C. Jacques Jouanna, por exemplo, responsável pela melhor edição de *Ares, Águas, Lugares*, depois de uma longa e bem fundamentada análise das várias teorias, conclui: "Nada permite afirmar, como Pohlenz, que o tratado é de Hipócrates; mas tão-pouco coisa alguma permite dizer, à semelhança de Wilamowitz, que ele não seja de Hipócrates[1]. Por outro lado, a atitude racionalista – embora sem recusar a existência do divino – comum aos dois tratados em causa leva a atribuir-lhes a mesma origem.

Mas, para além da questão da autoria, outras dúvidas subsistem, quer quanto à data, quer quanto à unidade da composição. A primeira destas dúvidas é sobretudo do âmbito da cronologia relativa, porquanto é seu ponto de partida a semelhança com a descrição do povo cita, que aqui ocorre, e a que fez Heródoto (4. 110-7). As opiniões têm-se repartido entre os dois extremos: influência de Heródoto sobre o médico ou o contrário. A primeira destas posições é a de Pohlenz, a segunda a de Nestle[2], e ambas continuam a ter seguidores. Em posição intermédia e, a nosso ver,

[*] Publicado em Maria do Céu Fialho e Maria de Fátima Silva, *Génese e Consolidação da Ideia de Europa* – vol. I – Coimbra (2005), 177-186.

[1] J. Jouanna, ed., *Hippocrate. Tome II, 2.ª Partie. Airs, Eaux, Lieux*, Paris (1996) [daqui em diante citado pela sigla AEL], 79-82. A frase referida é da p. 81. O mesmo helenista ocupou-se do nosso autor em vários outros livros ou artigos, de que destacamos *Hippocrate*, Paris (1992) e "L'image de l'Europe chez Hérodote et Hippocrate: essai de comparaison", in Michel Perrin, ed., *L'Idée de l'Europe au fil de deux millénaires*, Paris (1994), 21-38 [daqui em diante citado como "L'image de l'Europe"].

[2] Respectivamente em "Hippokratesstudien", *Nachrichten von der Gesellschaft der Wissenschaften zu Göttingen*, Phil.-Hist. Klasse I (1937), 67-81; e "Hippocratica", *Hermes* 73 (1988), 1-38.

correcta, situa-se Jouanna, que, depois de evidenciar as diferenças de tratamento do tema entre estes dois autores (identificação das mulheres saurómatas com as Amazonas, condições a que se submetiam para poderem casar, divisão da Terra em continentes, fronteiras orientais da Europa, situação dos Anarieus, além de divergências metodológicas e estilísticas, conclui pela existência de uma fonte comum[3], visto os textos não dependerem um do outro.

Quanto à data, o mesmo Jouanna refere a proposta de Heinemann[4], segundo a qual a obra hipocrática teria sido redigida pouco antes de 430 a.C., proposta essa que ele reforça com o argumento de que a visão do mundo do autor de *Ares, Águas, Lugares* é marcada pela experiência política das Guerras Médicas e nada deve à Guerra do Peloponeso, pelo que pertence mais à geração de um Heródoto de que à de um Tucídides; e que é, por conseguinte, na transição entre os dois grandes historiadores que deve situar-se[5].

A discussão sobre a unidade de composição é talvez a mais fácil de resolver, não obstante as muitas objecções que têm sido apresentadas.

No entanto, pode dizer-se que os melhores especialistas da actualidade, como H. Grensemann e J. Jouanna, demonstraram suficientemente a coerência metodológica e a unidade estilística da obra[6]. Que, no entanto, ela tem lacunas é um facto que dificilmente poderia negar-se, sobretudo em relação ao final do cap. 12, onde se lê que acerca de Egípcios e Líbios parece estar dito o suficiente, quando o assunto fora, nesse mesmo capítulo, a caracterização da parte de Ásia que, para nós, corresponde à Iónia. Esta lacuna já tinha sido, de resto, assinalada por Galeno.

Ora, o tratado apresenta-se como um manual que visa dar a melhor preparação ao médico que pretende exercer clínica numa cidade, o chamado médico itinerante, cuja existência na Antiguidade está bem documentada. Essa finalidade encontra-se explícita logo nos primeiros parágrafos do livro (1. 1-3):

> Quem quiser alcançar um correcto domínio da arte da Medicina deve proceder do seguinte modo: primeiro que tudo, ponderar o efeito que pode produzir cada uma das estações do ano, porquanto elas em nada se assemelham umas às outras, mas diferem muito entre si, bem como as suas mudanças. Seguidamente, os ventos quentes e frios, acima de tudo os que

---

[3] "L'image de l'Europe", *passim* e *AEL*, 59-60, 82.

[4] *Nomos und Physis. Herkunft und Bedeutung einer Antithese im griechischen Denken des 5. Jahrhunderts*, Basel (1945).

[5] *AEL*, p. 82. Mais recentemente, Reinhold Bichler, *Herodots Welt*, Berlin (2001), 17 e nota, volta a não considerar a obra autêntica e a supô-la posterior às *Histórias* de Heródoto.

[6] Respectivamente, "Das 24. Kapitel von De aeribus, aquis, locis und die Einheit der Schrift", *Hermes* 107 (1979), 423-41; e *AEL*, 15-21. Note-se que, para além de muitos outros méritos, a edição de Jouanna tem o de ter identificado e utilizado, pela primeira vez, o Ms. *Parisinus Graecus* 2047 A, o qual veio demonstrar que as alterações propostas para o final da obra no artigo de Grensemann não se justificavam.

são comuns a todos os povos, depois os que são peculiares a cada região. É preciso ponderar também as propriedades das águas; porque, tal como diferem no paladar e no peso, assim diferem muito os efeitos de cada uma. Por conseguinte, quando alguém chegar a uma cidade de que não tem experiência, é necessário que observe a sua situação, como está orientada em relação aos ventos e ao nascer do Sol. Efectivamente, não tem o mesmo valor estar voltado para o norte ou para o sul, nem estar virado para o nascente ou para o poente.

Os parágrafos seguintes mostram a necessidade de observar também a qualidade das águas que usam os habitantes, ou a do solo e a dieta que praticam, nomeadamente, se gostam de beber, se tomam uma refeição e se fazem exercício ou não (1.4.5), pois "é a partir destes dados que deve ponderar cada caso (...) quem chegar a uma cidade de que não tem experiência (...) de modo a não ter dificuldades nem cometer erros na terapêutica das doenças" (2.1 *passim*).

Terminada a introdução em 2.3, segue-se o desenvolvimento das matérias enunciadas até ao final do cap. 11, a partir do qual, com base nestes princípios, começa a exemplificação que nos interessa analisar. Consiste ela numa comparação entre os povos da Ásia e da Europa (12-24), trecho célebre em que, conforme escreveu Jouanna, "a Medicina desagua na Etnografia"[7].

Temos assim uma sequência de capítulos que ocupa um pouco mais de metade da obra, na qual, pela primeira vez, que se saiba, se estabelece uma distinção entre os povos da Europa e os da Ásia, distinção essa que o autor declara, logo de entrada, não ser exaustiva, mas limitada ao principal (12.1):

> Quero agora dissertar sobre a Ásia e a Europa, dizendo até que ponto diferem, em tudo, uma da outra, quer em relação à morfologia dos povos, quer ao modo como se apartam e como em nada se assemelham uns aos outros. É certo que, para falar de todos, seria preciso um longo tratado, mas vou ocupar-me do que me parece ser o mais importante e das diferenças maiores.

Para melhor compreender a exposição aqui anunciada, é necessário contextualizar a obra, tendo bem presente que, entre os séculos sexto e quinto a.C., se defrontavam duas teorias acerca da divisão da Terra: a que supunha a existência de dois continentes e a de três. A questão já foi analisada em parte no ensaio inicial deste volume, e em parte no que será consagrado a Heródoto, pelo que nos limitaremos a constatar que tudo indica que Hipócrates segue a primeira destas teorias.

Outro facto a ter presente, e que com este se relaciona, é a imprecisão existente, na época em apreço – e que se manteve até muito tarde – quanto aos limites dos

---

[7] *AEL*, p. 14.

dois continentes. Assim, *Ares, Águas, Lugares*, afirma (13.1) que o Paúl Meótis (hoje, Mar de Azov) é a fronteira entre a Europa e a Ásia. Tal localização levaria a supor que ela era demarcada pelo rio Tánais (hoje, o Don), que aí desagua, o que coincidiria com a opinião que, séculos depois, prevalecerá em Estrabão (2.5.26). Mas, por outro lado, ao descrever os habitantes da região do rio Fásis (hoje, o Rion), inclui esses povos na Ásia. Heródoto, por sua vez, situava nesse rio os limites, embora mencione a outra teoria (4.45). Finalmente, é indispensável sublinhar que, não obstante terem-se realizado viagens de exploração ao longo da costa (périplos), de que o mais antigo exemplo seria a que Cílax de Carianda efectuou, por ordem de Dario, até ao Indo, nada mais se conhecia dessa região[8].

Voltando ao tratado hipocrático, notar-se-á que os exemplos escolhidos para um e outro continente são apresentados como casos singulares, e é precisamente ao descrevê-los e interpretá-los em função do ambiente que o autor lança, como se tem dito, os fundamentos da etnologia e da climatologia médica.

Principia pela Ásia (12-18), onde, em seu entender, tudo é mais belo, maior e mais doce (12.2), embora deva reconhecer-se que a situação não é uniforme em todo o continente, pois só se verifica na parte que fica equidistante do calor e do frio (12.4) – explicação essa à qual voltará mais adiante. Pelo andamento da exposição, fácil será reconhecer que todas aquelas qualidades se reportam a uma parte muito delimitada da Ásia, a chamada península da Ásia Menor[9]. É aí que as plantas crescem mais, o gado é mais fértil, e os homens dotados de um corpo mais belo e mais forte (12.5); em contrapartida, falta-lhes a coragem, a persistência, o ardor (12.6).

É só no cap. 14 que se afirma que um desses povos apresenta grandes diferenças ou de natureza ou de costumes (ἢ φύσει ἢ νόμωι), delineando assim, pela primeira vez, que se saiba, uma antítese que os grandes Sofistas, designadamente Antifonte, hão-de tornar célebre. A antítese, que aqui é utilizada para ajudar a explicar a influência dos costumes dos povos na sua compleição física, vai atingir uma das suas mais célebres aplicações no discurso de Cálicles, no *Górgias* de Platão (482c-488c), depois de ter deixado os seus ecos em diversas tragédias gregas[10].

O primeiro exemplo escolhido é o povo dos Macrocéfalos, que tiravam o seu nome da forma alongada do crânio, resultante da deformação a que as crian-

---

[8] Heródoto 4.40.2. O historiador refere o périplo de Cílax em 4.44.1-3.

[9] Sobre o assunto, veja-se Jouanna, *AEL*, 296, que mostra como esta localização condiz com a de Heródoto 1.142, embora tal não signifique que se limita apenas à Iónia. O mesmo helenista rebate, com razão, outras teses que sobre o mesmo tema têm sido apresentadas. Acrescentaremos, pela nossa parte, que Estrabão reconhece que chamavam por vezes Ásia à península da Ásia Menor, onde ficavam a Iónia e a Cária, ou seja, que lhe davam o mesmo nome que se atribuía a todo o continente (2.5, 24).

[10] Os principais estudos sobre esta antinomia são o livro de Heinemann (supra, nota 4) e o artigo de Pohlenz com o mesmo título, *Hermes 81* (1953), 418-438. Veja-se ainda, entre muita outra bibliografia, o comentário de E. R. Dodds à sua edição do *Górgias*, Oxford (1959), 263-4; J. De Romilly, *La Loi dans la Pensée Grecque*, Paris (1971), 52-71; J. Jouanna, *AEL*, 64-7.

ças eram submetidas logo após o nascimento, por uma razão, aliás, de ordem social: é que essas seriam as mais nobres (γενναιοτάτους 14.2). Com o tempo, essa malformação tornara-se natural, ou seja, estaríamos perante um fenómeno de transmissão hereditária de anomalias. O autor médico, sempre atento à necessidade de encontrar uma explicação científica dos fenómenos, esboça aqui a chamada teoria pangenética[11], segundo a qual "o esperma provém de todas as partes do corpo, sendo saudável das que são saudáveis, doentes das que são doentes" (14.4), pelo que, uma vez adquirida aquela patologia, "o *nomos* passava a *physis*" nos filhos dos macrocéfalos[12]. Na actualidade, porém, acrescenta o autor, essa característica encontra-se em recessão, devido à tendência para o abandono daquela prática.

Se esta explicação – conquanto não aceitável para a medicina actual – mostra uma preocupação racionalista que a tornou um dos fundamentos da identificação do autor do tratado com o da *Epilepsia*, que já referimos – o exemplo seguinte é um dos mais brilhantes quanto ao estabelecimento de uma relação de reciprocidade entre o *ethnos* e o meio ambiente.

Trata-se agora de uma aldeia lacustre, cuja descrição, conforme observa Jouanna[13], não tem paralelo nem em Heródoto nem em Estrabão. Habitações de madeira e canais construídos nos pântanos, canais esses numerosos, por onde deslizam embarcações feitas de troncos de árvore, calor húmido, em pântano onde cresce uma vegetação densa, chuvas frequentes e nevoeiro espesso, frutos pequenos e mal sazonados, águas pútridas – todas estas condições determinam, nos habitantes daquela zona nórdica, nas margens do rio Fásis, que, para outros autores antigos, ficava na fronteira da Europa e da Ásia, características físicas especiais, que os distinguiam de todos os outros homens. São elas: estatura elevada, largura do corpo, ausência de visibilidade das articulações, tez amarelada, como se sofressem de hidropisia, voz grave, devido à humidade reinante. A tais características somáticas juntam-se as psíquicas, que ocupam todo o capítulo 15, e incluem a falta de coragem destes homens, incapazes de guerrear como os Europeus, e a maior brandura de costumes. A explicação para estes factos, encontra-a o autor na uniformidade do clima, que é adverso a grandes reacções. Outra razão – e esta, de ordem política, no sentido etimológico do termo – reside na forma de governo: é que a maior parte da Ásia vive em regime de monarquia, de onde resulta que os guerreiros não vão combater em defesa e proveito próprio, nem para obedecer às suas leis, mas apenas para benefício de quem os rege. Prova disso, continua o autor, é que, mesmo na Ásia, sejam helenos ou bárbaros, desde que não estejam

---

[11]   Sobre o assunto, *vide* Jouanna, *AEL* 306-7.

[12]   A formulação é de M. Ostwald, *Nomos and the Beginnings of the Athenian Democracy*, Oxford (1969), n.º 35.

[13]   *AEL* 308. O mesmo helenista menciona um passo de Heródoto (5.16), relativo ao Lago Prásis, onde se faz referência a uma outra aldeia lacustre.

submetidos a um déspota, se comportam com a maior valentia[14]. "E, em relação aos habitantes da Ásia, é assim que as coisas se passam" (16.5). Com esta frase se estabelece, metodicamente, a transição para a parte relativa à Europa, a qual vai preencher, numa organização semelhante, todo o resto do tratado.

Também aqui se escolhem dois exemplos, como merecedores de uma atenção especial. Não se trata, como no livro 4 de Heródoto, de dois povos diferentes (os Citas, de 48 a 82, e os Saurómatas, de 110 a 117), mas de dois ramos distintos dos Citas[15]. É assim, efectivamente, que começa o capítulo 17:

> Na Europa há um povo Cita que habita na proximidade do Paúl Meótis, o qual se distingue dos demais povos. Chamam-se eles Saurómatas.

O grande traço distintivo deste povo reside no comportamento das mulheres, que montam a cavalo, manejam o arco e o dardo e combatem contra os inimigos, enquanto são virgens. Só podem contrair matrimónio depois de matarem três inimigos; nessa altura, deixam de montar a cavalo, a menos que tenham necessidade de tomar parte numa grande expedição (17.2). No parágrafo seguinte, faz-se referência à particularidade de estarem privadas do seio direito, em resultado da cauterização que, em crianças, lhes faziam as próprias mães, a fim de evitar que ele nascesse e de, desse modo, obter uma maior concentração de força no ombro e no braço do mesmo lado[16].

Temos, pois, uma mutilação física – que, aliás, as inúmeras representações destas mulheres nas artes plásticas desconhecem – e um exemplo do motivo do conto popular da mulher que vai à guerra[17]. O nome por que ficaram conhecidas estas mulheres, o de Amazonas, que já se encontrava no Ciclo Épico e que Heródoto descreve demoradamente, não figura, porém, neste tratado. Mas a principal

---

[14] É curioso observar como aqui a dicotomia Gregos/Bárbaros se dilui por completo num espaço geográfico que é manifestamente o da Ásia Menor, em proveito de uma uniformidade de comportamento que decorre da semelhança da organização política.

[15] O essencial sobre os Citas em Heródoto encontrar-se-á no ensaio a seguir a este. Veja-se também Maria de Fátima Silva, introdução a Heródoto. Histórias. Livro 4.º, Lisboa (2000), 15-24.

[16] Embora não aceitável para a Medicina moderna, esta tentativa de explicação é superior às que apresentam autores tardios, como Diodoro Sículo 2.45.3 e 3.53.3 e Estrabão 11.5.1. Para mais pormenores, vide Joanna, AEL, 321-2.

[17] Sobre as representações artísticas destas figuras, existe uma excelente monografia por Dietrich von Bothmer, Amazons in Greek Art, Oxford (1957). Tratámos destas figuras no artigo "As Amazonas: destino de um mito singular", Oceanos 42 (Abril/Junho 2000), 162-170. Nos últimos decénios, a arqueologia tem confirmado a presença, em sepulturas entre o Mar Negro e o Mar Cáspio, de mulheres com armas e sinais de ferimentos. Esses túmulos têm sido encontrados, quer entre os Citas, quer, sobretudo, entre os Saurómatas. Sobre o assunto veja-se o comentário de Aldo Corcella, Erodoto. Le Storie, 4, Milano (1993), 319-20, com bibliografia (a que há que retirar a respeitante a possíveis resíduos de matriarcado, regime cuja existência está hoje desacreditada). Das diferenças entre as duas descrições e seu provável significado falámos já no princípio deste capítulo.

diferença a reter é que o seu autor procura uma justificação fisiológica (embora errada) para explicar aquela estranha prática.

Segue-se, até ao capítulo 23, a descrição dos restantes Citas, que são caracterizados como povo que em nada se parece com os outros (18.1). Estes são nómadas, "por não terem casas, mas se transportarem em carros" (18.2). A sequência do capítulo torna claro que é nesses carros que as mulheres vivem, ao passo que os homens se deslocam a cavalo, e com eles segue o gado que possuem. É precisamente a necessidade de dar pastagens a esses animais que os força à vida errante. O autor não se esquece de referir ainda o género de alimentação desses homens.

À relação das características dos Citas com o meio físico são consagrados os cinco capítulos seguintes (19-23). A localização setentrional ("mesmo por baixo das Ursas e dos Montes Ripeus, de onde sopra o Bóreas"), nevoeiro espesso, frio permanente, que não deixa crescer os animais e torna os homens inactivos, é também responsável pelo físico destes últimos. Por isso, são atarracados, bem servidos de carnes e as suas articulações não são visíveis. São de tez ruiva, devido à ausência do sol e aos efeitos do frio; a humidade das suas cavidades inferiores, resultante da ausência das mutações climáticas das estações, leva-os a cauterizar várias partes do corpo (ombros, braços, pulsos, peito e costas), a fim de poderem ter energia para manejar o arco e o dardo. Destas características, continua o autor, decorrem a escassa fecundidade, derivada da humidade e moleza, e ainda dos excessos na prática da equitação; da parte das mulheres, da incapacidade de reter o esperma, devido também ao excesso de humidade, à irregularidade da menstruação, à adiposidade, e à ausência de exercício físico. O próprio autor fornece, de seguida, a contraprova desta etiologia: é que as servas concebem com grande facilidade, devido à vida activa que levam, e à magreza de carnes que ela determina. Mais uma vez, procura-se uma explicação racional, embora não aceitável para a ciência de hoje.

Se até aqui já tínhamos uma descrição reveladora dos interesses do clínico, o capítulo 22 vem ainda reforçá-la com uma etiologia que o ocupa por completo. Mas para além do seu interesse para a história da Medicina e para a etnologia – e são numerosos os estudos que sobre o assunto se têm publicado – é um dos trechos em que melhor se revela o racionalismo do autor. Ao começar a referir a existência dos chamados Anarieus, homens semelhantes a eunucos, que se dedicam a trabalhos femininos e adquirem voz de mulher, comenta (22.2-3)[18]:

---

[18] Para além da extensa bibliografia citada em Jouanna AEL, 335-336, é curioso notar que as características aqui apontadas aos Anarieus têm paralelo noutras sociedades e noutros lugares, e se enquadram no que hoje a antropologia designa por "transgender", para "distinguir papéis socialmente construídos e representações culturais do sexo biológico", segundo a definição de Will Roscoe, "How to Become a Berdache: Toward a Unified Analysis of Gender Diversity", in Gilbert Herdt, ed., *Third Sex, Third Gender*, New York (1996), 329-72 (a citação é da p. 341). O estudo em questão tem como ponto de partida a descrição, feita pelo viajante espanhol Francisco Coreal, de um povo da Flórida por ele encontrado em 1669. (Agradeço o conhecimento desta obra ao Doutor Júlio Machado Vaz, professor de Antropologia Médica no Instituto de Ciências Biomédicas Abel Salazar da Universidade do Porto).

Os indígenas atribuem a causa disto à divindade e veneram os homens desta espécie e prostram-se diante deles, com medo que lhes aconteça o mesmo. Quanto a mim, parece-me também que estas patologias são divinas, como todas as outras, e que nenhuma é mais divina ou mais humana do que as outras, mas são todas semelhantes e todas divinas. Cada uma delas depende da natureza, e nada ocorre sem a natureza.

O capítulo 23 é dedicado aos restantes povos (τὸ λοιπὸν γένος) da Europa, mais uma vez considerados na sua relação com a variedade de climas e seus efeitos sobre a geração. Daí resultam as diferenças na altura e no modo de ser. É neste ponto que se insere uma nova reflexão sobre a interdependência da ética e da política, na qual retoma, como o próprio autor declara, afirmações que constavam de 15. 3-5, ou seja, a diferença de comportamento em combate dos que são autónomos (αὐτόνομοι) e dos que vivem sob o despotismo. O vocabulário dos dois passos é muito semelhante, como já tem sido notado, e a palavra-chave (νόμοι) aparece duas vezes neste último, uma para definir um comportamento geral e outra para os casos particulares de alguns Asiáticos poderem ser, por natureza, corajosos e valentes, mas o seu espírito ser desviado desse modo de actuar devido às leis (que aqui correspondem à diferença de organização política). A afirmação do capítulo 23, essa, não deixa dúvidas, ao acrescentar, às razões de ordem climática e ética, que é também devido às leis que os Europeus são mais belicosos, porquanto não são dominados por um rei, como os Asiáticos[19]. E, quase a concluir o mesmo capítulo, ainda reencarece (23.4):

Assim é que as leis têm não pequena parte na formação da valentia.

Tal como tinha sido feito em relação aos Asiáticos (16.5), também no último capítulo do livro se reconhece que há variedade de nações e povos na Europa, quanto à altura, morfologia e coragem; propõe-se, no entanto, tratar o assunto de forma ainda mais clara (24.1). Quanto às diferenças, mais uma vez relacionadas com a configuração do terreno e as variações climáticas e qualidade das águas, não esquecem sequer a cor dos cabelos e da tez (24.3 e 6) nem – caso ainda mais curioso – a sua inferioridade no tocante à finura de espírito e habilidade técnica nuns (24.8) e à maior inteligência noutros (24.9)[20].

---

[19]   M. Ostwald (supra, nota 12), 27, cita os passos em conjunto, sem estabelecer diferenças semânticas entre eles. Esse livro consagra todo o capítulo 2 à análise das numerosas ocorrências e sentidos da palavra *nomos* e encontra a sua primeira aplicação no âmbito político em Ésquilo, *As Suplicantes* 382-91. O mesmo especialista estuda, no capítulo anterior, o sentido de *thesmoi*, nome por que Sólon designava as suas próprias leis, ao passo que *nomoi* como "legislação escrita" só se fixa nos oradores áticos do século quarto a.C. Sobre o assunto, veja-se também Delfim Leão, *Sólon. Ética e Política*, Lisboa (2001).

[20]   Esta oposição será retomada e modificada, dentro de um novo esquema, em Aristóteles, *Política* 7.7. 1327b. Vide Jouanna, *Hippocrate*, 327-9; idem, *AEL*, 249, nota 2; J. Aubonnet, ed., *Aristote. Politique*, 3.1, Paris (1986), 173-174.

A última frase do livro (24.10) é uma alusão à finalidade propedêutica da obra, em perfeita consonância com o que fora anunciado no princípio. Temos, assim, um pequeno tratado de inestimável valor na história da ciência – quer pelos exemplos de racionalismo já apontados atrás no domínio da patologia, quer no âmbito do saber físico, baseado na observação e na experiência, que se revela no trecho sobre a formação da chuva e sobe a perda de volume da água, quando congelada (8) – e, ao mesmo tempo, um apreciável contributo para o conhecimento da formação da ideia de Europa e de Europeus, aqui vistos em contraste com os seus vizinhos Asiáticos[21].

---

[21] Jouanna, "L'image de l'Europe", 36-37, entende que é aqui que, pela primeira vez, "se assiste ao nascimento, se não da Europa, pelo menos dos Europeus", uma vez que a única ocorrência do termo em Heródoto (7.73) é como simples adjectivo, para designar um povo (os Brigos) que inicialmente habitava na Europa e depois se estabeleceu na Ásia. Em nosso entender, o contexto em que essa denominação se situa, de molde a delimitar claramente a pertença a dois continentes opostos, definidos a partir das suas fronteiras, não favorece tal interpretação (vide supra, no primeiro ensaio deste volume, p. 11).

10. VISIONS DE L'EUROPE CHEZ DES ÉCRIVAINS PORTUGAIS DU XIXᴱ SIÈCLE*

On se demande encore aujourd'hui si le nom de notre continent viendrait de l'assyrien *ereb* ou *irib*, c'est-à-dire, "le pays des ténèbres" ou "du soleil couchant", par opposition à *açu*, "le soleil levant", qui désignerait l'Asie, ces dénominations pouvant avoir été transmises en Grèce par des commerçants de Lydie[1], Les dictionnaires étymologiques de la langue grecque les plus réputés n'y croient pas. Dans l'un d'entre eux, P. Chantraine (Paris, 1980) se demande si le nom du continent – à ne pas confondre avec l'anthroponyme du mythe de l'enlèvement d'Europe par Zeus – ne serait pas plutôt issu de l'adjectif εὐρωπός, un dérivé d'εὐρύς qui signifie "large", "étendu".

Cette question de ténèbres à l'origine du nom de notre continent ne se posait pourtant pas aux générations d'écrivains portugais du XIXᵉ siècle dont nous allons nous occuper, c'est-à-dire, de celle qui a vécu sous le Libéralisme, d'abord, puis de celle qui est généralement connue comme "La Génération de 70".

En effet, lorsqu'il publia, en 1830, un livre adressé "À la Nation Portugaise", sons le titre *Portugal na Balança da Europa* ("Le Portugal dans la balance de l'Europe") Almeida Garrett commence la première partie par une description sommaire du monde, laquelle débute par l'éloge de l'Europe, "à laquelle nous attribuons le premier rang", parce que, dit-il ensuite, elle obtiendra facilement la première place, si elle la dispute aux autres. Après quoi la prééminence est accordée à l'Amérique, "la dernière à être découverte et peuplée", quoique – remarque-t-il en note – elle ne tarde pas à réclamer la première place, que nous serions obligés de lui céder; du point de vue chronologique, pourtant, la première place aurait dû revenir à l'Asie et la deuxième à l'Afrique, si toutes deux ne se trouvaient pas

---

* Publicado em *Revista Portuguesa de História* tomo XXXVI – vol. 2. Faculdade de Letras - Universidade de Coimbra, Instituto de História Económica e Social, Coimbra (2002/2003), 109-123.

[1] L'origine sémitique, adoptée par Rewy et par Grimme, figure encore comme une vérité acquise dans l'introduction de Wil Roebroeks and Thijs van Kolfschoten, eds., *The Earliest Occupation of Europe*, Leiden (1995), 1. En revanche, Aly et d'autres ont proposé une étymologie indo-européenne qui rattache le mot à εὐρώς et ὤψ.

"en état de décrépitude". Laissant de côté plusieurs inexactitudes qui viennent après, auxquelles les connaissances actuelles ne pourraient souscrire, ne passons pas sous silence l'une d'elles: c'est que l'auteur ne parle que de quatre parties de la planète, ce qui démontre que l'existence de l'Australie, ou plutôt, de l'Océanie, localisée après les voyages du capitaine James Cook, en 1775, n'était pas encore suffisamment établie. Ce n'est pas étonnant, si l'on songe au fait qu'il n'y eut pas d'occupation européenne de cette contrée jusqu'en 1824, et que l'exploration du territoire n'eut pas lieu avant 860-1862[2].

L'auteur du livre, un jeune exilé en Angleterre, n'était pas un inconnu. Il avait déjà écrit et porté à la scène par exemple, une tragédie à sujet romain, *Caton* (1821), qui s'inspirait de Tite-Live et de Plutarque (et également d'Alfieri et d'Addison), dont le but était de faire l'apologie de la liberté[3]. Par ailleurs, il avait publié à Paris deux grands poèmes historiques, *Camões* (1825) et *D. Branca* (1826), qui, comme chacun le sait, allaient inaugurer au Portugal le mouvement littéraire du Romantisme. Pour ce qui nous occupe, c'est pourtant *Le Portugal dans la balance de l'Europe* qui doit retenir notre attention. Il se présente comme un bilan de l'histoire du pays et, en même temps, comme un avertissement à ses concitoyens pour l'avenir. Tout ceci dans le cadre d'une Europe qui constitue un ensemble dont le Portugal ne doit pas être détaché, l'Europe étant synonyme de "monde civilisé". C'est ainsi qu'il débute, et c'est également ainsi qu'il finit son travail: il faut se mettre à l'oeuvre pour sauver, pour reconstruire une patrie égarée et disjointe – "il faut enfin que le Portugal retrouve son équilibre dans la balance de l'Europe"[4].

"Notre Europe" – avait-il écrit au début de la première partie, et il le répétera vers la fin du chapitre cinquième de la sixième partie. Et jamais un possessif n'avait été appliqué avec une signification si profonde ni si actuelle. Mais l'Europe elle-même venait de sortir d'une grave crise, à peine terminée en France, "le centre de la civilisation au monde" (cette idée que la France était le pays le plus civilisé sera répétée à maintes reprises, tant chez cet auteur que chez la plupart de ses contemporains). C'est là, dit-il plus loin, que peut être gagnée ou perdue la cause de l'humanité. Cette affirmation prend la forme d'une apostrophe lorsqu'il parle des événements de 1830: "Nation généreuse et immortelle, première nation de la Terre, noble défenseur des

---

[2] Un manuel publié en Angleterre en 1795 par W. Guthrie n'incluait que quatre continents et des îles, tandis qu'en 1832 paraît en France le manuel de Burn qui comprend déjà l'Océanie (je dois ces renseignements à deux collègues de Géographie, Lúcio Cunha et A.M. Gama Mendes).

[3] Sut les nouveautés introduites par Garrett et les changements qu'il a apportés à son œuvre lors de la nouvelle édition qu'il en fit en 1830, voir l'importante étude de Ofélia Paiva Monteiro, *A Formação de Almeida Garrett. Experiência e Criação*, vol. II, Coimbra (1971), 274-290.

[4] P. 27 et 82, d'après la réédition de Joel Serrão (Lisbonne, s.a.), à laquelle renvoient toutes les autres citations.

droits des peuples, France, tu as accepté le défi, tu es entrée en lice et tu as vaincu, pour toi et pour nous"[5].

C'est que l'équilibre de l'Europe, qui s'était petit à petit établi dans la partie occidentale vers la fin du XIVᵉ siècle, avait commencé de se rompre après les Grandes Découvertes. Puis le despotisme y triompha et la liberté dut se réfugier en Amérique. "Aidée de l'influence puissante et bénéfique du Christianisme, la liberté triompha dans le Nouveau Monde" – écrit-il[6]. Et là-bas se produisit "cette fédération merveilleuse (...) dont la force et la beauté sont la terreur des ennemis, l'envie des voisins et l'admiration de tout le monde"[7].

Je ne me propose pas de faire ici l'analyse détaillée de tout l'exposé de Garrett. Je voudrais seulement attirer votre attention sur quelques points qui me semblent assez intéressants pour le lecteur d'aujourd'hui. L'un d'eux est l'attention accordée à presque tous les peuples de notre continent, même ceux du Nord, qui sont généralement oubliés, et dont le rôle exemplaire est particulièrement rehaussé. C'est le cas du Danemark et des Pays-Bas[8]. On pourra toujours dire que c'est là un reflet des discussions du Congrès de Vienne. Chez nous, pourtant, il a l'attrait de la nouveauté. L'autre est la place de choix accordée à la libération de la Grèce. Elle figure au chapitre douze de la seconde partie, dans un morceau qui, d'ailleurs, avait déjà paru dans un journal de Lisbonne, O Cronista, en 1827, précisément au moment de la bataille de Navarin et du traité d'Andrinople, qui avait assuré l'indépendance du pays.

Le sujet reviendra plus loin, dans le chapitre consacré à la Turquie, le pays qui avait pendant tant de siècles imposé son joug à la Grèce, laquelle était "la nation la plus illustre de la Terre. (...) C'est là un événement qui fit date dans l'histoire du monde, dont les conséquences seront extrêmement importantes pour toute l'Europe"[9]. Puis, au milieu des troubles qui s'ensuivirent un peu partout, le Portugal subissant alors le despotisme du roi D. Miguel (1828-1832), auquel les grands pays de l'Europe ne se souciaient pas de le soustraire, pas plus que les autres contrées du midi[10], la joie de la libération de la Grèce et de l'éloignement du pouvoir ottoman éclate à nouveau[11]; "La Turquie pourra peut-être continuer d'exister sous

---

[5] P. 192.

[6] P. 43.

[7] P. 44.

[8] Pp. 86-87 et 83-84.

[9] P. 99.

[10] Rappelons les conférences politiques réalisées après le Congrès de Vienne: celle de Tropa (1820), de Laybach (1821), de Vérone (1822), qui prirent des mesures contre les mouvements libéraux d'Italie, d'Espagne, de Grèce et du Portugal. Pour plus de détails, voir Isabel Nobre Vargues in: José Mattoso, ed., História de Portugal, vol. V, Lisboa (1993), p. 45 (dorénavant repris sous le nom José Mattoso, História de Portugal vol. V).

[11] P. 179.

ce nom en Europe, mais en réalité elle a expiré pour toujours (...) que la cour du sultan reste, provisoirement ou non, en Europe, le sultan, lui, n'appartient plus à l'Europe, il n' en fait plus partie".

Remarquons qu'une idée fondamentale traverse tout l'exposé des faits, c'est que la destinée des petits pays est toujours dictée par les grands pays qui les soutiennent et les laissent tomber, au gré de leurs intérêts. La preuve en était le Congrès de Vienne, qui avait abouti à un "équilibre européen arbitré par les plus grandes puissances", comme l'a si bien dit Borges de Macedo[12].

La sixième partie du livre s'occupe de la place que pourra ou devra occuper le Portugal, "dans la nouvelle balance de l'Europe". Deux possibilités s'entrouvrent pour y répondre: soit l'indépendance en vraie liberté, soit l'union à l'Espagne. Cette dernière solution, que l'auteur rejette énergiquement, sera reprise par d'autres, comme nous le verrons par la suite. Pour le moment, Garrett laisse à peine entrevoir une autre solution, celle d'une fédération. Une chose est sûre: c'est "par un effort conjoint, par un sacrifice des opinions de chacun, par le pardon des injures que tous les Portugais pourront reconstruire leur patrie[13]. À ce moment-là, Garrett, exilé depuis presque huit ans, ne soupçonnait même pas combien ce programme s'avérerait utopique, malgré la victoire des libéraux en 1834 (et n'oublions pas que notre poète sera l'un des 7500 soldats qui, en 1832, débarquèrent avec D. Pedro sur une plage au. nord de la ville de Porto). Un grand rôle lui était réservé, toutefois, dans le développement de la culture de son pays, soit comme fondateur et organisateur du Théâtre National et du Conservatoire National, soit comme auteur du grand recueil de la poésie populaire (*Romanceiro*, 1843). En tant que politicien, il fut député et ministre des Affaires Étrangères. C'est au cours de ces années qu'il écrivit ses chefs-d'œuvre: le drame (qu'il n'osa pas appeler une tragédie, mais qui l'est en effet), *Frei Luís de Sousa*, et la nouvelle *Viagens na Minha Terra* ("Voyages dans mon pays"), tous deux témoignant, l'un par son substrat historique, l'autre par ses considérations sociologiques, de son expérience de la *res publica*. Dans la préface à l'édition qu'il fit de *Le Portugal dans la balance de l 'Europe*, Joel Serrão tient *Les Voyages* pour une des œuvres représentant le mieux la petite bourgeoisie sociale qui venait de se constituer au Portugal et qui essayait de renouveler les structures culturelles et politiques du pays[14].

À côté de Garrett, et ayant comme lui combattu dans l'armée du roi D. Pedro IV, et ayant consacré, comme lui, une grande partie de sa vie à la réformation de la littérature, de l'instruction et de la société, se dresse la figure de celui qui aura l'honneur de renouveler les études d'histoire au Portugal non seulement au moyen de la publication des sources (les volumes imposants des *Portugaliae*

---

[12] *História Diplomática Portuguesa. Constantes e Linhas de Força*, Lisboa, s.a. [1988], 379.)

[13] P. 221.

[14] *Op. cit.*, 11-12.

Monumenta Historica), mais aussi par les études qu'il publia, faisant là un ensemble qui devint, comme l'a si bien remarqué Fernando Catroga "l'une des plus fortes manifestations culturelles du XIXe siècle"[15]. Il s'agit d'Alexandre Herculano. Cette nouvelle culture, poursuit-il, connaîtra un grand essor grâce à la revue *Panorama*, une création, elle aussi, de Herculano.

Ses livres d'histoire, une activité qu'il considérait comme "une sorte de magistra-ture morale, une sorte de sacerdoce"[16], trouvèrent leur complément dans les romans historiques qu'il écrivit dans le sillage de Walter Scott, mais qui contenaient en même temps des critiques voilées à quelques excès de la vie politique contemporaine[17].

C'est surtout de l'époque médiévale, comme chacun le sait, qu'il s'est occupé, jusqu'au moment où, las des querelles anti-scientifiques au sujet de son œuvre, il décida d'échanger la vie publique contre l'agriculture. Toutefois, il a consacré plusieurs études mineures à des sujets d'actualité, qui témoignent soit de sa conscience civique, soit de son intérêt pour les grandes questions, en particulier celles qui touchaient à l'instruction publique. Parmi celles-ci il y en a une qui relève de notre sujet: c'est l'article qu'il consacra à Mousinho da Silveira, dans lequel il fait l'éloge de ce grand homme d'État, chargé par D. Pedro IV, dont il deviendra le ministre, de rédiger de nouvelles lois pour le pays. Il en fait le por-trait en ces mots sur un ton presque romantique: "Il fut un météore qui apparut pour un moment à l'horizon politique et disparut presque aussitôt, en laissant derrière lui une traînée lumineuse". C'est que comme il venait de le remarquer avec l'amertume de quelqu'un qui avait, lui aussi, été déçu par tout ce qui a fait suite à son engagement politique, "l'histoire du Libéralisme au Portugal n'est qu'une comédie de mauvais goût"[18].

Tout comme Garrett, Herculano avait été exilé en France et en Angleterre, mais, contrairement à son confrère, il avait en haute estime ce dernier pays, qu'il appelait "un pays modèle, la civilisation du monde"[19]. C'est pourtant en France, et surtout en Allemagne, qu'il trouva le modèle de ses études historiques. Et c'est précisément à propos des grands historiens de ce pays qu'il écrivit une phrase dans laquelle se trouve le nom de notre continent comme synonyme de monde civilisé : "Il est honteux que le Portugal ne se soit pas encore associé à la grande

---

[15] "Alexandre Herculano e o Historicismo Romântico" in: L. Reis Torgal), J. Amado Mendes e Fernando Catroga, *História da História em Portugal. Sécs. XIX-XX*, Lisboa (1996), 41.

[16] Cf. *Opúsculos* (éd. 1843), vol. VII, p. 12.

[17] Le mot est de Fernando Catroga in: *História da História em Portugal*, 47.

[18] Mousinho da Silveira ou la Révolution Portugaise", *Opúsculos* (éd. Jorge Custódio et J.M. Garcia, 1982), vol. I, p. 294.

[19] Cf. António Sérgio in: Joel Serrão, ed., *Prosa Doutrinal de Autores Portugueses*, 2.ª série (Lisboa, s.a.), p. 227. Dans la génération suivante, Oliveira Martins sera pris d'une véritable anglophobie depuis 1870 (donc, bien avant l'ultimatum imposé par ce pays en 1890). Cf. António José Saraiva, *A Tertúlia Ocidental*, Lisboa, 2e éd., (1995), p. 89. Voir surtout le livre de Oliveira Martins, *A Inglaterra de Hoje* ("L'Angleterre aujourd'hui").

impulsion historique donnée par l'Allemagne, par ce foyer du savoir, grave et profond, à toute l'Europe"[20].

Le prestige et l'influence exercée par Herculano sur la génération suivante est un fait indéniable. Cette influence est très nette sur l'oeuvre de celui qui fut le plus grand historien parmi ceux qui ont apartenu à ce groupe d'intellectuels que l'on est convenu d'appeler "La Génération de 70", c'est-à-dire, de Oliveira Martins, qui, d'ailleurs, a dédié son *Histoire du Portugal* à la mémoire de son maître. Comme lui, il a essayé de déceler les causes qui ont fait du Portugal un pays indépendant, depuis le XIIe siècle, dans la mosaïque de la Péninsule Ibérique. C'est là, d'ailleurs, un sujet qui ne cessa d'être l'objet d'étude et de discussions depuis lors, soit du point de vue historique, soit du point de vue géographique ou même de ce qu'on appelle aujourd'hui la recherche de l'identité culturelle[21].

En ce qui concerne la valeur d'Oliveira Martins en tant qu'historien, différents jugements furent portés, dont nous n'allons pas discuter[22]. Rappelons seulement qu'il s'opposait au positivisme et au républicanisme qui régnaient de son temps et qu'il admettait, comme Renan, le recours à l'imagination là où les preuves manquaient, ce qui ne l'empêchait pas de chercher une "connaissance exacte des faits et des conditions réelles"[23]. Deux qualités sont à signaler: la grande importance qu'il attribue à l'anthropologie (thème de sou livre *Elementos de Antropologia*, 1880), de même qu'aux Sciences Sociales en général, sujet dans lequel s'encadrait toute une collection dirigée par lui depuis 1879, sous le nom de Bibliothèque des Sciences Sociales, dont treize volumes sont parus. C'est parmi ceux-ci qu'occupent une place de choix les deux volumes de *Portugal Contemporâneo* ("Le Portugal Contemporain", 1881), qui, comme le titre le suggère, contient l'histoire des événements survenus depuis la mort du roi D. João VI jusqu'à celle du roi D. Pedro V (1826-1868), donc, de la période troublée des luttes libérales jusqu'à la "Régénération", c'est-à-dire, de ce que Fernando Catroga a appelé "le nom portugais du capitalisme"[24].

C'est un livre sans aucun doute important, mais qui suscita des jugements différents, et pas seulement du vivant de l'auteur, alors que la mémoire des faits et

---

[20] *História de Portugal*, Lisboa, éd. J. Mattoso (1980), vol. I, p. 20, cité par Fernando Catroga in: *História da História em Portugal*, p. 57, où lon trouvera des renseignements plus précis.

[21] Un chercheur brésilien comme Onésimo Teotónio de Almeida l'a bien remarqué, lors du Colloque *Antero de Quental et l'Europe*, Paris (1993), p. 121. La bibliographie à ce sujet étant interminable, je ne rappelle que quelques-uns des écrits les plus récents et les plus notoires: Orlando Ribeiro, *A Formação de Portugal*, Lisboa (1987); J. Borges de Macedo, *Portugal - Europa, para além da circunstância*, Lisboa (1988); Eduardo Lourenço, *Nós e a Europa ou as Duas Razões*, Lisboa, 2.ª éd., (1988); José Mattoso, *A Identidade Nacional*, Lisboa (1998).

[22] Voir surtout Martim de Albuquerque, préface à la nouvelle édition de *História de Portugal*, Lisboa (1988), 10-80, et Fernando Catroga, "História e Ciências Sociais em Oliveira Martins" in: *História da História em Portugal*, 117-153.

[23] *Os Filhos de D. João I*, Lisboa, rééd. (1993), 9.

[24] *Op. cit.*, p. 149.

des passions qu'ils avaient déclenchées était récente. La critique contemporaine le définit comme "un défilé dramatique", "une succession de portraits et d'essais de critique politique, économique, sociale, littéraire de la période de la monarchie libérale"(António José Saraiva[25]), ou alors comme "une galerie de tableaux et de portraits symbolisant les valeurs morales et les lignes de force qui traversent le drame historique", parfois devenue "un tribunal de l'histoire pas toujours juste" (Fernando Catroga[26]). Remarquons que l'auteur lui-même avait déclaré dans les "éclaircissements" qu'il mit en tête de la seconde édition de son ouvrage qu'il s'agissait d'un "livre d'Histoire telle que je pense que l'Histoire doit être écrite, comme on écrit un drame"[27]. Il consulta pourtant des journaux de l'époque, des sermons, des rapports des séances du parlement, le courrier diplomatique et des pamphlets.

Comme Garrett, il s'était aperçu que le cours des événements au Portugal dépendait, en première ligne, des intérêts des grandes nations, qui mettaient le pays sous leur tutelle; il avait aussi reconnu que "les mœurs, les hommes et les idées venant de l'Angleterre et de la France" travaillaient peu à peu les esprits, à travers les compatriotes émigrés depuis des années. Ce qui n'est pas moins curieux c'est qu'il publie une lettre de D. Pedro IV envoyée au Comte (futur Duc) de Palmeia, qui était en train de lui procurer des appuis à Londres, dans laquelle le roi se proposait de faire arrêter les combats "jusqu'à ce que les cinq grandes puissances décident en définitive si la couronne appartient à D. Maria (sa fille) ou à D. Miguel (son frère rebelle)"[28].

C'est aussi dans un chapitre célèbre de *Portugal Contemporâneo* que Oliveira Martins parle de l'existence de ce qu'il désigne d'"'esprit européen", un esprit qui aurait "abandonné le chemin romantique d'un subjectivisme qui depuis 89 assaillait le monde de révoltes" et "s'était retrempé dans la tradition naturaliste, en bâtissant tout un corps de connaissances nouvelles, tout en transformant les méthodes des sciences et en esquissant des philosophies originales"[29].

António José Saraiva porte un autre regard sur ces faits. Il croit que ce qui rend Oliveira Martins supérieur, non seulement à Herculano mais aussi à António Sérgio, c'est qu'il a considéré l'histoire du Portugal dans sa globalité, c'est-à-dire sans en exclure le côté "chevaleresque, jésuitique, rêveur", ce qui voudrait dire, à son avis, que le Portugal, pas plus que la Péninsule Ibérique, n'était pas un pays européen[30].

C'est là une interprétation qui me semble difficile à soutenir, bien que notre historien ait été imbu des préjugés ethnologiques qui étaient alors à la mode.

---

[25] *A Tertúlia Ocidental*, p. 33 et 112.

[26] *Op. cit.*, p. 125 et 151.

[27] *Portugal Contemporâneo*, Lisboa (éd. 1986), vol. I, p. 21.

[28] Cf. *Portugal Contemporâneo*, vol. I, p. 58, 180 et 265.

[29] *Ibidem*, vol. II, p. 259.

[30] *A Tertúlia Ocidental*, 111-112.

De toute façon ce qui lui tient à cœur c'est la question de l'ibérisme, à laquelle il consacre tout un chapitre de son livre[31].

Revenons donc à un sujet auquel Garrett avait déjà touché à la fin de son essai *Le Portugal dans la balance de l'Europe*. Le rêve de faire l'union des deux royaumes de la Péninsule était très ancien; il avait souvent dicté la tactique des mariages dynastiques, et la perte de l'indépendance portugaise, en 1580, avait été justifiée par l'ascendance maternelle de Philippe II.

Oliveira Martins parle de la reprise de l'ibérisme après la mort de D. João VI, mais les diligences diplomatiques qu'il attribue à Palmela et à Saldanha à cette fin et les opinions que le second de ces hommes d'État auraient exprimées – qu'après l'indépendance du Brésil, l'union ibérique était la seule solution pour le Portugal – ne se fondent que sur des rumeurs. Dans un chapitre précédent, il avait reproduit un passage d'un discours d'un autre grande homme d'État, Passos Manuel, où celui-ci déclarait être un partisan de l'union entre les deux pays, parce que, disait-il, "dans l'état actuel de l'Europe, les petites nations ont beaucoup à souffrir". Notre historien omit pourtant la suite de ce discours, ce qui lui valut de fortes attaques, d'autant plus que cela se passait au moment où l'orateur s'exclamait que s'ils venaient, "il prendrait encore un fusil et ouvrirait le feu sur les envahisseurs"[32].

Mais revenons à notre point de départ. En 1855, paraissait en Espagne un livre, écrit par D. Sisibaldo de Más, qui, trois ans plus tard, avait été traduit en portugais par un écrivain très connu, Latino Coelho. Dans la préface anonyme qu'il antéposa à *Ibéria,* il exprimait sou adhésion aux idées qu'il prônait d'une façon très ingénieuse: "Si la fédération européenne n'est pas possible si tôt, notre désir d'aspirer à la diminution progressive du nombre d'États indépendants n'est pas mesquin".

De nos jours, un historien auquel nous avons souvent fait appel, Fernando Catroga, explique d'une façon très claire les causes de ces mouvements, qui furent le sujet de plus de 150 titres. C'est que, dit-il, ils ne sont que la projection des luttes pour la consolidation de l'État-nation dans le contexte du réaménagement européen, engendrée par l'hégémonie grandissante de l'impérialisme britannique. Deux modèles étaient proposés, celui de l'union et celui de la fédération, les États-Unis d'Amérique et surtout la Suisse en fournissant un excellent exemple. On rêvait d'une idée d'Europe qui préserverait l'autonomie des peuples, qui remplacerait les dominations impérialistes et s'organiserait petit à petit selon des affinités géographiques, culturelles et ethniques. Ces idées trouvèrent l'adhésion de beaucoup d'intellectuels, mais ne furent pas suivies par le peuple. L'effet opposé se déchaîna bientôt sous forme de création d'une Association du Premier Décembre, en 1861, qui décida, entre autres, d'élever un monument à la Restauration de l'Indépendance – lequel se trouve bien en évidence à l'entrée

---

[31] *Portugal Contemporâneo*, vol. II, 282-303.

[32] *Ibidem*, vol. II, 97-98 et note 1.

de l'avenue la plus importante de Lisbonne, l'Avenue de la Liberté – et de lancer un pamphlet, rédigé par trois des plus grands écrivains de l'époque; Alexandre Herculano, Rebelo da Silva et José Estêvão[33].

C'est là sans doute une attitude pleine de significations, au milieu de la turbulence des guerres et des alliances, qui secouaient, non seulement le Portugal et l'Espagne, mais presque toute l'Europe. En effet, à peu d'années d'intervalle, s'étaient succédés la dissolution du Saint Empire romain germanique (1806), la défaite de Napoléon (1815), la victoire de Navarin sur l'empire ottoman (1827), plus tard l'éphémère Commune de Paris (1871). Sur le plan des idées, le bouillonnement n'était pas moindre. C'est peu avant le milieu du siècle qu'eut lieu la première exposition de la doctrine de Proudhon sur le socialisme bâti sur l'égalité et la justice, aussitôt appuyé par Marx. Par ailleurs s'imposait la phénoménologie de Hegel, le philosophe dont on a dit qu'il a agi sur la pensée de l'époque contemporaine aussi profondément que la Révolution Française sur la réalisation de la démocratie comme phénomène politique[34]; et il y eut également le *Cours de Philosophie Positive* d'Auguste Comte, qui allait changer – et en partie rétrécir – pour longtemps la méthode des sciences.

Toutes ces nouveautés retentissaient sur les élites intellectuelles portugaises, la langue française étant accessible à tous, la langue allemande à quelques-uns d'entre eux. On connaît la célèbre description de ce changement d'idées faite par Eça de Queirós dans l'*In Memoriam* de Antero de Quental[35] : "Le chemin de fer, qui avait ouvert la Péninsule, déversait tous les jours, venus de France et d'Allemagne (par l'intermédiaire de la France), des torrents de choses nouvelles, idées, systèmes, esthétiques, formes, sentiments, préoccupations humanitaires".

Il rappelle ensuite, pêle-mêle, des noms fameux: Michelet, Hegel, Vico, Proudhon, Hugo, Goethe, Poë, Heine, Darwin, Musset. Tout cela, renchérit-il, se passait à Coimbra, vers 1862 ou 1863, et ceux qui lisaient avidement toutes ces nouveautés étaient des étudiants de l'Université, parmi lesquels ceux qui deviendraient célèbres sous le nom de "Génération de 70". En effet, rappelons que, outre l'auteur de cette description, qui deviendra le plus grand romancier portugais, et celui en l'honneur duquel il faisait cette évocation, et qui sera un des poètes majeurs de notre littérature, Antero de Quental, figuraient également le poète João de Deus

---

[33] Cf. Fernando Catroga, "Nacionalistas e Iberistas" in: José Mattoso, *História de Portugal*, vol. V, 563-567. Voir aussi Amadeu Carvalho Homem, *Da Monarquia à República*, Viseu (2000), au chapitre "O anti-iberismo dos republicanos radicais portugueses (1870-1910)".

[34] Michel Renaud, "Hegel" in: *Enciclopédia Logos*, vol. II, Lisboa, (1990), col. 1040. D'après ce professeur, Antero de Quental aurait puisé ces doctrines dans les commentaires de l'italien Véra (*ibidem*, "Hegelianismo", col. 1046). Sur ce qu'Antero de Quental retint de la philosophie de Hegel, voir surtout Fernando Catroga, "La crise de la civilisation occidentale dans la pensée d'Antero de Quental" in: *Antero de Quental et l'Europe*. Actes du Colloque, Paris (1993), p. 92.

[35] "Um génio que era um santo" in: Eça de Queirós, *Notas Contemporâneas*, éd. Helena Cidade-Moura (Lisboa, s.a.), p. 254. Nous suivons ici la traduction française de Marie-Hélène Piwnik in: Carlos Reis, *Eça de Queirós Consul du Portugal à Paris*, Paris (1997), 21-22.

et le futur président du gouvernement républicain provisoire et plus tard président de la République, Teófilo Braga, l'auteur de plusieurs études sur la littérature portugaise et le fondateur de la revue O Positivismo[36].

Quelques-uns de ces jeunes gens se sont ensuite regroupés à Lisbonne, où ils constituaient, comme chacun le sait, un cercle d'amis qui, sous le nom de "Cénacle", se réunissaient pour discuter de toutes sortes de théories politiques et de leurs applications. Parmi eux se trouvait aussi Ramalho Ortigão, l'un des plus grands prosateurs portugais, l'historien Oliveira Martins, dont nous avons déjà parlé, et Manuel de Arriaga, futur premier président de la République, et d'autres encore. Politiquement, certains étaient républicains, d'autres étaient socialistes[37]. Ils voulaient tous faire la réforme de la société, soit en publiant des livres doctrinaires ou des pamphlets, soit en éditant des revues qu'ils dirigeaient, soit en faisant une série de conférences, comme celles qui se sont tenues au Casino de Lisbonne. Elles faisaient suite, comme on pouvait le lire dans le manifeste, à des évènements récents: la guerre franco-prussienne, l'insurrection de Paris, l'unification de l'Italie sous une monarchie laïque. Dans ce contexte, elles se proposaient "de prendre conscience des faits qui nous entouraient en Europe, d'agiter devant l'opinion publique les grandes questions de la Philosophie et de la Science moderne, d'étudier les conditions nécessaires à la transformation politique, économique et religieuse de la société portugaise"[38].

Antero de Quental y prononça une conférence sur Les causes de la décadence des peuples de la Péninsule, comme chacun le sait. D'autres intellectuels assumèrent les séances suivantes, Eça de Queirós y ayant présenté une dissertation sur le réalisme dans l'art. Le gouvernement ne tarda pas à décréter la clôture de ces conférences, ce qui déclencha une grande agitation et une assez longue polémique, un sujet sur lequel on a beaucoup écrit dans les dernières décennies. Pour le moment, ce qui nous intéresse, c'est la conférence d'Antero de Quental, qui donne, pourtant, un panorama assez conventionnel de l'histoire des peuples de la Péninsule, dont la civilisation n'aurait fleuri que jusqu'à la Renaissance, avant que la triple influence de la transformation du catholicisme par le concile de Trente, l'établissement de l'absolutisme et le développement des conquêtes en outre-mer ne soient venus tout détruire[39]. De tout ceci, qui déborde largement de notre sujet, retenons son exhortation vers la fin du discours: "Que faut-il donc pour reconquérir notre place

---

[36] Celui-ci un peu "excentrique", "malgré le grand rôle pu'il a pu jouer dans les polémiques du groupe" comme l'a si bien remarqué Vitorino Nemésio in: Regards sur la Génération Portugaise de 1870, Paris (1971), p. 9.

[37] Sur la pensée de cette génération, voir surtout Joel Serrão, Introduction à son Antologia do Pensamento Político Português. I. Liberalismo, Socialismo, Republicanismo, Porto (1970), 7-42; et Amadeu Carvalho Homem, "O Republicanismo e o Socialismo" in: José Mattoso, História de Portugal, vol. V, 239-251.

[38] Cf. António José Saraiva, A Tertúlia Ocidental, chapitre IV.

[39] Cf Onésimo T. Almeida, "Antero et les causes du déclin des peuples ibériques" in: Antero de Quental et l'Europe. Actes du Colloque, 121-135; Fernando Catroga, "La crise de la civilisation occidentale dans la

dans la civilisation? pour entrer de nouveau dans la communion avec l'Europe cultivée? Il faut un effort viril, un effort suprême: brisons résolument nos rapports avec le passé (...) Nous sommes une race déchue pour avoir rejeté l'esprit moderne: nous nous régénérerons en embrassant décidément cet esprit-là."

Parmi les grands écrivains de la Génération de 70 se trouvent également deux noms que l'on ne peut omettre: Eça de Queirós et Ramalho Ortigão. Ils voulaient, eux aussi, ramener leur patrie au niveau des autres pays européens, et ils comprenaient que la voie la plus sûre pour y parvenir était la diffusion de l'instruction et le développement de l'esprit critique.

C'est à cet effet que les deux amis commencèrent de publier, en 1871, les petits cahiers mensuels de cent pages environ, qu'ils nommèrent As Farpas ("Les Banderilles"). Un peu plus d'un an après, Eça de Queirós ayant été désigné consul de son pays à Cuba, Ramalho Ortigão dut en assumer seul la publication jusqu'en 1883. Juste auparavant il avait annoncé à son collaborateur que, la revue ayant atteint, au dire de l'éditeur, deux mille abonnés, ce qui correspondait à cinq ou six mille lecteurs, l'occasion de profiter d'un si grand auditoire pour en faire un moyen de diffusion du savoir se présentait. Eça de Queirós, qui raconte tout cela dans une biographie de son ami, feignant d'être terrifié d'une telle responsabilité, et, sur un ton ironique qui lui est propre, se justifie: "Je m'enfuis prudemment à Havana". Ce n'est qu'après ce changement que naquirent, dit-il encore, les Farpas vraiment bonnes, grandes, illustres, celles qui sont devenues pour lui "la grande école de l' ironie"[40].

Ramalho Ortigão, en grand voyageur qu'il était, avait déjà publié un livre de chroniques, Em Paris ("À Paris") ville qu'il tenait, comme beaucoup d'autres, pour la capitale du monde civilisé. Onze ans plus tard, dans un livre consacré à l'Angleterre, intitulé forcément John Bull, il fait l'éloge de cette patrie de grands hommes, de grandes idées, et surtout d' un système d'éducation parfait, qui accorde de l'importance au développement tant intellectuel qu'artistique et physique. La comparaison avec ce qui se passe dans son pays y est toujours sous-jacente, souvent même écrasante (chapitre VIII).

Quelques années auparavant (1883), il avait publié A Holanda ("La Hollande"), généralement tenu pour son chef-d'œuvre. Dans ce pays, il ne sait pas ce qu'il faut admirer davantage: l'amour de la liberté, l'organisation de l'enseignement public, la profusion d'écoles et de musées, et également – il ne faut pas l'oublier – l'amour de la propreté. Tout ceci est l'exemple venu d'un petit pays qui refusa l'inquisiton que Philippe II voulait lui imposer et qui "sauva deux fois la liberté européenne"[41]

---

pensée d'Antero de Quental", ibidem, 91-97; Fernando Catroga, "Antero e as Causas da Decadência dos Povos Peninsulares: entre Weber et Marx" in: Congresso Anteriano Internacional, Actas, Ponta Delgada (1993), 33-34.

[40]   "Ramalho Ortigão, Carta a Joaquim de Araújo" in: Eça de Queirós, Notas Contemporâneas, p. 22. Les mots cités se trouvent p. 23, 29.

[41]   Obras Completas. A Holanda (Lisboa, s.a.), vol. II, p. 246.

– un exemple qu'il veut faire connaître à ses concitoyens. Il le dit clairement au début, dans son style pittoresque; il le répète à la fin, sur un ton plus solennel[42]: "C'est donc par le degré de culture intellectuelle, dont l'equilibre moral résulte, que l'on doit aujourd'hui mesurer l'importance d'une nation moderne."

Nous avons déjà parlé de la fondation de revues comme moyen d'améliorer la culture du pays. Eça de Queirós, qui écrivait régulièrement des chroniques de Paris pour les journaux, conçut plus tard le projet de créer la *Revista de Portugal* ("Revue du Portugal"), qui serait, d'après ce que nous pouvons lire dans la présentation, un organe de la presse accessible à la production littéraire, spécialisé dans le domaine de la critique, et fonctionnant aux yeux des autres pays dans les deux sens nécessaires à un rapprochement entre tous, puisqu'il se proposait d' "organiser la transfusion méthodique et constante du savoir et de la pensée des pays étrangers", et d'élaborer une synthèse de notre mouvement intellectuel qui permette à la critique étrangère d'apprécier nos grands hommes, nos œuvres, nos orientations, et nous assure entre les nations littéraires la place modeste ou significative que nous méritons d'occuper"[43].

En même temps, Eça de Queirós n'interrompait pas sa collaboration à la *Gazeta de Notícias*, un Journal de Rio de Janeiro. Deux de ses articles concernent particulièrement notre sujet: "A Europa" ("L'Europe") et "A Europa em resumo" ("L'Europe en abrégé")[44].

Tous deux remplis de son ironie si caractéristique, le premier dépeint la crise agricole, politique, sociale et morale, dont tous se plaignent: l'Angleterre, où il se trouvait alors, la France, "notre mère latine, seconde patrie de tout esprit bien né", l'Allemagne, où les grandes intelligences durent "prendre refuge dans l'érudition et dans la poussière de l'archéologie", la Russie, la Suède, l'Espagne, l'Italie. Mais, en vérité, une telle situation est, somme toute, normale, puisque la situation en Europe ne cesse jamais d'être effroyable, et, en ce XXe siècle dont on s'occupe déjà avec une sollicitude toute maternelle, il y aura encore plus de savoir diffusé et plus de justice réalisée"[45].

L'article "L'Europe en abrégé" contient une comparaison entre les beautés naturelles des cinq continents. Parmi eux, l'Europe n'a plus, il est vrai, l'attrait de la nouveauté – le tout en ayant été photographié et décrit – et pourtant elle est la partie la plus intéressante du globe, parce que, ajoute-t-il avec une ironie cuisante, elle possède toujours de la fantaisie, c'est un théâtre permanent. "Il s'y déroule constamment une de ces vieilles tragicomédies qu'on est toujours en train de refaire et, qu'on appelle Politique, Religion, Argent, Société". Ce sont ces nouvelles qu'il

---

[42] *Ibidem*, vol. II, p. 248.

[43] Cf. Carlos Reis, *Eça de Queirós Consul du Portugal à Paris*, p. 107.

[44] Repris tous les deux dans *Notas Contemporâneas*, 143-152 et 180-184.

[45] *Notas Contemporâneas*, p. 151.

se proposait d'envoyer au Brésil, parce que, "pour savourer sans désillusion cette Europe si intéressante, il faut habiter loin, au Texas, ou, alors, au-delà des mers"[46].

Toute la correspondance d'Eça de Queirós pour les journaux est parsemée d'ironies semblables. Et tout comme chez son ami Ramalho Ortigão, elles peuvent souvent se retourner contre leur propre pays, celui, auquel, en définitive, ils songent toujours. L'exemple le plus intéressant en est, à mon avis, la description de la visite du Tsar à Paris, où tout se déroule dans une atmosphère de joie débordante (cette amitié entre les deux pays, aussi fastueusement exhibée, étant, en même temps, un avertissement à l'Allemagne), au milieu d'une foule polie et aimable. La leçon, cachée sous un hypotexte fort habile, vient ensuite[47]:

"Au fond, tout cet ordre est simplement le résultat précieux d'une civilisation très ancienne: c'est en de pareilles journées, au milieu de deux millions de personnes du peuple entassées par leur enthousiasme dans trois rues étroites, que l'on peut apprécier les bénéfices d'une culture ancienne qui a, au fil du temps, épuré la bête humaine. Quant à moi, pendant une heure entière que j'ai mis à traverser la Place de l'Opéra, sans que personne ne m'ait bousculé, foulé, gêné, contrarié – je n'ai pas cessé de louer Jules César d'avoir réussi, de si bonne heure et tellement avant mon époque, la conquête des Gaules".

Il est temps de mettre un terme à ces digressions qui nous ont permis de visiter quelques-uns de nos plus grands écrivains du XIXe siècle. Elles ont pu mettre en évidence, je l'espère, leur engagement pris en vue d'améliorer la société à laquelle ils appartenaient, de lui faire profiter de l'expérience et de l'enrichissement culturel que l'exil ou les voyages ou les besoins de leur carrière leur avaient apportés. Quelques-uns, comme Garrett et Herculano, servirent leur pays par l'épée et par la plume, et aussi par les lois qu'ils rédigèrent ou inspirèrent, et par leurs interventions dans les organes politiques de la nation, ce qui fut aussi le cas d'Oliveira Martins. À un certain moment, l'idée que les petites nations ne pourraient trouver place qu'agrégées à d'autres semble avoir dominé l'esprit de beaucoup d'entre eux. D'autres la rejetèrent entièrement. Quoiqu'un peu plus tardive, je crois que l'on peut ranger dans ce dernier groupe l'intention déclarée d'un livre apparemment descriptif (on pourrait aussi le ranger parmi les récits de voyage), tel que *La Hollande*. En faisant l'éloge de Garrett, Ramalho Ortigão lui-même écrivit un jour que ce poète était apparu au beau milieu d'une société bornée et entêtée, comme "un messager du nouvel esprit européen"[48]. C'est là un beau titre que l'on pourrait, il me semble, appliquer aussi à tous les écrivains dits de la première et de la troisième génération romantique, dont nous venons d'évoquer le souvenir.

---

[46] *Notas Contemporâneas*, p. 183. Sobre esta questão, ver também a colectânea organizada por Marta Manuela Tavares Ribeiro, *Ideias da Europa: Que Fronteiras?*, Coimbra, 2004.

[47] *Ecos de Paris*, Porto (éd. 1945), 122-123.

[48] *As Farpas*, Lisboa (éd. Corazzi, 1887), vol. III, 255.

11. LES FONDEMENTS CLASSIQUES DE L'IDÉE EUROPÉÉNNE*

L'idée européenne, on en parle aujourd'hui partout. On écrit des livres à ce sujet, on organise des congrès, des débats, comme celui de l'Institut des Sciences de l'Homme, qui s'est tenu à Castelgandolfo en 1989, consacré au thème "L'Europe et la Société Civile", ou alors celui qui s'est déroulé presque aux antipodes, en 1992, à l'Université Nationale d'Australie, sous le thème "Pour conceptualiser l'Europe: l'unité dans la diversité". On essaie surtout de dépasser le plan économique qui est aux assises de l'Union Européenne pour retrouver dans le passé, comme dans le présent, une autre union, plus profonde et donc plus tenace, venant de la philosophie, de la géographie, de l'histoire, de la littérature – précisons mieux encore, de la culture. Des entités officielles l'ont bien reconnu, comme le Ministère des Affaires Étrangères Français, en 1988, lorsqu'il a affirmé que c'est à la culture qu'il revient d'imposer le sentiment de l'unité, de la solidarité européenne.

Le propre d'une culture est de n'être jamais identique à elle-même, comme l'a récemment écrit Derrida[1]. Elle est l'ouvre de générations qui se succèdent, elle est donc "tradition" au sens étymologique du mot, tout autant qu'elle est toujours en passe de subir les effets d'une crise – et là aussi nous employons le mot dans son sens premier de "jugement". En effet, "crise sans tradition n'a ni racines ni sol, tout comme tradition sans crise est chose morte et finie", ainsi que vient de le signaler un philosophe portugais contemporain, Miguel Baptista Pereira[2]. Ce n'est pourtant pas sous cette perspective dynamique et diachronique que nous allons nous occuper de la culture européenne, qui en est indissociable. On sait que celle-ci a été le rêve de bien des empereurs, de Charlemagne à Napoléon,

---

* Publié: *Humanitas* vol. XLIX (1997), 25-39. Conférence lue à l'Université Catholique de Louvain le 26 mars 1996.

[1] *L'Autre Cap*, Paris (1991), 16.

[2] "A crise do mundo da vida no universo mediático contemporâneo" (La crise du monde de la vie dans l'univers médiatique contemporain), *Revista Filosófica de Coimbra* 8 (1995), 217-281.

quoiqu'il s'agît là d'une unité à laquelle on aboutirait par la force. Si l'on veut parler de l'idée d'une unité culturelle, que d'ailleurs Charlemagne lui-même a ébauchée dans son empire, il faut plutôt la rechercher chez les écrivains de la Renaissance, qui en prennent conscience au moment d'une crise politique redoutable, déclenchée par la conquête de Constantinople. C'est le cas de l'humaniste Enea Silvio Piccolomini, devenu pape sous le nom de Pie II, auteur d'un traité de géographie et d'ethnographie appelé *Europe* et d'un "Discours sur la défaite de Constantinople et sur la nécessité de faire la guerre aux Turcs" (*Oratio de Constantinopolitana clade et bello contra Turcos congregando*), où il se plaint que les attaques des infidèles ne se déroulaient plus en Afrique et en Asie, "désormais c'est en Europe, c'est-à-dire, dans notre patrie (...) que nous avons été battus". Le même Pape a publié une bulle de croisade, à fin de réunir – d'ailleurs sans succès – les princes de toutes les nations à fin que "après avoir reconquis la Grèce, on puisse finalement chanter dans toute l'Europe tes louanges"[3]. Dans le même sens, le poème épique portugais des *Lusiades* de Camoens, composé plus d'un siècle plus tard, adresse quelques strophes très énergiques aux pays chrétiens qui guerroyaient entre eux, pour leur rappeler que leur devoir est de s'unir contre le danger ottoman[4]. Remarquons toutefois qu'ici l'idée de *Christianitas* se superpose à celle de l'ensemble du continent, tandis que, dans d'autres parties de l'épopée, l'expédition aux Indes se présente comme originaire de l'Europe[5].

Depuis la formation de l'Empire Romain d'Occident, puis pendant le Moyen Âge et bien au-delà de cette époque, notre continent avait une seule langue de culture, le Latin, une seule religion, le Christianisme. L'ensemble en était conçu comme la *Christianitas* dont nous venons de parler. C'est donc un des paradoxes de l'histoire que, justement à mesure que ces deux facteurs d'unité s'effondrent, par suite de la Réforme, d'un côté, et de l'ascension au statut de langues littéraires du *volgare illustre*, de l'autre, l'idée d'Europe renaît et s'affermit au contact d'autres civilisations et d'autres continents.

Nous venons de dire que l'idée d'Europe renaît, et non pas, comme on lit assez souvent, qu'elle commence à prendre forme. En effet, on la rencontre souvent du VIIème au IXème siècle. Mieux encore, elle venait d'une époque très lointaine. Disons même que, comme presque toutes les idées fondamentales de la civilisation occidentale, elle prend ses racines dans la Grèce antique.

Voyons donc d'abord si le nom qu'elle porte est d'origine grecque. En effet, lorsqu'on parle d'un nom tellement important – l'Europe – on est tout naturellement poussé à interroger le mot. C'est ce qu'ont fait les Anciens, c'est ce que font encore les Modernes, en dépit des progrès de la linguistique. Pourtant, c'est en vain

---

[3] Cf. M. Fuhrmann, *Europa. Zur Geschichte einer kulturellen und politischen Idee*, Konstanz (1981).

[4] *Les Lusiades* VIII, 4-14.

[5] *Les Lusiades* I.64.

qu'on le chercherait tout le long des Poèmes Homériques. Sa première occurrence se trouve dans la *Théogonie* d'Hésiode, v. 357, au beau milieu d'un catalogue de noms des filles d'Océan et de Téthys, donc, des Océanines. Le mythe d'une autre Europe, fille de Phoinix, roi de Tyr, ravie par Zeus (qui avait pris la forme d'un taureau) et emportée en Crète, où elle aurait enfanté Minos, Sarpédon et Rhadamanthe, était racontée dans le *Catalogue des Héroïnes*, attribué à Hésiode, mais composé sans doute, au moins sous la forme que les papyrus nous ont transmise, au VIème siècle av. J.-C.[6]. D'autres légendes connues des premiers historiographes en font la fille d'Agénor et la sœur de Cadmos, enlevée par Zeus et cachée dans une grotte à Teumessos, sur la route de Thèbes à Aulis; elle aurait par la suite enfanté Rhadamanthys. De ces deux versions de la légende, c'est dans la tradition béotienne que M. L. West croit déceler les traits les plus anciens, ce qui semble bien possible[7]. Retenons-en seulement que celui que M. Pohlenz a appelé dans un livre célèbre "le premier historien de l'Occident"[8] regardait ces traditions-là d'un œil critique. Voici donc ce que disait Hérodote IV. 45:

Ἡ δὲ δὴ Εὐρώπη οὔτε εἰ περίρρυτός ἐστι γινώσκεται πρὸς οὐδαμῶν ἀνθρώπων, οὔτε ὁκόθεν τὸ οὔνομα ἔλαβε τοῦτο, οὔτε ὅστις οἱ ἦν ὁ θέμενος φαίνεται, εἰ μὴ ἀπὸ τῆς Τυρίης φήσομεν Εἰρώπης λαβεῖν τὸ οὔνομα τὴν χώρην· πρότερον δὲ ἦν ἄρα ἀνώνυμος ὥσπερ αἱ ἕτεραι. Ἀλλ' αὕτη γε ἐκ τῆς Ἀσίης τε φαίνεται ἐοῦσα καὶ οὐκ ἀπικομένη ἐς τὴν γῆν ταύτην ἥτις ὑπὸ Ἑλλήνων Εὐρώπη καλέεται, ἀλλ' ὅσον ἐκ Φοινίκης ἐς Κρήτην, ἐκ Κρήτης δὲ ἐς Λυκίην.

Pour l'Europe, de même que nul ne sait si elle est toute entourée d'eau, on est sans lumière sur l'origine de son nom et sur celui qui le lui imposa, à moins de dire que le pays reçut ce nom de la Tyrienne Europé; elle aurait en ce cas été auparavant anonyme, comme les autres parties du monde. Mais il est certain que cette Europe était originaire d'Asie, et qu'elle ne vint jamais dans ce pays que les Grecs appellent présentement Europe; elle vint seulement de Phénicie en Crète, et de Crète elle alla en Lycie.

On peut toutefois essayer d'obtenir quelques renseignements du côté de l'étymologie. Un lexicographe du Vème siècle, Hésychius, en a donné une définition en termes géographiques: "Pays du couchant et ténébreux", qu'on a rapproché de

---

[6] Frgs. 140-141 Merkelbach-West. M. L. West, *The Hesiodic Catalogue of Women*, Oxford (1985) 164-165, a essayé de démontrer que les fragments du *Catalogue*, tels qu'ils nous sont parvenus, datent du VIème siècle av. J.-C., bien qu'ils remontent à plusieurs généalogies locales construites pas plus tard que le VIIIème siècle av. J.-C.

[7] Pour les sources et la discussion du mythe, voir Winfned Bühler, *Die Europa des Moschos*, Wiesbaden (1960), 17-28, et M. L. West op. cit., 82-83 et 146-147.

[8] *Herodot, der erste Geschichtschreiber des Abendlandes*, Stuttgart (1964).

l'assyrien *irib* ('le soleil couchant'), de même qu'Asie serait un dérivé de *aç* ('le soleil levant'), ces noms pouvant avoir été transmis par des commerçants de Lydie. Cette origine sémitique, adoptée par Rewy et par Grimme, figure dans le dictionnaire de Frisk (1960), à côté de l'étymologie indo-européenne proposée par Aly et d'autres, qui rattache le mot à εὐρώς et ὤψ, mais que l'auteur ne trouve pas convaincante. Sa conclusion à lui est simplement *unerklärt*. Chautraine (1980) est encore plus tranchant dans son dictionnaire: *étymologie ignorée*. Il se demande néanmoins si les deux termes (c'est-à-dire, l'anthroponyme et le nom géographique) ne sont pas indépendants l'un de l'autre (ce que personnellement je crois) et "si le nom du continent n'est pas issu de 1 'adjectif εὐρωπός, un dérivé d' εὐρύς, 'large' 'étendu', un mot d'origine indo-européenne qui semble avoir déjà produit des composés en grec mycénien".

Vous voyez en ce moment où un seul mot peut nous conduire! Laissons là les étymologies, puisqu'elles n'ont pas de réponse sûre à nous fournir, et revenons aux textes et à la géographie. C'est dans l'*Hymne Homérique à Apollon* que le terme paraît pour la première fois en ce sens, au moment où le dieu annonce son plan de construire un temple et un oracle à Delphes (247-253 =287-293):

Τελιφοῦσ' ἐνθάδε δή φρονέω περικαλλέα νηὸν
ἀνθρώπων τεῦξαι χρηστήριον, οἵ τέ μοι αἰεὶ
ἐνθάδ' ἀγινήσουσι τελεήσσας ἑκατόμβας,
ἠμὲν ὅσοι Πελοπόννησον πίειραν ἔχουσιν
ἠδ' ὅσοι Εὐρώπην τε καὶ ἀμφιρύτους κατὰ νήσους,
χρησόμενοι· τοῖσιν δέ τ' ἐγὼ νημερτέα βουλὴν
πᾶσι θεμιστεύοιμι χρέων ἐνὶ πίωνι νηῶι.

Telphouse, j'ai l'intention de bâtir ici même un temple magnifique, oracle pour les hommes qui sans cesse, pour me consulter, conduiront à mes autels de parfaites hécatombes, ceux qui habitent le gras Péloponnèse, comme ceux d'Europe et des îles ceintes de flots: à tous je veux faire connaître ma volonté infaillible en rendant mes arrêts dans un riche sanctuaire.

Cette partie de l'Hymne, communément appelée "La suite Pythique", a été composée dans les premières décennies du VIème siècle av. J.-C. comme semble l' avoir démontré R. Janko[9]. On pourra donc conclure qu'en ce temps-là "Europe"

---

[9] *Homer, Hesiod and the Hymns*, Cambridge (1982), 132. La date en serait c. 585 av. J.-C., soit, lorsque les Amphictyons ont déclaré la Plaine de Crisée consacrée à Apollon. Plus récemment, Andrew M. Miller, *From Delos to Delphi. A literary Study of the Homeric Hymn to Apollo*, Leiden (1986), a repris la thèse d'un seul auteur.

était la dénomination courante du nord et du centre de la Grèce, par opposition au Péloponnèse. S'il en est ainsi, il semble qu'il soit raisonnable d'établir un parallèle avec ce qui s'est passé avec le nom de l'Hellade. En effet, celle-ci n'était d'abord qu'une petite contrée appartenant à Achille et faisant partie de la Thessalie, et ce n'est que vers 700 av. J.-C. que ce nom s'étendit à toute la Grèce[10]. Peut-être y a-t-il eu une phase pendant laquelle l'opposition Europe/Asie était limitée aux côtes occidentale et orientale de la Mer Égée. L'importance attribuée au passage de l'Hellespont, sur lequel nous reviendrons tout-à-l'heure, et les faits historiques qui se cachent sans doute derrière la Guerre de Troie en seraient en quelque sorte des indices.

Pour ce qui est de l'Europe, ce n'est que chez Pindare qu'on trouve ce terme pour désigner cette partie du monde. C'est là que se trouve une ville qui en signale l'extrémité occidentale, après laquelle on ne peut plus passer (*Ném.* IV, 69-72):

Γαδείρων τὸ πρὸς ζόφον οὐ περατόν. ἀπότρεπε
αὖτις Εὐρώπαν ποτὶ χέρσον ἔντεα ναός·
ἄπορα γὰρ λόγον Αἰακοῦ
παίδων τὸν ἄπαντά μοι διελθεῖν.

Mais on ne peut franchir Gadès; au-delà sont les ténèbres. Ramène ta nef vers le continent, ramène-la vers l'Europe; suivre jusqu'au bout l'histoire des enfants d'Éaque est pour moi une chose impossible.

Remarquons en passant qu'il est vraiment curieux de trouver dans une épinicie la mention de Cadix, au sud-ouest de l'Hispania, la deuxième fondation phénicienne en importance, qui date de 777/755 av. J.-C., et près de laquelle on vient de découvrir un nouveau temple de Melkart. Mais retournons à notre ode. Celle-ci est datée par Snell-Maehler comme étant peut-être de 473 av. J.-C. S'il en est ainsi, le nouveau sens du terme était déjà bien établi, depuis Hécatée de Milet au moins, vu que cet historiographe avait composé une *Description de la Terre* divisée en Europe et Asie et illustrée d'une carte, qui, d'ailleurs, n'était pas la toute première, puisqu'Anaximandre en avait déjà esquissé une[11].

Ceci nous amène à une discussion dont on trouve les échos chez Hérodote, celle de la division de la Terre. Lui connaît la division en trois parties, Europe, Asie et Lybie, et n'accepte pas la théorie des Ioniens, qui admettent comme limite entre les deux dernières le cours du Nil (II, 16). Il trouve, pourtant, que la division n'est pas bien faite, les trois régions étant très inégales (IV, 42):

---

[10] Pour les détails, voir J. Ribeiro Ferreira, *Hélade et Helenos. Génese e Evolução de um Conceito (Hellade et Hellèes. Genèse et Évolution d'une Idée)*, Coimbra (1992), 265-297.

[11] Strabon, I, 1.11.

Θωμάζω ὧν τῶν διουρισάντων καὶ διελόντων Λιβύην τε καὶ Ἀσίην καὶ Εὐρώπην· οὐ γὰρ σμικρὰ τὰ διαφέροντα αὐτῶν ἐστί. Μήκεϊ μὲν γὰρ παρ' ἀμφοτέρας παρήκει ἡ Εὐρώπη, εὔρεος δὲ πέρι οὐδὲ συμβάλλειν ἀξίη φαί- νεταί μοι εἶναι.

J'admire donc ceux qui ont partagé et divisé le monde en Lybie, Asie et Europe, alors qu'entre ces parties les différences ne sont point petites. Car, dans le sens de la longueur, l'Europe s'étend tout le long des deux autres; et, sous le rapport de la largeur, il ne me paraît pas qu'elle puisse même être mise en comparaison.

Ne nous étonnons pas de l'erreur du jugement porté sur l'étendue de l'Europe. Malgré l'expédition ordonnée par Darius à Skylax de Caryanda sur les côtes de l'Inde (IV, 44), on croyait que "jusqu' à l'Inde la Terre est habitée; à partir de l'Inde en al- lant vers l'aurore, elle est déserte, et personne ne peut dire ce qu'il en est" (IV, 40).

De l'Europe elle-même, on ne connaît pas les extrémités occidentales (III, 115), ni orientales (IV, 45), l'opinion d'après laquelle elle s'arrêterait, à l'Est, au cours du Tanaïs (aujourd'hui, le Don) et au Bosphore cimmérien ne semblant pas acceptable (IV, 45).

Les limites entre l'Europe et l'Asie n'étaient pas précises non plus pour Eschyle. Il en parle dans le *Prométhée Enchaîné*, lorsque le titan prophétise les errances d'Io (732-735):

Ἔσται δὲ θνητοῖς εἰσαεὶ λόγος μέγας
τῆς σῆς πορείας Βόσπορος δ' ἐπώνυμος
κεκλήσεται. λιποῦσα δ' Εὐρώπης πέδον
ἤπειρον ἥξεις Ἀσιάδ' ....

Et, parmi les mortels, à jamais vivra le glorieux récit de ton passage: le détroit te devra le nom de Bosphore. Et, dès lors, laissant le sol de l'Europe, tu prendras pied sur le continent d'Asie.

Une autre limite était indiquée dans la tragédie suivante, le *Prométhée Libéré*: la montagne du Phasis (un fleuve que l'on identifia d'abord au Don, puis au Rhion, à l'extrémité occidentale de la Mer Noire).

Mais laissons là cette tragédie, dont on discute à nouveau l'authenticité[12], et retournons à ce drame d'Eschyle auquel revient la gloire d'être la plus ancienne

---

[12]   La question de l'authenticité de la pièce a pris un nouvel essor avec la thèse de Mark Griffith, *The Authenticity of Prometheus Bound*, Cambridge (1977), et puis celle de Robert Bees, *Zur Datierung des Prometheus Desmotes*, Stuttgart (1993), dont une partie des arguments s'appuie précisément sur la ressemblance de la géographie de la pièce à celle d'Hérodote. Rappelons aussi que l'édition critique

pièce du théâtre européen, *Les Perses*, qui remportèrent le premier prix aux Grandes Dionysies de 472 av. J.-C. (de la tragédie sur le même sujet, *Les Phéniciennes*, par Phrynichus, nous ne connaissons que le premier vers et un bref résumé du prologue).

La pièce d'Eschyle se joue, comme chacun sait, du côté perse, dans une ambiance d'angoisse montante, qui éclate au moment de l'arrivée d'un messager qui raconte la défaite que le pays vient de souffrir à Salamine. Cette défaite atteint toute l'Asie, puisque tous les pays soumis à Xerxès avaient été obligés de prendre part à cette expédition (11-12):

πᾶσα γὰρ ἰσχὺς Ἀσιατογενὴς
οἴχωκε ………

La force née de l'Asie s'en est allée tout entière.

C'est dans le même sens que les premiers mots du messager s'adressent aux "cités de l'Asie entière" (249).

On pourrait multiplier les exemples. Mais tournons-nous plutôt du côté de l'Hellade, dont le nom est répété une quantité innombrable de fois. C'est que le but de l'expédition était de "jeter sur la Grèce le joug de l'esclavage" (50). À cet effet, Xerxès avait fait construire sur le Bosphore un pont qui devait relier les deux continents. On commence à en parler dans la parodos (65-72 et 130-132), on y revient par la bouche de la reine (722), le même fait est cause de l'indignation du fantôme de Darius (723), qui souligne le caractère impie de l'entreprise, sur laquelle retombera le châtiment des dieux (745-750):

ὅστις Ἑλλήσποντον ἱρὸν δοῦλον ὡς δεσμώμασιν
ἤλπισε σχήσειν ῥέοντα, Βόσπορον ῥόον θεοῦ,
καὶ πόρον μετερρύθμιζε, καὶ πέδαις σφυρηλάτοις
περιβαλὼν πολλὴν κέλευθον ἤνυσεν πολλῶι στρατῶι·
θνητὸς ὢν θεῶν ἁπάντων ὤιετ' οὐκ εὐβουλίαι
καὶ Ποσειδῶνος κρατήσειν· ………………

…lui qui a conçu l'espoir d'arrêter dans son cours, par des chaînes d'esclave, l' Hellespont sacré, le Bosphore ou coule un dieu, qui prétendait transformer un détroit et, en lui passant des entraves forgées au marteau, ouvrir une immense route à son immense armée! Mortel, il a cru, en sa déraison, pouvoir triompher de tous les dieux – de Poséidon!

---

la plus récente d'Eschyle, celle de M. L. West, Stuttgart (1990), porte le titre *Aeschyli Tragoediae cum incerti poetae Prometheo.*

Le symbolisme de ce pont traverse le drame[13]. C'est par là que Xerxès, désormais fuyard, pourra échapper à la guerre (736-737). Mais il y a dans la pièce un autre symbole, plus clair encore s'il se peut: le songe de la reine.

Celle-ci raconte au Chœur qu'elle avait vu deux femmes bien mises, dont "l'une parée de la robe perse, l'autre vêtue en Dorienne", que Xerxès avait attelées à son char; la première était docile, tandis que la seconde finit par briser le joug, ce qui fit tomber le roi (181-197). Plusieurs exégèses ont été avancées, dont deux semblent plus probables: celle qui fait des deux jeunes femmes la Grèce et la Perse et celle qui les identifie à l'Europe et l'Asie[14]. Il est vrai que le texte dit "la terre d'Ionie" (178), mais c'est de "quitter l'Europe" (799) que le Chœur parlera lorsqu'il s'enquerra du retour des envahisseurs en déroute. Revenons encore à Hérodote, puisque, quelques décennies plus tard, on y trouvera une pareille opposition dans le songe de Cyrus, qui croit voir Darius "avec deux ailes aux épaules, dont l'une ombrageait l'Asie, l'autre l'Europe" (I, 209) – un rêve qui, pourtant, ne se réalisera pas, car les dieux et les héros n'ont pas "voulu qu'un seul homme régnât sur l'Asie et l'Europe" (VIII, 109)[15]. C'est d'ailleurs d'un plan de la conquête de l'Europe par Xerxès qu'Hérodote parle souvent au cours des *Histoires*[16].

Reprenons encore une fois le drame d'Eschyle pour mettre en relief la différence des mentalités qui sont en jeu: du côté des Perses, une obéissance totale au roi (56-58), qui n'aura pas à rendre de comptes, même s'il revient vaincu (213-214); du côté des Grecs, des gens qui "ne sont esclaves ni sujets de personne" (242). Tandis que chez les Perses déroutés c'est un tout autre tableau: "sur la terre d'Asie on n'obéira plus à la loi des Perses; on ne paiera plus le tribut sous la contrainte impériale, on ne tombera plus à genoux pour recevoir des commandements: la force du Grand Roi n'est plus. Les langues mêmes ne sentiront plus de bâillon. Un peuple est délié et parle librement, sitôt qu'est détaché le joug de la force" (584-594). Apparemment, c'est le Chœur des Anciens Perses qui

---

[13]   La construction du pont et les excès de Xerxès sont racontés aussi par Hérodote VII, 33-35, 54. Vers la fin du siècle, Timothée en parlera encore dans son nome *Les Perses*.

[14]   La première thèse est celle de Broadhead et d'autres; la seconde, celle de G. Murray.

[15]   Ceci est dit beaucoup plus tard dans un discours attribué à Thémistocle, lorsque celui-ci tâche de persuader les Athéniens de laisser Xerxès s'enfuir, d'après l'avis d'Eurybiade, commandant spartiate de toute l'armée, qui prévoyait le danger qui s'ensuivrait si le roi perse restait en Europe ("Il se pourrait que l'Europe tout entière se joignît à lui, villes après villes, peuples après peuples" – VIII, 108-109).

[16]   Par exemple, VII, 54: "Xerxès, avec une coupe d'or, fit des libations dans la mer, et, s'adressant au soleil, le pria d'écarter de lui tout accident qui pût l'arrêter dans la conquête de l'Europe avant qu'il eût atteint les extrémités de ce pays". Cf. VII, 50 et aussi VIII, 109. L'opposition entre les deux continents, exprimée sur le plan mythique par les enlèvements de femmes d'un côté et de l'autre dans la préface des *Histoires*, peut être résumée par cette phrase: "Les Perses, en effet, considèrent comme à eux l'Asie et les peuples barbares qui l'habitent, et ils tiennent l'Europe et le monde grec pour un pays à part" (I, 4). Chez Isocrate, qui s'efforce de faire l'union des cités grecques contre les Perses, l'opposition Europe/Asie s'esquisse plus d'une fois. Voir surtout *Panégyrique*, 187.

gémit sur la débâcle de l'empire. Le peuple athénien qui assistait au spectacle décelait à travers ces mots l'éloge de la liberté de parler (l'*isegoria*) qui était au cœur de la démocratie grecque.

Cette même opposition se dessine chez Hérodote à plusieurs reprises. Choisissons le passage célèbre du Livre VII, 104, où Démarate instruit le roi de Perse du danger de combattre les Lacédémoniens:

Ἐλεύθεροι γὰρ ἐόντες οὐ πάντα ἐλεύθεροί εἰσι· ἔπεστι γάρ σφι δεσπότης νόμος, τὸν ὑποδειμαίνουσι πολλῶι ἔτι μᾶλλον ἢ οἱ σοὶ σέ· ποιεῦσι γῶν τὰ ἂν ἐκεῖνος ἀνώγηι· ἀνώγει δὲ τωυτὸ αἰεί, οὐκ ἐῶν φεύγειν οὐδὲν πλῆθος ἀνθρώπων ἐκ μάχης, ἀλλὰ μένοντας ἐν τῆι τάξι ἐπικρατέειν ἢ ἀπόλλυσθαι.

Car, s'ils sont libres, ils ne sont pas libres en tout: ils ont un maître, la loi, qu'ils redoutent encore bien plus que tes sujets ne te craignent; du moins font-ils tout ce que ce maître leur commande; or il leur commande toujours la même chose: ne fuir du champ de bataille devant aucune masse ennemie, mais rester fermes à leur poste, et vaincre ou mourir.

La défense de la liberté comme un bien essentiel reparaît souvent chez Simonide, à peu près contemporain d'Eschyle, qui a consacré aux grands combats des Guerres Médiques des poèmes dont on ne gardait que le souvenir: Artémision, Salamine et Platées. Ce n'est que tout récemment qu'on a retrouvé sur un papyrus d'Égypte une cinquantaine de vers appartenant à une élégie sur la bataille de Platées[17]. La partie conservée montre que le poème débutait par une hymne à Achille, ce qui indique, comme l'a remarqué Parson, que les Guerres Médiques y étaient comparées à celle de Troie. À cette interprétation West a ajouté que d'autre vers suggèrent que l'issue de ces guerres y était expliquée – tout comme chez Eschyle – par un châtiment venant de la justice divine[18].

On connaissait déjà, toutefois, nombre d'épigrammes louant le courage des Grecs qui avaient lutté pour la liberté de leur pays, dont plusieurs sont attribuées à Simonide. Il est difficile de démêler celles qui appartiennent en réalité au poète de Céos (West, par exemple, ne lui en laisse qu'un très petit nombre). Qu'elle soit ou non de Simonide lui-même[19], rappelons néanmoins la belle épitaphe que Bergk a rattachée à la bataille de Platées (fr. 100 Bergk = 118 Diehl = *Anthologia Palatina* 7.253):

---

[17] Publiée par Peter Parsons, *The Oxyrhynchus Papyri* LIX (1992) sous le numéro 3965, ensuite par M. L. West, *Iambi et Elegi Graeci* II, Oxford (2ème ed. 1992) et analysée par le même dans *Zeitschrift für Papyrologie und Epigraphik* 98 (1993) 1-14. Voir aussi, dans le même numéro de la revue, W. Luppe, "Zum neuesten Simonides. Pap. Oxy. 3965, Fr. 1/2327 Fr. 6", 99 (1993) 1-9.

[18] M. L. West, *op. cit.*, 6-7.

[19] Bergk croyait que cette épigramme contenait la louange des Athéniens, tout comme le fr. 59 Bergk = 12 Diehl contenait celui des Spartiates, ce qui s'accorderait parfaitement avec ce que dit Pausanias IX.

Εἰ τὸ καλῶς θνήισκειν ἀρετῆς μέρος ἐστὶ μέγιστον,
ἡμῖν ἐκ πάντων τοῦτ' ἀπένειμε Τύχη·
Ἑλλάδι γὰρ σπεύδοντες ἐλευτερίην περιθεῖναι
κείμεθ' ἀγηράντωι χρώμενοι εὐλογίηι.

Si une mort glorieuse est la plus belle récompense de la vaillance, c'est
à nous entre tous que l'a accordée la Fortune. Car c'est pour avoir voulu
donner la liberté à la Grèce que nous sommes couchés ici, jouissant d'une
gloire qui ne vieillit pas.

L'idée que les deux continents étaient bel et bien séparés par la nature et
qu'essayer de les unifier artificiellement avait été un acte insolent de Xerxès, tel
est l'hypotexte qu'on peut découvrir dans plusieurs épitaphes qui contiennent le
vers "Depuis que la mer a séparé l'Europe de l'Asie". C'est par là que débute, par
exemple, le fr. 142 Bergk = 103 Diehl, attribué, sans raison, semble-t-il, à Simonide[20].

Les éclatantes, victoires qui ont assuré la liberté grecque en face de l'envahis-
seur perse reviennent souvent dans la bouche des grands orateurs du IVème siècle
av. J.-C. L'exemple le plus célèbre en est le serment par les héros du passé qu'a fait
Démosthène dans un passage émouvant de *Sur la Couronne* (208).

Et nous arrivons ainsi à un moment historique plein de conséquences, celui
de la formation de l'empire d'Alexandre, à la suite duquel se formera une autre
conception du monde. S'il est vrai que jusque-là on pouvait tracer les débuts de
la géographie descriptive depuis Hécatée, Hérodote, Ctésias et Ephore, voire ceux
de la géographie physique et de l'environnement, depuis le traité hippocratique
Des airs, des eaux, des lieux et depuis Aristote dans sa *Météorologie*, c'est surtout
à partir de la fin du IVème siècle av. J.-C. qu'on peut parler d'une géographie nouvelle[21]. D'abord, grâce au voyage de Pythéas de Marseille au-delà de Gibraltar et
jusqu'au nord de l'Europe (quoique, sa *Description de la Terre* étant perdue, la portée
et l'étendue de ses découvertes ait été matière à discussion depuis l'Antiquité;
l'historien grec Polybe, par exemple, rejette tout ce qu'il dit sur l'Europe du Nord-
Ouest). D'autre part, Alexandre pendant ses conquêtes et les explorateurs qu'il
envoyait partout ont parcouru l'Asie méridionale (sauf l'Arabie) jusqu'au Pendjab.

2.4, lorsqu'il rapporte que les Lacédémoniens et les Athéniens tombés à Platées avaient des monuments
séparés de celui des autres Grecs, portant chacun une inscription composée par Simonide.

[20]   La remarque sur le lieu commun que constitue ce vers a été faite par les éditeurs Budé. Pour
la date de la petite pièce, voir l'apparat critique de l'édition de Page, *Epigrammata Graeca*, Oxford
(1975), *ad* XLV, 27.

Plus récemment, on a trouvé en Lycie une épigramme en grec en douze vers qui débute de la même
façon (cf. Franck Kolb, "Geschichte Lykiens im Altertum", *Antike Welt*, Sonderheft Lykien [1989], 19). Il
semble donc que l'expression en question soit devenue une simple périphrase signifiant "depuis toujours".

[21]   Nous empruntons ici plusieurs données du livre de P. Pédech, *La Géographie des Grecs*, Paris (1976).

On sait que, outre sa volonté de connaître toute l'étendue de la Terre, il menait une politique de miscégénation dont il a lui-même donné l'exemple en épousant une femme sogdiane. On sait aussi qu'il regardait sa conquête de l'Asie comme une revanche sur la Guerre de Troie[22]. Inutile de rappeler ce qu'il advint de cet immense empire partagé, après la mort d'Alexandre, entre les trois continents connus de l'Antiquité. Un autre empire allait lui succéder à partir d'une seule ville, qui allait avoir une destinée unique, puisque, comme l'écrit Polybe, "presque tout le monde habité, conquis en moins de cinquante-trois ans, est passé sous une seule autorité, celle de Rome" (1.1.5).

Cela est tellement vrai que, de nos jours, P. Pédech a pu écrire que "pour la géographie, la conquête romaine prend le relais en Occident de la conquête d'Alexandre le Grand"[23]. La Gaule, la Belgique, la Bretagne, la Germanie, sont en grande partie soumises et décrites par César. Auparavant, au cours de la deuxième Guerre Punique et pendant le IIème siècle av. J.-C., avait commencé la conquête de l'Hispania. La soumission des Lusitaniens, puis des Celtibères, se termina après la prise et la destruction de Numance par Scipion Émilien en 133 av. J.-C. Mais la pacification définitive n'est que de 19 av. J.-C. Dans la direction du nord, Auguste porta le *limes* de l'empire en Pannonie (on peut encore voir ce qui reste d'Aquincum, l'ancienne Budapest); en son temps se réalisèrent les campagnes de Drusus et de Tibère en Germanie, qui arrivèrent à la Weser, à l'Elbe et à la Saale. On parvint au littoral de la mer du Nord et à la pointe du Jutland. Tacite a eu connaissance des pays baltes, ce qui a été confirmé par la trouvaille de monnaies romaines jusque dans le golfe de Riga. En 101 après J.-C. la Dacie est soumise par Trajan. Parmi les peuples qui deviendront les héritiers de la langue latine elle sera le dernier venu, sous le nom de Roumanie.

Tout cela, évidemment, du côté de l'Europe, alors que dans le nord de l'Afrique, Carthage était anéantie depuis 146 av. J.-C. Des fouilles récentes ont montré que les Romains eurent à cœur de redonner de l'importante et du prestige à leur nouvelle capitale de Lybie, qui appartenait désormais à une *provincia proconsularis*, en en changeant le plan primitif et en y bâtissant un énorme forum. Des inscriptions à n'en plus finir (plus de 60.000 actuellement) témoignent que l'Afrique romaine attirait des gens de partout: des émigrants de la Péninsule Italique et aussi des personnes dont les noms latinisés trahissent l'origine celte, juive, danubienne ou balcanique. Il est superflu de rappeler la campagne de César en Égypte et le triomphe d'Octavien sur Marc-Antoine et Cléopâtre à Actium, qui est au cœur

---

[22] Rappelons sa visite au tombeau d'Achille (Plutarque, *Alexandre* 15.7-9) et les sacrifices qu'il fit aux héros de la Guerre de Troie. Voir à ce sujet N.G. L. Hammond, *A History of Greece to 322 B.C.*, Oxford (3ème éd. 1986), 604. À remarquer que la seule représentation artistique que l'on connaisse d'une per-sonnification d'Europe et d'Asie (un relief en marbre du IIème siècle av. J.-C., à Rome) est un hommage à la bataille d'Arbela (M. Robertson, *Lexicon Iconographicum Mythologiae Classicae IV*, p. 92).

[23] *La Géographie des Grecs*, p. 109.

même de la proclamation de l'Empire Romain. On a aussi laissé de côté toutes les conquêtes effectuées successivement en Orient par Lucullus, Pompée et Antoine. L'Asie Mineure, comprenant plusieurs provinces (dont seule celle qui borde la Mer Égée porte le nom d'Asie et contient les cités les plus célèbres), la Syrie, l'Arabie, la Palestine sont soumises à l'Empire. Depuis Marc-Aurèle, il y a des garnisons romaines jusque sur la route de l'Euphrate.

Un réseau routier très dense, dont on trouve des vestiges partout et non pas seulement en Europe[24], une administration très efficace, adaptée à la diversité des régions, un commerce florissant, une armée parfaitement organisée, ont maintenu pendant des siècles un empire qui était axé sur ce qu'on a appelé l'idée de Rome, laquelle connaîtra son expression la plus parfaite dans l'*Énéide*.

On a pu faire des anthologies là-dessus[25].

Quoique ne coïncidant pas avec elle du point de vue strictement géographique, on peut dire que l'empire romain est l'ancêtre de l'Europe. L'idée que cette partie du monde avait toutes les conditions pour constituer un modèle pour toutes les autres régions[26], si les peuples qui l'habitaient étaient disposés à s'entr'aider, se trouve déjà chez un Grec d'Apamée, qui a composé le traité de géographie le plus complet de l'Antiquité: Strabon. Permettez-moi d'en faire une citation assez longue, mais qui mérite d'être connue (II, 5.26):

Ἀρκτέον δ' ἀπὸ τῆς Εὐρώπης, ὅτι πολυσχήμων τε καὶ πρὸς ἀρετὴν ἀνδρῶν εὐφυεστάτη καὶ πολιτειῶν, καὶ ταῖς ἄλλαις πλεῖστον μεταδεδωκυῖα τῶν οἰκείων ἀγαθῶν· ἐπεὶ σύμπασα οἰκήσιμός ἐστι πλὴν ὀλίγης τῆς διὰ ψῦχος ἀοικήτου· αὕτη δ' ὁμορεῖ τοῖς Ἀμαξοίκοις τοῖς περὶ τὸν Τάναϊν καὶ τὴν Μαιῶτιν καὶ τὸν Βορυσθένη. Τῆς δ' οἰκησίμου τὸ μὲν δυσχείμερον καὶ τὸ ὀρεινὸν μοχθηρῶς οἰκεῖται τῆι φύσει, ἐπιμελητὰς δὲ λαβόντα ἀγαθοὺς καὶ τὰ φαύλως οἰκούμενα καὶ ληιστρικῶς ἡμεροῦται. Καθάπερ οἱ Ἕλληνες, ὄρη καὶ πέτρας κατέχοντες, ὤικουν καλῶς διὰ πρόνοιαν τὴν περὶ τὰ πολιτικὰ καὶ τέχνας καὶ τὴν ἄλλην σύνεσιν τὴν περὶ βίον. Ῥωμαῖοί τε πολλὰ ἔθνη παραλαβόντες καὶ τὴν φύσιν ἀνήμερα διὰ τοὺς τόπους ἢ τραχεῖς ὄντας ἢ ἀλιμένους ἢ ψυχροὺς ἢ ἀπ' ἄλλης αἰτίας δυσοικήτους τούς τε ἀνεπιπλέκτους ἀλλήλοις ἐπέπλεξαν καὶ

---

[24] On peut se faire une idée de son importance stratégique et économique à travers l'ouvrage de R. Chevallier, *Les Voies Romaines*, Paris (1972), auquel on aurait maintenent beaucoup à ajouter.

[25] Par exemple, celle de David Thompson, *The Idea of Rome. From the Antiquity to the Renaissance*, Albuquerque (1971).

[26] Ce serait intéressant de comparer ce jugement avec celui qu'a porté (cinq siècles aupararant) sur l'Europe et l'Asie l'auteur du traité hippocratique *Des Airs, des Eaux et des Lieux*. J. A. López Férez, "Los escritos hipocráticos y el nacimiento de la identidad europea", in H.A. Kahn, ed., *The Birth of the European Identity: the Europe-Asia Contrast in Greek Thought, 490-322 B. C.*, Nottingham (1993), a très bien vu l'importance du fameux petit traité sous ce rapport. Je remercie de Prof. J. Ribeiro Ferreira d'avoir attiré mon attention sur cette publication.

τοὺς ἀγριωτέρους πολιτικῶς ζῆν ἐδίδαξαν. Ὅσον δ'ἐστὶν αὐτῆς ἐν ὁμαλῶι καὶ εὐκράτωι τὴν φύσιν ἔχει συνεργὸν πρὸς ταῦτα ἐπειδὴ τὸ μὲν ἐν τῆι εὐδαίμονι χώραι πᾶν ἐστιν εἰρηνικόν, τὸ δ' ἐν τῆι λυπραῖ μάχιμον καὶ ἀνδρικόν. Καὶ δέχεταί τινας παρ' ἀλλήλων εὐεργασίας τά γένη ταῦτα· τὰ μὲν γὰρ ἐπικουρεῖ τοῖς ὅπλοις, τὰ δὲ καρποῖς καὶ τέχναις καὶ ἠθοποιίαις. Φανεραὶ δὲ καὶ αἱ ἐξ ἀλλήλων βλάβαι, μὴ ἐπικουρούντων· ἔχει δέ τι πλεονέκτημα ἡ βία τῶν τὰ ὅπλα ἐχόντων, πλὴν εἰ τῶι πλήθει κρατοῖτο. Ὑπάρχει δή τι καὶ πρὸς τοῦτο εὐφυὲς τῆι ἠπείρωι ταύτηι· ὅλη γὰρ διαπεποίκιλται πεδίοις τε καὶ ὄρεσιν, ὥστε πανταχοῦ καὶ τὸ γεωργικόν τε καὶ τὸ πολιτικὸν καὶ τὸ μάχιμον παρακεῖσθαι· πλέον δ' εἶναι θάτερον, τό τῆς εἰρήνης οἰκεῖον, ὥσθ' ὅλων ἐπικρατεῖ τοῦτο, προσλαμβανόντων καὶ τῶν ἡγεμόνων, Ἑλλήνων μὲν πρότερον, Μακεδόνων δὲ καὶ Ῥωμαίων ὕστερον. Διὰ τοῦτο δὲ καὶ πρὸς εἰρήνην καὶ πρὸς πόλεμον αὐταρκεστάτη ἐστί· καὶ γὰρ τὸ μάχιμον πλῆθος ἄφθονον ἔχει καὶ τὸ ἐργαζόμενον τὴν γῆν καὶ τό τὰς πόλεις συνέχον.

C'est par l'Europe qu'il nous faut commencer, parce qu'elle possède une grande variété de formes, qu'elle est la mieux douée en hommes et en régimes politiques de valeur, et qu'elle a été pour le monde la grande dispensatrice des biens qui lui étaient propres; de plus elle est habitable dans sa totalité, sauf la petite fraction inhabitée par suite du froid à la lisière de ces peuples qui vivent dans des chariots, vers le Tanaïs, le Méotis et le Borysthène. Dans le secteur habitable, les pays au climat rigoureux ou les régions montagneuses offrent par nature des conditions de vie précaires; mais avec une bonne administration, même les pays misérables et les repaires de brigands deviennent policés. Les Grecs, par exemple, dans un pays de montagnes et de pierres, ont mené une vie heureuse grâce à l'intelligence qu'ils avaient de l'organisation politique, des techniques, et généralement de tout cet qui constitue l'art de vivre. Les Romains, en prenant sous leur tutelle nombre de peuples naturellement peu policés du fait des pays qu'ils occupent, âpres ou dépourvus de ports ou glacés ou pénibles à habiter pour toute autre raison, ont créé des liens qui n'existaient pas auparavant et enseigné aux peuplades sauvages la vie en société. Toute la partie de l'Europe qui est plate et jouit d'un climat tempéré est naturellement portée vers un tel mode de vie: dans un pays heureux tout concourt à la paix, tandis que dans un pays misérable, tout conduit à la guerre et au mâle courage. Mais les peuples peuvent se rendre des services les uns aux autres: les uns offrent le secours de leurs armes, les autres celui de leurs récoltes, de leurs connaissances techniques, de leur formation morale. Bien évidemment, ils peuvent aussi se faire grand tort les uns aux autres, s'ils ne se viennent pas en aide; sans doute, ceux qui possèdent les armes l'emportent-ils par la force, à moins qu'ils ne soient vaincus par le nombre. Or il se trouve que, sous ce rapport aussi, notre continent est naturellement bien doué, car il est entièrement composé d'une mosaïque de plaines et de montagnes, de sorte que partout coexistent la tendance paysanne et sociale et l'instinct guerrier. C'est le premier élément qui domine, celui qui porte à la paix; aussi règne-t-elle sur l'ensemble, grâce aussi à l'influence des peuples dominants, Grecs d'abord, Macédoniens et Romains ensuite. Ainsi, tant pour la paix que pour la guerre, l'Europe est totalement autonome: elle possède une réserve inépuisable d'hommes pour se battre, pour travailler la terre et pour administrer les cités.

Voilà un texte écrit il y a environ deux mille ans. On y sent, pourtant, la présence d'une idée d'unité dans la diversité qui est vivante de nos jours. Avec quelques petites retouches on pourrait en faire un programme. Les pensées et les conseils qu'il contient sont, en effet, d'une étonnante actualité.

12. VALEURS GRECQUES DANS LA CULTURE EUROPÉÉNNE[*]

On peut commencer par l'alphabet et par l'écriture en général. C'est un exemple qui peut servir à mettre en évidence ce que la civilisation occidentale (permettez-moi d'utiliser cette expression, malgré toutes les réserves qu'on aime aujourd'hui à lui opposer) doit à la Grèce; et, d'un autre côté, ce que les hasards des découvertes archéologiques font, presque chaque jour, pour démontrer que notre connaissance de l'Antiquité est, comme toute autre science, toujours en train de se renouveler.

Et d'abord, l'écriture alphabétique n'a pas été la première que les Grecs ont connue. Ça, on le sait depuis 1953, après le déchiffrement du Linéaire B, un système syllabique décalqué sur celui d'une autre langue et permettant de reconstituer une forme très ancienne du grec (des fouilles récentes semblent montrer qu'il a eu son origine entre la fin du XVIIe et le début du XVIe siècle av. J.-C. et qu'il a été introduit en Crète par les Mycéniens et y est resté en usage jusqu'à 1375 av. J.-C. environ). Les Grecs de l'époque historique n'en avaient conservé aucun souvenir, à moins que les σήματα λυγρά ('signes funestes') de l'*Iliade* VI, 168 en soient un vestige[1].

Pour ce qui est de l'écriture alphabétique, son antiquité remonte, pour nous, au fur et à mesure que de nouvelles trouvailles d'inscriptions font reculer les dates établies. En ce moment, on en est à 750 av. J.-C. avec les graffiti de l'île d'Eubée, ce qui placerait les premiers essais au début du VIIIe siècle av. J.-C. L'alphabet grec a eu comme point de départ une variante cananéenne de l'écriture sémitique[2]. Pourtant comme chacun sait, le système d'origine ne disposait pas, en ce temps-là,

---

[*] Publié: *Arquivos do Centro Cultural Português* 38, Fondation Calouste Gulbenkian, Paris (1999), 697-705.

[1] Pour ce qui est de la chronologie du Linéaire B, *cf.* L. Godret et I. Tzedakis, "La storia della Lineare B e le scoperte di Armenoi e La Carrea", *Rivista di Istruzione e Filologia Classica* 117 (1989) 385-409. Pour ce qui est du souvenir de cette écriture chez Homère, Ione MyLonas Shear, "Bellerophon Tablets from the Mycenaean World. A tale of seven bronze hinges", *Journal of Hellenic Studies* 118 (1998) 187-189.

[2] *Cf.* M. Lejeune, *Phonétique Historique du Mycénien et du Grec Ancien*, Paris (1972), 7.

de signes diacritiques pour les voyelles, outre qu'il avait été conçu pour une langue à base phonétique tout à fait différente.

Les Grecs ont trouvé la façon de représenter les voyelles, quoiqu'ils n'aient pas réussi à distinguer complètement les brèves des longues, et qu'il y ait eu des différences dialectales. Toutefois, le modèle de l'alphabet grec est passé, probablement par l'intermédiaire des colonies de la Grande Grèce, aux Romains et, bien plus tard, aux Slaves. Ce qui revient à dire que, de notre temps, il est à la base du système d'écriture de toute l'Europe, de toutes les Amériques, de toute l'Australie et d'une partie considérable de l'Afrique et de l'Asie.

Et qu'en disaient les Grecs? Ils disaient simplement qu'ils empruntèrent les lettres aux Phéniciens et les employèrent légèrement modifiées, "et, en les employant, ils les firent connaître, comme c'était justice – puisque c'était les Phéniciens qui les avaient introduites en Grèce –, sous le nom de *phoinikeia*"[3]. Les mots que je viens de citer appartiennent à Hérodote, celui que les Anciens finiraient par appeler φιλοβάρβαρος, tellement il semblait se faire un honneur d'admirer plutôt les autres peuples que le sien.

Le désir de trouver un πρῶτος εὑρετής, un premier inventeur de chaque objet de civilisation, poussait souvent les Grecs à regarder ailleurs. Cette notion qu'ils étaient des nouveau-venus en face des autres peuples de la Méditerranée Orientale se trouve encore chez Platon, dans un passage célèbre où il s'imagine Solon en Égypte en train d'y raconter les traditions les plus anciennes de son pays. Alors, "l'un des prêtres qui était très vieux, de dire": "Solon, vous autres Grecs, vous êtes toujours des enfants: un Grec n'est jamais vieux!" À ces mots Solon: "Comment l'entendez-vous?" Et le prêtre: "Vous êtes jeunes tous tant que vous l'êtes par l'âme. Car en elle vous n'avez aucune opinion ancienne, provenant d'une vieille tradition, ni aucune science blanchie par le temps"[4].

Bien des chercheurs contemporains auraient souscrit volontiers à cette opinion. Et pourtant le philosophe lui-même fait dire à Phèdre, dans le dialogue homonyme, après avoir raconté le mythe de Teuth sur les origines égyptiennes de l'écriture[5]:

> Quelle facilité tu as, Socrate, à composer des histoires égyptiennes ou de toute autre contrée qu'il pourrait te plaire!

Mais retournons au delta de l'Égypte, où la scène antérieure se déroulait, et à l'éternelle jeunesse de l'âme grecque, puisque ce texte-là mérite deux autres

---

[3]   Hérodote V, 58. J'emprunte, ici et ailleurs, la traduction de Ph.-E. Legrand (collection Guillaume Budé).

[4]   *Timée* 22b. Traduction Albert Rivaud (collection Guillaume Budé).

[5]   *Phèdre* 275b. Traduction Léon Robin (collection Guillaume Budé).

lectures au moins. La première est sortie toute neuve des fouilles en cours dans la même région du Nil. On croyait jusqu'ici que, s'il y avait eu des influences à l'Age du Bronze, elles se seraient exercées seulement du côté de l'Égypte. Le peintre qui a décoré le sarcophage d'Haghia Triada en serait un excellent exemple, dans le domaine des arts.

Pourtant, les fouilles archéologiques entreprises au site de Tell'el Dab'a, ancienne Avaris, justement du côté oriental du delta, ont tout changé. Le Professeur Manfred Bietak, de l'Université de Vienne, y a découvert, dans un palais de la première moitié du XVIIIe siècle av. J.-C. (correspondant donc aux débuts de la 13e Dynastie) des pots en céramique de Camarès et une broche en or avec des chiens symétriquement disposés sur un champ de lotus stylisé. Au même endroit, mais dans des couches du XVIe siècle av. J.-C., il a trouvé des milliers de fragments de peintures murales exécutées sur du plâtre humide avec des retouches in sicco, c'est-à-dire, selon la technique minoenne. Les sujets et le style en sont pareils à ceux de Cnossos et de Théra. Même le labyrinthe et le saut du taureau n'y manquent pas[6].

La seconde lecture que nous pouvons faire de la réponse du prêtre égyptien à Solon est d'une tout autre nature. Elle concerne l'esprit de jeunesse qui est toujours présent dans la quête du savoir hellénique. Celui-là se manifeste partout. Nous n'avons pas besoin de sortir du domaine des beaux-arts pour le constater. Prenons-en un exemple dans la sculpture. Les historiens de l'art n'ont pas cessé d'en discuter les origines, quoique la plupart admette que les premiers modèles soient venus de l'Égypte[7]. Mais, tout en acceptant cette hypothèse-là, les meilleurs spécialistes ont trouvé des différences très significatives entre les deux peuples. J. Boardman, par exemple, a proposé une théorie très ingénieuse pour les expliquer: le séjour des mercenaires grecs de Psammétique I (664-610 av. J.-C.) aux bords du Nil leur aurait permis de connaître la technique des sculpteurs de la région et de l'améliorer ensuite rapidement, puisqu'ils disposaient déjà de ciseaux en fer[8].

C'est là donc une explication technique à base historique. Martin Robertson en a proposé une autre plus générale en s'appuyant sur l'étude du style : la grande différence se trouve, selon lui, dans la tension qui conduit à une modification constante du modèle, au fur et à mesure que l'observation se développe, de sorte que l'art grec archaïque est un art toujours en développement, tandis que celui des Égyptiens et d'autres peuples est demeuré statique. Le grand changement il

---

[6] *Cf.* W. Vivian Davies and Louise Schofield, eds., *Egypt, the Aegean and the Levant.* Interconnections in the Second Millenium B.C. London (1995).

[7] Parmi ceux qui nient résolument toute influence, il faut citer R. M. Cook, "Origins of Greek Sculpture", *Journal of Hellenic Studies* 87 (1967) 24-32. À l'extrême opposé se trouve Alan Johnston, "Pre-Classic Greece" *in:* John Boardman, ed., *The Oxford History of Classical Art*, Oxford (1993), 11-82, qui suppose, pour la période pré-classique, un mélange d'influences de plusieurs peuples: Égyptiens, Hittites, Assyriens, Phéniciens, Syriens.

[8] *Greek Sculpture. The Archaic Period*, London (1978), 18-20.

le trouve, pourtant, entre la période archaïque tardive et le début de l'époque classique. Si la victoire avait été remportée par les Perses à Salamine et à Platées, suppose-t-il, l'art grec se serait cristallisé en des formules académiques décoratives, caractéristiques de l'Achéménide, alors que le triomphe sur la menace perse est devenu "le catalyseur qui a délivré l'esprit de l'Hellénisme florissant au cinquième siècle avec autant de richesse dans la littérature et la pensée que dans les arts visuels"[9].

On pourra dire qu'un phénomène pareil a eu lieu dans le domaine de la science. Ce sont les Grecs eux-mêmes qui parlent, par exemple, de l'origine égyptienne de la géométrie, cet art s'étant développé, comme son nom l'indique, en conséquence de la nécessité annuelle de refaire les divisions de la terre après la crue du Nil. C'est encore Hérodote qui le dit, quoique sous réserve[10]:

> C'est ce qui donna lieu, à mon avis, à l'invention de la géométrie, que des Grecs rapportèrent dans leur pays. Car, pour l'usage du polos, du gnomon et pour les divisions du jour en douze parties, c'est des Babyloniens que les Grecs les apprirent.

Le texte grec que je viens de citer réunit justement les deux peuples anciens qui sont censés avoir apporté les premières connaissances en matière scientifique. On pourrait y ajouter beaucoup d'autres témoignages, recueillis surtout dans des auteurs de l'époque romaine (Diodore, Strabon), et dans des études de savants modernes. Parmi ceux-ci, il y en a eu qui croyaient, comme Gladisch, que les Présocratiques n'auraient fait autre chose que de reproduire les théories de toutes sortes de peuples orientaux, les Hindous inclus. Reconnaissons que le déchiffrement progressif des systèmes d'écriture orientaux et de leurs archives ont comblé beaucoup de lacunes sur la vraie portée de ces civilisations-là. On connaît, par exemple, une tablette cunéiforme de c. 1600 av. J.-C. avec le dessin du théorème de Pythagore, les proportions des côtés du triangle étant toujours 3-4-5, et les preuves géométriques faisant toujours défaut. Les Babyloniens aussi ont noté sur des tablettes du deuxième millénaire av. J.-C. des données sur des éclipses et sur l'apparition et la disparition des planètes. Pourtant ils n'ont pas développé de théorie astronomique à modèle géométrique, leur étude des astres étant menée par computation. Du côté des Égyptiens, les preuves que leurs observations des planètes aient été faites avant l'époque hellénistique restent encore à découvrir.

On pourrait multiplier les exemples. Ceux que je viens de rappeler ont été réunis par Geoffrey E. R. Lloyd, professeur de philosophie grecque et d'histoire

---

[9] *A History of Greek Art*, Cambridge (1975), I, 34; *A shorter History of Greek Art*, Cambridge (1981), 47 (d'où la citation du texte a été traduite).

[10] Hérodote II, 109.

des sciences à l'Université de Cambridge[11]. Évidemment tout ce que nous croyons savoir dans l'état actuel des recherches peut être rectifié, voire entièrement corrigé par d'autres découvertes. Puis il y a encore une autre difficulté dont on doit tenir compte, et qui n'est pas des moindres. C'est que l'étude approfondie de ces questions exigerait une interdisciplinarité qui n'est pas concevable. C'est encore le même professeur qui l'affirme[12]: "L'expert idéal en histoire de la science grecque à ses débuts serait sans doute un modèle d'excellence en philosophie, en histoire, en anthropologie, en civilisation ancienne en général autant que de la Grèce ancienne en particulier, en égyptologie, en assyriologie, en sinologie, en indologie – et cette liste-là pourrait être élargie à l'infini".

Comme tant d'autres, le même savant s'est occupé des débuts de la médecine, au sujet de laquelle beaucoup d'historiens affirment l'antériorité égyptienne, surtout dans les ouvrages qu'on croit appartenir à l'école de Cnide (même si la distinction entre Cnide et Cos est douteuse pour quelques-uns des meilleurs spécialistes[13]). La médecine est sans doute, comme le remarque Geoffrey Lloyd, un des champs de bataille entre la raison et la magie[14]. L'exemple achevé de ces discussions est, chacun le sait, l'un des traités les plus fameux du *Corpus Hippocraticum*, le *De Morbo Sacro*, qui n'a pas d'équivalent en cette matière.

Soulignons, dans cette esquisse forcément très réduite, la primauté de la raison, le, souci de la démonstration rigoureuse qui est spécifique des ouvrages grecs et l'on comprendra pourquoi les historiens parlent toujours de l'originalité de la science hellénique, même lorsqu'il s'agit d'une époque aussi nébuleuse, faute de transmission directe des textes, où les premières réponses sur les origines du monde données par les Milésiens rompent décidément avec les explications mythiques enseignées par la *Théogonie*. Nous n'entrerons pas dans le détail de ces questions, sur lesquelles on a beaucoup discuté pendant les dernières décennies, à mesure que les résultats des découvertes de Ras Samra et de l'île d'Eubée semblent pouvoir apporter d'autres solutions et que, d'un autre côté, la datation d'Hésiode est à nouveau mise en question.

Nous voulons seulement insister, quitte à soulever les objections de ceux qui ont vu dans le mythe une métaphysique primaire (Gusdorf) ou bien une pensée douée des mêmes capacités opératoires de la pensée scientifique (Lévi-Strauss)[15],

---

[11] *Methods and Problems in Greek Science*. Selectecl Papers, Cambridge (1991). Voir surtout "The Debt of Greek Philosophy to the Ancient Near East", 281-298.

[12] *Op. cit.*, p. XII.

[13] Par exemple, pour A. Thivel, *Cnide et Cos? Essai sur la Doctrine Médicale dans la Collection Hippocratique*, Paris (1981). Contra J. Jouanna, *Hippocrate*, Paris (1992).

[14] *Op. cit.*, p. 296.

[15] L'interprétation structuraliste du mythe a déclenché des adhésions enthousiastes et pas moins de critiques sévères. Citons, parmi ces dernières, G. S. Kirk, *Myth. Its Origin and Function*, Berkeley (1970) et W. Burkert, *Structure and History in Greek Mythology and Ritual*, Berkeley (1979).

nous voulons insister, répétons-le, sur l'importance que prend la raison à partir du VIe siècle av. J.-C., jusqu'au moment où elle s'affirme dans le poème de Parménide, quelle que soit l'interprétation qu'on veuille donner au frg. 7 Diels-Kranz.

De cette façon nous sommes passés à cette autre forme du savoir que les Grecs (sauf l'auteur de *L'Ancienne Médecine*) ne séparaient pas de la science jusqu'à Aristote, c'est-à-dire, la philosophie. Je n'oserai pas parler, devant des professeurs de philosophie si distingués, de ce qu'a été l'importance de la pensée grecque, qu'elle nous soit parvenue directement ou à travers des citations tardives, ou bien par la voie chrétienne ou par la voie arabe. Pas même rappeler la fameuse conclusion de Heidegger: "Toute philosophie occidentale est un platonisme. Métaphysique, idéalisme, platonisme signifient essentiellement la même chose"[16].

Laissons donc là les systèmes philosophiques. Mais il y a toujours l'histoire des idées. Les idées politiques, par exemple. L'idée de liberté, d'égalité devant la loi (ἰσονομία), de liberté de la parole (παρρησία), tout cela est au centre d'une des plus grandes créations grecques: la démocratie. Des livres entiers lui ont été consacrés, surtout dans les dernières années, quelques auteurs n'acceptant pas qu'une organisation sociale où il y avait des esclaves pût recevoir cette désignation-là, la plupart soutenant que l'idée fondamentale y était. Une fois de plus, le texte le plus ancien où sont débattus les régimes politiques, leurs avantages et leurs défauts, nous vient d'Hérodote et, une fois de plus, il place l'entretien en dehors de la Grèce. Il a pourtant conscience que ses lecteurs n'iront pas croire à l'authenticité de ce scénario perse[17]:

> Et des discours furent tenus que certains des Grecs trouvent incroyables, mais qui furent tenus cependant.

Parmi les commentateurs modernes, la plupart n'y croient pas non plus[18]. Cette sorte de théorisation sera approfondie et développée par Platon (*République*, Livres VIII-IX; *Le Politique* 291c-292d) et par Aristote (*Politique*, Livres III-IV); elle sera encore reprise par Polybe (VI, 4.4)[19]. On remarquera en passant que la *Politique* d'Aristote est à la base de tous les traités européens de théorisation politique jusqu'au XVIIIe siècle, tout autant que ses traités de théorie littéraire, de physique, de biologie. De son *Éthique* on a pu dire qu'elle a été l'éducatrice de l'Europe.

---

[16]   *Niestzsche*, t. II, p. 221, cité par V. Descombes, *Le Platonisme*, Paris (1971) 6, note 1.

[17]   III. 80. Trad. Ph.-E. Legrand (collection Guillaume Budé). La discussion se déroule jusqu'au chapitre 83.

[18]   Pour plus de détails, voir notre livre *Estudos de História da Cultura Clássica*, vol. I, Lisboa, 8.e ed. (1998), 513-524, avec bibliographie.

[19]   Voir surtout l'article de Jacqueline de Romilly, "Le Classement des Constitutions d'Hérodote à Aristote", *Revue des Études Grecques* 72 (1959) 81-99.

On pourrait prendre comme exemple bien d'autres idées, comme celle d'humanité, vue comme un tout qui se ressemble. Autant qu'on le sache, c'est le sophiste Antiphon qui a dit le premier que les hommes étaient tous pareils physiquement, qu'ils fussent grecs ou barbares[20]. Peut-on trouver quelque avertissement plus actuel? Pourtant, il y manquait encore quelque chose. Un sophiste de la génération suivante, Alcidamas, l'a ajoutée, en disant: "Dieu nous a créés tous libres; la nature n'a fait personne esclave"[21]. Quant à l'idée d'humanité comme l'ensemble de tous les êtres humains, il se peut bien qu'elle ait commencé de se former à Delphes, comme le pensa Schadewaldt[22]. Cependant, la notion en soi, ce sont les Stoïciens qui l'ont définie, et c'est là un concept fondamental d'éthique sociale[23].

Peut-être l'idée qui résume le mieux l'attitude du Grec face à la vie est-elle celle de σωφροσύνη, un mot intraduisible (on n'a qu'à lire le *Charmide* de Platon pour s'en convaincre), qui a trait à l'équilibre, à la juste mesure, que l'on doit observer en toute occasion. Elle est derrière l'une des inscriptions de Delphes les plus fameuses – "rien de trop" (μηδὲν ἄγαν), que la tradition attribuait à Solon. Elle est une des vertus cardinales dont Pindare a dressé le canon dans la VIIIe *Isthmique* (50-56), au même titre que la justice, le courage et la raison. Parce que, dit-il dans la XIIIe *Olympique*[24]:

Toute chose à sa mesure, et rien ne vaut mieux que de connaître l'à-propos.

Mesure – μέτρον – et opportunité, à-propos – καιρός – sont donc deux concepts qui se complètent. Dépasser la mesure, c'est se rendre coupable de ὕβρις, "insolence", c'est oublier que l'homme est un être limité, qui ne doit jamais oser s'égaler aux dieux. Cette idée se trouve au centre de la tragédie grecque.

Les limitations de l'homme, la précarité de sa condition, dans un monde où il doit lutter contre toutes sortes d'obstacles, voilà ce dont les épopées homériques s'étaient rendu compte, Aristote n'avait-il pas laissé entendre dans la *Poétique* que dans l'*Iliade* et l'*Odyssée* se trouvait l'esquisse de la tragédie et que en tout elles ont ouvert la voie au drame?[25]

---

[20]   Frg. 44 A 7 B 2 Diels.

[21]   Schol. Aristote, *Rhétorique* 1. 1373b.

[22]   "Der Gott von Delphi und die Humanitätsidee" *in: Hellas und Hesperien*, 2.e éd., Zürich (1970) I, 669- 685.

[23]   La phrase est de H. Capelle, *Historia de la Filosofía Griega* (trad. esp., Madrid, réimpr. 1970) 440, qui ajoute : "Tous les hommes (...) sont liés comme parents à travers la raison qui les habite, à travers le Logos et, par conséquent, ils sont frères, puisqu'ils sont enfants de la raison universelle elle-même, qui domine toutes choses".

[24]   67-68. J'emprunte la traduction d'Aimé-Puech (collection Guillaume Budé).

[25]   1448b-1449a.

L'homme homérique trouve sa grandeur dans la résistance aux adversités. Parvenu à une situation insoutenable, il n'abandonne pas pour autant le code héroïque auquel il se soumet, même si c'est au prix de sa propre vie. C'est ce que dit Achille à sa mère Thétis, lorsqu'elle essaie de le dissuader de venger la mort de Patrocle[26]:

> Eh bien donc! si même destin m'est fixé, on me verra gisant sur le sol à mon tour, quand la mort m'aura atteint. Mais aujourd'hui j'entends conquérir une noble gloire, et que, grâce à moi, plus d'une Troyenne et d'une Dardanide à ceinture profonde, essuyant à deux mains les larmes coulant sur ses tendres joues, commence de longs sanglots, et qu'alors toutes comprennent qu'elle a assez duré, mon absence de la bataille. Ne cherche pas, quelle que soit ta tendresse, à me tenir loin du combat; aussi bien ne t'écouterai-je pas.

Plus tard, vers la fin du poème, lorsque le vieux roi de Troie s'agenouille devant lui, en embrassant ses mains qui avaient tué tant de ses fils, pour lui demander d'accepter la rançon d'Hector, Achille lui-même le relève de cette position humiliante, il lui rend le cadavre de l'ennemi, il lui accorde même douze jours de trêve pour les funérailles.

C'est, comme l'a très bien vu W. Schadewaldt[27], la grande leçon d'humanitarisme de l'épopée. Le héros indomptable, le guerrier primitif, avide de vengeance, devient un homme capable de s'émouvoir devant la souffrance des autres, voire de son pire ennemi.

On pourrait examiner l'*Iliade* de plusieurs autres angles de vision. On pourrait en faire autant pour l'*Odyssée*. On comprendra pourquoi ces poèmes-là ne cessent d'offrir de nouvelles beautés aux lecteurs, chaque génération y décelant de nouveaux procédés artistiques qui étaient passés inaperçus. C'est là le propre des chefs-d'œuvre. On comprend aussi, à travers les maigres restes du cycle épique, que toutes les autres épopées aient peu à peu disparu[28] et que ce soit ces deux-là que les enfants commençaient par apprendre à l'école et que les rhapsodes récitaient au festival des Panathénées[29].

---

[26] *Iliade*, XVIII, 121-126. Traduction Paul Mazon (collection Guillaume Budé).

[27] Cette interprétation est de W. Schadewaldt, *Von Homers Welt und Werk*, Stuttgart, 3ª ed., (1959), 332-351.

[28] Beaucoup d'entre eux étaient encore copiés au Vᵉ siècle av. J.-C. On n'a que faire le compte des histoires qu'Euripide a puisées dans les *Kypria*, comme l'a démontré J. Jouan, *Euripide et les Chants Cypriens. Des Origines de la Guerre de Troie à L'Iliade*, Paris (1966).

[29] Le fait est attesté à partir du VIᵉ siècle av. J.-C., quoique le nom de l'auteur de la loi qui le prescrivait ne soit pas toujours le même (cf. pseudo-Platon, *Hipparque* 228b-c; Diogène Laërce I, 57). Le personnage qui donne son nom à l'*Ion* de Platon se targue de ne vouloir réciter qu'Homère (530a-531a).

On ne peut pas dire, pour autant, que le genre épique n'ait pas été cultivé auparavant (Aristote admettait qu'il y avait eu sans doute d'autres épopées plus anciennes[30]; de nos jours, la théorie de l'improvisation orale s'appuie de toutes ses forces sur cette hypothèse). On ne peut pas nier non plus que les Babyloniens et d'autres peuples du Proche-Orient avaient composé, eux aussi, des épopées dont on connaît maintenant des centaines de vers (presqu'un millier, pour ce qui est d'Enûma Elis, que beaucoup datent du XVIIIe siècle av. J.-C., d'autres de bien plus tard). Dans une étude pleine de nouveauté, *Die orientalisierende Epoche in der griechischen Religion und Literatur*[31], le Professeur Walter Burkert a analysé en détail les ressemblances et les différences entre ces poèmes, surtout pour ce qui est des scènes mythologiques. "La prédominance culturelle" – écrit-il – "est restée quelque temps en Orient; mais les Grecs ont immédiatement commencé de développer leurs formes propres et distinctives de culture grâce à une surprenante capacité, soit d'adopter, soit de transformer ce qu'ils avaient reçu. Bientôt la Grèce devrait prendre le rôle dominant de la civilisation méditerranéenne (...). Le rôle décisif d'Homère dans la formation de la vision du monde des Grecs pour les âges à venir a été accompli grâce à la forcé de la culture écrite vers laquelle les Grecs s'étaient finalement laissé pousser juste à cette période"[32].

Nous revenons à notre point de départ – l'écriture –, après avoir laissé de côté ou touché à peine une quantité de faits importants – il faudrait des journées entières pour accomplir la tâche de les dénombrer tous – des faits dont l'ensemble a constitué le "miracle grec" (une expression qu'il faut tout de même garder).

C'est le moment de se demander si l'on peut accepter, pour les Grecs, la notion de secondarité que Monsieur Remi Brague a appliqué aux Romains. Je crois qu'on peut le faire, dans ce sens que nous ne pouvons pas penser l'humain comme une formation ex nihilo. Et pourtant, les Grecs ont tellement amélioré le legs qu'ils ont reçu qu'on peut dire sans crainte d'exagération que c'est une nouvelle culture qu'ils ont créée. Une culture qui, par des itinéraires variés, est toujours la souche et la sève de la culture européenne.

---

[30]   *Poétique* 1448b.

[31]   Heidelberg (1984). Une traduction anglaise revue et augmentée en a été publiée chez Harvard University Press (1992).

[32]   Pages 128-129 de la traduction anglaise.

13. IDENTIDADE E CULTURA EUROPEIAS.
UMA SUBIDA ÀS ORIGENS[*]

Partiremos dos pressupostos actualmente aceites pelos melhores especialistas: que a Europa referida pela primeira vez na *Teogonia*[1] de Hesíodo, ao fazer o catálogo da numerosíssima descendência de Oceano e Tétis, e a figura feminina também chamada Europa, raptada por Zeus sob a forma de touro e levada para Creta, que o mesmo poeta menciona no *Catálogo das Heroínas*[2] e dada como filha de Fénix (noutras versões, como filha de Agenor, rei de Tiro)[3] são pessoas distintas; que tão-pouco o mitónimo terá que ver com o nome do nosso continente nem será de origem assíria (êrêb šamši) ou aramaico-hebraica ('ə rã'), raízes ambas com o sentido de "sol poente" ou mesmo "trevas"); e que o mais prudente é repetir, como dizem geralmente os dicionários etimológicos gregos mais reputados, que a sua proveniência é desconhecida.

Em termos menos científicos, mas não menos cépticos, se exprimiu o historiador Heródoto[4]:

> Quanto à Europa, ninguém sabe se é rodeada de mar por todos os lados, de onde lhe veio o nome, nem quem possivelmente lho terá posto, a menos que se diga que a designação lhe veio do nome da Europa de Tiro. Assim, ao princípio não teria nome como as restantes partes da terra. Mas parece

---

[*] Publicado em *O dia do Instituto de Ciências Sociais*, Universidade do Minho, Braga (2011), 3-14.

[1] *Teogonia* 357.

[2] Fr. 141. Merkelbach-West.

[3] O mito do rapto de Europa deu motivo a vários poemas, de que só se conserva o de Mosco, autor da época helenística, bem como a obras de escultura e a pinturas de vasos. Pode ver-se uma enumeração dos primeiros na introdução à edição comentada de Winfried Bühler, *Die Europa des Moschos*, Wiesbaden (1968), 17-29. Em 1983, Bruno Dombrowski, *Der Name Europa auf seinem griechischen und altsyrischen Hintergrund*, defendeu, sem motivos suficientes, a nosso ver, a tese de que Europa era um composto baseado no nome da deusa fenícia Anat, o qual fora transmitido pelo arménio de Ugarit/Fenícia.

[4] IV, 45. Tradução de Maria de Fátima Silva, *Heródoto. Histórias. Livro IV*, Lisboa (2000).

certo que a tal Europa era oriunda da Ásia e que nunca chegou a esta região que os Gregos chamam Europa; veio apenas da Fenícia para Creta, e de Creta para a Lícia. Sobre este assunto ficamos por aqui; porque nos vamos servir da nomenclatura tradicional.

Quando Heródoto compôs a sua obra, em meados do séc. V a.C., já o termo alcançara alguma difusão, uma vez que ele o emprega em alternância com Hélade, e em oposição a outro continente – a Ásia.

Mas, cerca de século e meio antes, Europa era o nome de uma região, conforme se depreende da primeira ocorrência conhecida do corónimo, no *Hino Homérico a Apolo*, quando o deus anuncia que vai erguer em Delfos um templo magnífico, com um oráculo para os homens, e especifica quais são os seus destinatários[5]:

> quantos habitam o fértil Peloponeso
> e quantos moram na Europa e nas ilhas cercadas pelo mar.

O hino em questão, de autor desconhecido, deverá datar de cerca de 585 a.C.[6], o que poderá indiciar que à data se distinguia com o nome de Europa o norte e centro da Grécia, por oposição à península do Peloponeso e às ilhas.

Que a amplificação espacial do corónimo se dera no período que decorre entre a composição do hino e a do texto do pai da História há pouco referido, prova-o este passo da IV.ª *Nemeia* de Píndaro[7]:

> Mas não se pode atravessar para além de Cádis, para as trevas.
> Volta ao contrário as velas do navio, em direcção à Europa, à terra firme.

A Ode terá sido cantada em 473 a.C., para glorificar um vencedor natural da ilha de Egina. Como se vê, a noção de Europa alcançara, no sentido do ocidente, as portas do Atlântico (recorde-se de passagem que Cádis era, em importância, a segunda das fundações fenícias, datável de 777 a 755 a.C., e que entretanto o historiador Hecateu, nos começos do séc. VI a.C., tinha escrito uma descrição da terra – de que só restam fragmentos – dividida entre Europa e Ásia, e ilustrada por um mapa, que principiava o relato sobre o Mediterrâneo a partir do estreito de Gibraltar[8].

---

[5] Vv. 247-253. Os versos que traduzimos correspondem a 250-251.

[6] Data proposta por R. Janko, *Homer, Hesiod and the Hymns*, Cambridge (1982), p. 132.

[7] Vv. 69-70. Tradução nossa.

[8] A referência aos primeiros mapas (anterior a este era o de Anaximandro) encontra-se em Estrabão I,1.11. Por sua vez, este geógrafo também começou a sua obra – cerca de seis séculos depois – a partir da Península Hispânica.

Pela mesma época, a questão dos limites entre a Europa e a Ásia emerge na tragédia grega[9]. Recordemos apenas que a mais antiga das que se conservam, *Os Persas* de Ésquilo, premiada em 472 a.c., opõe ao invasor persa, que trazia consigo todas as cidades da Ásia (ou seja, os países submetidos a Xerxes), os habitantes da Hélade. Este último nome repete-se muitas vezes no decurso da peça. Mas quando o coro dos anciãos persas antevê o regresso do poderoso exército derrotado, é de "deixar a Europa" que ele fala (799). A mesma oscilação entre as duas designações se observa em Heródoto. Podiam multiplicar-se os exemplos, mas talvez o passo mais esclarecedor seja este do prólogo das *Histórias*[10].

A partir de então, passaram os Persas a olhar o mundo helénico como seu inimigo. De facto, consideravam como coisa própria a Ásia e os povos bárbaros que nela habitavam, mas a Europa e o mundo grego reputavam-nos como região distinta.

Passando do plano geográfico e etnográfico para o da história, é ainda o mesmo escritor que nos proporciona a mais antiga discussão de teoria política conhecida, no famoso "diálogo dos Persas", assim denominado porque o autor o apresenta como realizado na Pérsia, entre os que se sublevavam contra os magos, embora tome a precaução de reconhecer que "proferiram palavras que alguns Gregos acham inacreditáveis, e que, no entanto, foram proferidas"[11]. Discutem-se aí as vantagens e defeitos das principais formas de governo: democracia, oligarquia e monarquia. De momento, apenas nos interessa observar que não é a palavra consagrada de *democracia* ("governo pelo povo"), que, aliás, surge pela primeira vez, que se saiba[12], no mesmo autor, em VI, 43 e 131, mas *isonomia* ("igualdade perante a lei"), o composto aqui utilizado. Como observou Martin Oswald, as duas palavras não são rigorosamente sinónimas, uma vez que a segunda pressupõe a primeira, mas não serve para designar, só por si, uma forma de governo[13]. Uma canção popular do século VI ou V a.C., em honra dos tiranicidas, exaltava como feito supremo o "de terem dotado Atenas de *isonomia*".

Muitos outros autores, em prosa e em verso, fornecem dados sobre esta questão, que está, afinal nos primórdios da cultura europeia. Um deles foi Tucídides, que, num trecho famoso entre todos, põe na boca de Péricles o elogio da constituição

---

[9]   E. g. *Prometeu Agrilhoado* 732-735.

[10]   I, 4.4. Tradução de José Ribeiro Ferreira, *Heródoto, Histórias. Livro I*, Lisboa (1994).

[11]   III, 80. Os grandes teorizadores políticos gregos, nomeadamente Platão (*A República, Político*) e Aristóteles (*Política*), voltarão ao tema das vantagens e desvantagens das diversas constituições.

[12]   A menos que seja essa a palavra a reconstituir numa inscrição onde está gravado um tratado ateniense com Cólofon, de 447/6 a.C. (*Inscriptiones Graecae*[2] 15.37).

[13]   *Nomos and the Beginnings of the Athenian Democracy*, Oxford (1969), cap. 3.

ateniense. A esse elogio pertence a frase em que se define a essência desta forma de governo, ao afirmar que o nome lhe vem do facto de o poder não estar nas mãos de poucos (ὀλίγους), mas na da maioria (ἐς πλείονας).

A frase, que certamente já todos os que me ouvem reconheceram, tirada de Tucídides II, 37, figurou em primeiro lugar no preâmbulo do projecto da Constituição Europeia, e foi lida no grego original pelo Presidente da Convenção Europeia, Giscard d'Estaing, no acto da entrega do texto, em 20 de Junho de 2003, ao Primeiro Ministro da Grécia, Costas Simitis, então Presidente do Conselho Europeu, perante os representantes dos quinze países pertencentes à União Europeia, bem como dos dez que iam aderir em 2004. A citação não podia ser mais bem escolhida, nem o país anfitrião mais simbólico, uma vez que a sessão solene se realizou em Salónica. Não menos simbólico foi o facto de o texto definitivo do projecto de tratado ser apresentado em Roma, em 18 de Julho seguinte.

A frase grega, que na primeira versão inglesa, de 28/05/03, continha uma inexactidão (em vez de "da maioria", dizia "de todo o povo") está agora correcta ("o maior número"[14]). Tanto quanto sabemos, essa alteração foi notada, entre nós, por Manuel Alves, que denunciou o paralogismo contido na primeira versão, conquanto acabasse por as interpretar, a essa e à segunda, como um indício da "intenção presidentista dos convencionais". Além disso, um pequeno grupo de três membros da Convenção propôs a omissão da frase. Outros têm criticado a pertinência histórica da definição, por ser proveniente de uma sociedade que excluía dos direitos de cidadania os metecos (estrangeiros residentes), as mulheres e os escravos.

Sobre os limites da validade desta última objecção, muito se tem especulado e escrito, porquanto as estatísticas feitas assentam em dados conjecturais. Se soubermos, por exemplo, que, no caso de Atenas, grande parte dos seus habitantes não possuía qualquer escravo, mas vivia apenas do seu trabalho, e que a maioria da população era constituída por pessoas nessas condições – pequenos comerciantes, marinheiros, lavradores, artesãos – as proporções que muitos apresentavam (apenas 10% de cidadãos) alteram-se drasticamente.

Sobre a posição económico-social dos escravos nessa cidade, é particularmente elucidativo um passo célebre do pseudo-Xenofonte, *República Ateniense*[15]:

> Quanto a escravos e metecos, o seu despropósito atinge o máximo em Atenas. Aí não é permitido bater-lhes, nem o escravo se afastará do seu caminho. A razão deste costume local, vou explicá-la. Se houvesse uma lei que permitisse que um escravo ou um meteco ou um liberto fosse

---

[14]   Sobre as divergências que persistem quanto à sua interpretação, veja-se agora R. Winton, "Thucydides 2.37. Pericles on Athenian Democracy", *Rheinisches Museum* 147 (2004), 25-34.

[15]   I, 10. Tradução nossa. Quanto à posição das mulheres, Platão propunha que se lhes atribuíssem funções administrativas na cidade, tal como aos homens (*A República*, Livro V).

agredido por um homem livre, muitas vezes havia de se bater num Ateniense, supondo-o escravo. É que, nessa cidade, o homem do povo (*demos*) não vale mais, pelo traje, do que os escravos e os metecos, e não lhes é nada superior na aparência.

Um dos grandes especialistas modernos de História da Antiguidade, M. I. Finley, teoriza sobre a matéria nestes termos[16]:

> A incorporação de tais pessoas na comunidade como membros de pleno direito, uma novidade surpreendente no seu tempo, raramente repetida posteriormente, salva, por assim dizer, parte da relevância da democracia antiga.

Alguns anos mais tarde, o mesmo historiador demarcou, em outro livro, a grande diferença entre a escravatura antiga e a da idade moderna nestes termos[17]:

> Ninguém hoje precisa de se sentir envergonhado dos seus antepassados escravos gregos ou romanos, nem há nenhuns males sociais ou políticos da actualidade que possam censurar-se à escravatura antiga.

Quanto aos cidadãos, recordemos apenas sucintamente que eles tinham parte "na decisão e no comando", como escreveu Aristóteles[18], e que pertenciam, na sua totalidade, à Assembleia, órgão que, juntamente com os tribunais (o da *Helieia* comportava seis mil juízes, sendo para ele elegível quem tivesse mais de trinta anos), eram os que melhor exprimiam a soberania popular. Também para o Conselho ou *Boulê*, com um total de quinhentos membros, sendo cinquenta por cada tribo, e orientado por uma comissão de cinquenta, que preparava os assuntos, qualquer cidadão podia ser nomeado, mas não mais de duas vezes na vida. Ora a função principal do Conselho era redigir os decretos para irem à aprovação da Assembleia.

Deste esquema se depreende que havia órgãos que exerciam a democracia directa (processo que só se mantém actualmente, tanto quanto sabemos, num cantão da Suíça); que noutros se assegurava a rotatividade; e ainda que não havia separação nítida entre os diversos poderes. Todos gozavam do direito de falar em público (*isegoria*) e de igualdade perante a lei (*isonomia*), prerrogativa esta que, como já vimos, podia ser tomada como sinónimo de democracia.

---

[16] *Democracy, Ancient and Modern*, London (1976). A tradução que apresentamos é da p. 16.

[17] *Ancient Slavery and Modern Ideology*, London (1980), p. 11.

[18] *Política* III, 1275 a. Junte-se a esta obra a *Constituição dos Atenienses*, única conservada das 158 de cidades gregas, que o Filósofo mandara compilar na sua escola (agora acessível em tradução portuguesa de Delfim F. Leão, Lisboa 2003).

O valor e respeito pelas leis, numa sociedade que se rege por elas, a *polis* ("mestra do homem", como lhe chamou Simónides[19]) atinge uma expressão sublime num passo inesquecível do *Críton* de Platão, quando Sócrates, já na prisão e à espera de que lhe levem a cicuta, responde, a um discípulo que lhe fora propor a fuga, mediante uma prosopopeia, em que as Leis lhe aparecem personificadas para lhe dizer que, se aceitasse essa oferta, renegaria o acordo com elas existente, aquele acordo que servira para celebrar o casamento dos pais, para o criar e educar na escola, para orientar, enfim, toda a sua vida. O trecho começara com esta teorização[20]:

> Diz-nos, ó Sócrates, que projectas fazer? Essa acção que tu intentas acaso é outra que não seja deitar-nos a perder, a nós e a todo o Estado, na medida das tuas forças? Ou parece-te que é possível um Estado subsistir e não ser aniquilado, quando as sentenças proferidas não têm poder, antes se tornam impotentes e vãs, por efeito dos particulares?

Voltando ao preâmbulo, passaremos ao outro ponto que nos interessa considerar, e que figura no segundo parágrafo. Aí se têm concentrado as críticas, de onde resulta que ele já conheceu, pelo menos, duas versões. A primeira, e mais completa, começava assim:

> Inspirando-se na herança cultural, religiosa e humanista da Europa, que, alimentada inicialmente pelas civilizações da Grécia e de Roma, marcada pelo impulso espiritual sempre presente na sua herança e mais tarde pelas correntes filosóficas do Iluminismo...

Aqui a maioria das críticas visou o salto cronológico entre a Antiguidade e o séc. XVIII, eliminando a menção do Cristianismo. As reacções foram múltiplas, quer por parte das Igrejas Católica e Ortodoxa, quer de países inteiros (e é de sublinhar que alguns dos que mais prontamente se manifestaram foram os candidatos da antiga Europa de Leste), quer de personalidades diversas. Como de um total laicismo apareceu o então Presidente da França, Jacques Chirac. Muito pelo contrário, Bernard Guetta, considerado um expoente do laicismo francês, declarou que "como ateu impenitente", não estava de acordo com a ausência da menção do Cristianismo, que a considerava "um insulto à inteligência. Não citar a herança cristã da Europa significava negar uma evidência histórica".

Artigos de jornal ou comentários *on line*, vindos até da Argentina, abaixo--assinados, continuaram em curso.

---

[19] Fr. 90. West.

[20] 52 a-b. Tradução nossa.

Teremos de reconhecer que não se trata de uma questão exclusivamente religiosa, mas antes de um facto histórico de profundas e duráveis consequências éticas e culturais. Seja-nos permitido repetir, a este propósito, dois trechos do brilhante ensaio do Doutor Miguel Baptista Pereira, "Europa e Filosofia"[21]. No primeiro escreve ele, a propósito de um congresso sobre "A Nova Europa", realizado em Friburgo, Basileia e Viena, que foi seu mote a noção de que "o Cristianismo se não pode hoje demitir das suas responsabilidades europeias, pois a sua chegada equivaleu a uma segunda fundação da Europa". Umas páginas adiante, o autor observa: "Mais do que o brilho fugaz do imperador, foram marcantes as experiências colectivas da Renascença Carolíngia pelo seu regresso paradigmático às raízes culturais na Antiguidade, sem o qual doravante não haverá cultura nem civilização".

Voltando às críticas apresentadas, alguns propuseram que a referência incluísse as raízes judaico-cristãs. Um numeroso grupo solicitou que se acrescentassem a estas tradições a laica e a liberal. Outros ainda sugeriram uma referência ao Renascimento, Mas houve quem, pelo contrário, propusesse a omissão de todas as alusões culturais e religiosas. Numa das emendas apresentadas, esclarece-se que "a pretensão de condensar a história das correntes de pensamento que atravessaram a Europa e contribuíram para a sua civilização numa lista sumária de dois parágrafos do preâmbulo é absurda".

De tudo isto, que muito resumidamente expusemos, resultou um segundo parágrafo reduzido a três linhas e amputado das suas referências histórico-culturais, pois se lhes retiraram os qualificativos –, que apenas diz:

Inspirando-se na herança cultural, religiosa e humanista da Europa, que, sempre presente na sua herança...

É este começo que, com ligeiras alterações, figura na versão consolidada de 2002, e em vigor desde 2 de Dezembro de 2007.

Sem ligação directa ao documento em causa, gostaria ainda de acentuar que, em livro saído em 2003[22], dois professores de Filosofia, Fernando Gil e Paulo Tunhas, de novo apontam, como factores constitutivos do Ocidente, o "Cristianismo, ele próprio tributário da herança judaica", "a tradição grega, ela própria complexa", "a tradição imperial romana e o direito". Outro filósofo português contemporâneo, Miguel Baptista Pereira, em artigo já aqui citado, dissera quase o mesmo, numa frase de impressionante acutilância: "Sem Abraão e Ulisses não podemos repensar a Europa"[23].

---

[21] *Revista Filosófica* de Coimbra 4 (1993), 227-294. As citações deste artigo que se seguirão provêm, respectivamente, de pp. 229, 233 e 294.

[22] *Impasses*, Lisboa (2003), p. 132. Veja-se também o livro de J. H. H. Weiler, *Uma Europa Cristã - Contributo para uma Reflexão sobre a Identidade Europeia* (trad. port. de Alexandre Pereira, Lisboa 2005).

[23] P. 294 do artigo citado na nota 21.

Para repensar a Europa, os caminhos são múltiplos e dispersos por muitas formas do saber. Vários são os congressos que sobre o tema se têm realizado, entre os quais não podemos deixar de lembrar o que se efectuou em 1998, na Fundação Calouste Gulbenkian, subordinado ao tema "Europa e Cultura"[24]. Naturalmente que o contributo das Ciências Jurídicas e Políticas é fundamental para o estabele-cimento de uma constituição europeia. Não podemos, porém, ignorar a dimensão humanista em que se funda. Num curso ministrado no Collège de France, nos anos cruciais de 1944/1945, um dos corifeus da *Nouvelle Histoire*, Lucien Febvre, já consi-derava que a Europa, mais do que uma noção geográfica, é uma noção cultural[25]. Repare-se na distinção aqui estabelecida entre os dois domínios. Porque não é por se dizer, por exemplo, que o Império Romano afinal se estendia em volta da bacia do Mediterrâneo e desconhecia o norte do nosso continente (o que, aliás, não é bem exacto, como o demonstram ultimamente escavações na Jutlândia), ou que o reino de Carlos Magno só principiava a norte do Loire, ou pelo facto de Santo Agostinho ter sido criado no norte de África ou ainda de umas parte da obra de Aristóteles ter sido recuperada pela mediação árabe, que a cultura europeia se descaracteriza. Por isso, entendemos que a herança greco-latina, delineada, em traços muito largos, na primeira formulação do preâmbulo, em que nos detivemos, não devia ser omitida, como parte essencial, que é, da identidade europeia, a que nos honramos de pertencer.

---

[24] Uma das sessões foi expressamente consagrada ao tema "A matriz clássica e humanista no século XXI" (publicado nas respectivas *Actas*, Lisboa 2001).

[25] *L'Europe. Genèse d'une Civilization*, Paris (1999). A citação é da p. 133 da tradução portuguesa, Lisboa (1999).

14. RAÍZES CLÁSSICAS DA UNIÃO EUROPEIA*

Se atendermos à dimensão geográfica, a União Europeia, na sua extensão actual, não corresponde exactamente ao Império Romano, embora a oeste atingisse a Britannia (e ainda hoje os ingleses têm orgulho em mostrar a Muralha de Adriano) e toda a Ibéria, e a leste se estendesse até à Arménia e à Mesopotâmia; a diferença maior estaria no sentido norte-sul, uma vez que compreendia toda a orla africana do Mediterrâneo, mas era limitada, a setentrião, pelo Reno e, em parte, pelo Danúbio. Estas afirmações não implicam, no entanto, a negação da presença romana mais a norte, como o têm demonstrado escavações recentes na Jutlândia.

Porém, se tivermos em conta a dimensão cultural, a resposta é outra. Afirmaremos mesmo, sem receio de errar, que todo o continente europeu, incluindo países que ainda não pertencem à União, partilha da herança clássica. E, ao dizermos assim, estamos já a tomar o qualificativo de "clássica" na sua abrangência habitual, isto é, sem esquecer a base grega de toda a civilização ocidental.

Aqui surge uma questão, que tem sido muito debatida nos últimos decénios, que é a do papel que terão desempenhado as civilizações próximas da Hélade, ou seja, as do Próximo Oriente e do Egipto, e se, portanto ainda é lícito falar do tão discutido "Milagre grego".

Se a admiração pela civilização egípcia por parte do historiador Heródoto foi notada já na Antiguidade (φιλοβάρβαρος lhe chamavam os Gregos), a possibilidade de influências por parte de Hititas, Babilónios e Fenícios tem sido aceite por muitos especialistas nos últimos tempos, à medida que se fazem novas descobertas arqueológicas, se decifram os arquivos hititas da antiga Hattusa e se encontram neles mitos sobre as origens do mundo e a sucessão dos deuses. A sua semelhança com os que figuram na *Teogonia* de Hesíodo, poeta que se julga geralmente datar do final do séc. VIII a.C., levaria a supor que os seus modelos vinham de lendas hititas de 1330 a 1200 a.C.: o *Canto de Kumarbi* e a *Canção de Ulikummi*, os quais, por

---

* Publicado em *Boletim da Faculdade de Direito*, Homenagem ao Prof. Doutor Guilherme Braga da Cruz, vol. 84, Coimbra (2008), 11-24.

sua vez, ascenderiam a versões hurríticas de meados do segundo milénio a.c. A estes se juntariam ainda textos babilónicos, do poema *Enuma Elish*, e a *História Fenícia* de Sanchuniathon (esta só conhecida através de uma versão grega tardia). Deste modo, as semelhanças temáticas e estilísticas entre as teogonias orientais e as gregas seriam, para notáveis especialistas, como M. L. WEST[1], inegáveis. Porém a dificuldade em esclarecer o modo de transmissão, reconhecida por grandes orientalistas e helenistas, permanece[2]. De qualquer modo, há uma diferença fundamental a ter em conta, apontada por A. LESKY[3] há mais de três dezenas de anos: é que na teogonia grega não se narra apenas a sucessão violenta de deuses que lutam pela soberania dos céus; há um caminho ascensional para a ordem estabelecida por Zeus, que conduz ao triunfo da Justiça.

Outra questão dentro deste âmbito da possível dependência em relação às civilizações orientais ou à egípcia diz respeito às origens da ciência. Que os Egípcios dispunham de meios para curar doenças, já pode ler-se na *Odisseia*[4]:

> Aí o solo fecundo produz abundantes mezinhas,
> Umas que faz bem tomar, outras muito nocivas.

Tijolos e papiros decifrados desde o séc. XX têm comprovado a validade desta fama, dando a conhecer o valor terapêutico de diversos produtos naturais. Mas, ao contrário do que há pouco tempo se propagou nos jornais, isso ainda não se pode chamar ciência. É apenas um saber alcançado pela prática. A introdução de um método científico na cura das doenças, a criação da literatura médica e da deontologia profissional principiam, como todos sabem, com Hipócrates e a sua escola.

Algo de semelhante se passa na área da Matemática e da Astronomia, não só em relação aos Egípcios, como aos Caldeus. Também aí se encontram observações e dados por vezes importantes, mas não se faz a redução de uns e outros a princípios universalmente válidos, susceptíveis de fundamentar uma teoria, como é próprio do saber científico.

Aliás, a ciência começara por não se distinguir ainda da filosofia (o que só virá a suceder com Aristóteles), mas um facto fundamental é comum a ambas: tentar explicar o mundo em que vivemos por meio da razão. É esse sentido – o de razão – que vai confluir com os muitos que tinha a palavra grega λόγος.

---

[1]   *The East Face of Helicon*, Oxford (1997).

[2]   Vejam-se as recensões críticas a essa obra por A. R. GEORGE, *Classical Review* 50 (2000) 103-106, e Kim DOWDEN, *Journal of Hellenic Studies*, 121 (2001), 167-175.

[3]   "Griechischer Mythos und Vorderer Orient", *Gesammelte Schriften*, München (1966) e *Geschitche der griechischen Literatur*, München ([3]1971) 116-119 (trad. port.: Lisboa 1995).

[4]   IV, 229-230.

E é esse o que já pode atribuir-se à doutrina ontológica expressa no poema de Parménides, quando diz[5]:

Mas julga com a razão a prova muito contestada.

Deixando de lado uma das mais altas realizações gregas, a filosofia, da qual HEIDEGGER declarou simplesmente que "toda a filosofia ocidental é um platonismo", acentuaremos que o grande esplendor da ciência grega começa com Aristóteles e os seus discípulos, alguns dos quais são chamados a Alexandria para trabalhar no Templo das Musas ou Museu, que Ptolomeu I fundara nessa nova cidade.

E, a este propósito, seja-me lícito recordar uma questão célebre da História da Ciência, nada menos do que a do movimento de translação da Terra, pelo que nos permite observar como o saber é também feito de avanços e recuos. Trata-se da teoria heliocêntrica do astrónomo do séc. III a.C., Aristarco de Samos, que afirmou, pela primeira vez, que o Sol estava no centro do Universo e a Terra e os planetas em volta dele, com excepção da Lua, que girava em volta da Terra. Essa teoria causou a indignação dos seus contemporâneos, segundo se lê num diálogo de Plutarco[6]:

Meu amigo, não me movas uma acção judicial por impiedade, como Cleantes, que entendeu que os Gregos deviam intentar um processo a Aristarco de Samos por impiedade, dizendo que ele abalara o lar do Universo.

Mas já antes um dos maiores cientistas de então havia impugnado a doutrina: nada menos do que Arquimedes[7]. Até que, na época romana, Ptolomeu, cuja autoridade dominará toda a Idade Média, defende a teoria geocêntrica[8]. E é curioso notar que, dezoito séculos depois, Copérnico, no prefácio de *Da Revolução dos Orbes Celestes*, depois de aludir vagamente ao texto de Plutarco, dá como antecedentes da doutrina que ousa propor os Pitagóricos, que tinham dito que a Terra girava em volta de um fogo central.

Do escândalo provocado a seguir, pelo retomar da doutrina por parte de Galileu, não é preciso falar. Lembraremos somente que foi preciso chegar aos primeiros anos do séc. XVII para Kepler superar a dificuldade científica que ainda se opunha à aceitação da teoria heliocêntrica, substituindo as órbitas circulares por elípticas.

Outro aspecto a considerar, e não menos importante, é o da teorização política, designadamente, a que diz respeito ao nascimento da democracia. Muitos livros se têm publicado nos últimos decénios sobre matéria tão actual, livros esses de entre

---

[5] Frg. 7 DIELS-KRANZ.

[6] *O Rosto no Disco da Lua*, 922f-923a.

[7] *O Arenário 1*.

[8] *Tetrabiblos* I, 2.

os quais é justo destacar os elaborados pelo Departamento de Estudos Clássicos da Universidade de Copenhague, sob a égide do Prof. Mogens HANSEN.

Se a comparação entre os vários regimes políticos aparece pela primeira vez em Heródoto[9] e se a discussão sobre as vantagens e defeitos de cada um deles é tema versado pelos grandes filósofos gregos, e depois pelos romanos, há que atender, em primeiro lugar, ao significado etimológico do composto grego *democracia* ("poder do povo") e à igualdade nos direitos que pressupunha: na lei (*isonomia*), no falar (*isegoria*), no poder (*isocracia*). Quais os limites desta igualdade é, porém, uma questão que não cessa de se discutir. Tudo depende do sentido exacto que se atribua a δῆμος. Xenofonte respondeu a essa dúvida num passo muito citado dos *Memoráveis*[10]:

São os pobres, dentre os cidadãos.

Quer isto dizer que a designação de cidadão era independente da categoria censitária. Sendo assim, e sabendo que existiam também escravos e que as mulheres e os estrangeiros residentes não eram elegíveis, poderá manter-se, como sustentam historiadores russos, que, havendo apenas 10% de cidadãos, somente se estava a dissimular uma "democracia de esclavagistas"? A grande dúvida parte da validade da estatística, que assenta num cálculo puramente conjectural: a 30.000 cidadãos corresponderiam 120.000 familiares, 50.000 metecos e 100.000 escravos. Ora nós sabemos por outras fontes que grande parte dos habitantes da Ática não possuía qualquer escravo e que a maioria da população era constituída por pequenos comerciantes, marinheiros, lavradores, artesãos. Sem pretender resolver a questão, podemos no entanto repetir, com FINLEY, que a "incorporação de tais pessoas na comunidade política como membros de pleno direito, novidade surpreendente no seu tempo, raramente repetida depois, salva, por assim dizer, parte do sentido da democracia antiga"[11].

É importante lembrar ainda, neste contexto, que o princípio da igualdade natural entre livres e escravos foi expresso pela primeira vez no séc. IV a.C. por um sofista menor, Alcidamante, que escreveu[12]:

Deus criou todos livres; a natureza não fez ninguém escravo.

E que, nessa mesma época, Platão propusera, na cidade ideal planeada na *República*, a igualdade dos géneros, colocando também as mulheres nos mais altos cargos da *polis*.

---

[9] III, 80-83.

[10] IV, 2.37.

[11] *Democracy, Ancient and Modern*, London (1973), 16. Veja-se também. José RIBEIRO FERREIRA, *Participação e Poder na Democracia Grega*, Coimbra (1990).

[12] Referido por um escoliasta de Aristóteles, *Retórica* I, 1373 b.

Até aqui falámos, de uma forma muito geral e necessariamente incompleta, de alguns dos aspectos fundamentais do legado grego. E dizemos "alguns", porque não tocámos em áreas tão influentes como a epopeia, a lírica, o teatro, a retórica, a arte. E tudo isto se desenvolve e atinge os mais altos padrões entre Homero (que actualmente se tende a datar dos meados do séc. VIII a.C.) e o séc. III da nossa era (com a criação da Álgebra, por Diofanto), ou seja, em termos da história geral, entre o período geométrico e a época romana tardia.

Porém, desde 146 a.C. que aquela região que fora primeiro um conjunto de *poleis* independentes e depois uma Hélade unificada à força por Alexandre Magno, passara a ser uma província romana, após a conquista de Corinto – quando, aliás, a própria Macedónia já fora submetida vinte e dois anos antes. Se os factos de ordem política podem ser resumidos nestas poucas palavras – a criação da província da Acaia –, os de ordem cultural são mais vastos e mais profundos e ninguém os condensou de forma mais lapidar do que Horácio no famoso verso da *Epístola a Augusto*[13]:

> *Graecia capta ferum victorem cepit...*
> (A Grécia vencida conquistou o seu feroz vencedor...)

É que os contactos entre as duas civilizações tinham principiado desde muito cedo, conforme o prova, entre outros factos, a adopção do alfabeto grego (e não esqueçamos que, com isso, o uso dessa forma de escrita e das suas variantes – o alfabeto gótico e o cirílico) – acabaria por se tornar o sistema da maior parte do mundo actual, compreendendo não só a Europa como as Américas, a África, a Austrália e parte da Ásia. Curiosamente, diga-se de passagem, a mais antiga inscrição grega até agora encontrada apareceu na Península Itálica e deverá datar-se, estratigraficamente, de c. 775 a.C.

O contacto regular com a cultura helénica, esse, principia quando Roma anexa a Campânia, à qual pertenciam as cidades de Cápua e Nápoles, ou seja, c. 340 a.C. Precisamente essas cidades ficaram a gozar de condições de aliança excepcionais, que abrangiam até o uso do trajar, uma vez que – e é Cícero quem o conta[14] – nobres adolescentes e senadores de alta estirpe, ao chegar aí, trocavam a toga romana pela clâmide grega (um pormenor que parece não ultrapassar o nível da simples curiosidade, mas que valeria a pena considerar nos nossos tempos). E também é significativo que, no Século de Augusto, Virgílio tenha ido para Nápoles estudar com um filósofo epicurista.

Note-se que a consciência desse magistério grego ia tão longe que, mesmo em relação ao Direito, um dos mais admirados e duradouros contributos para a civilização europeia, havia uma tradição, preservada por diversos autores, entre

---

[13] *Epístolas* II, 1.266.

[14] *Defesa de Rabírio Póstumo*, 10.26-27.

os quais Cícero e Tito Lívio, segundo a qual, para elaborar a Lei das Doze Tábuas, uma comissão teria ido primeiro a Atenas, a fim de "copiar as ínclitas leis de Sólon e tomar conhecimento das instituições, costumes e leis de outras cidades gregas"[15]. Cícero que só falara genericamente de "cidades gregas"[16], exalta, em termos inequívocos, a superioridade do Direito Romano num dos seus tratados[17]:

> Podem indignar-se à vontade, mas direi o que sinto: as bibliotecas de todos os filósofos, ultrapassa-as, por Hércules, em meu entender, um só livrinho, o das Doze Tábuas, fonte e cabeça das nossas leis, pelo peso da sua autoridade e pela riqueza da sua utilidade (......). Através do conhecimento do Direito, colhereis ainda o fruto da alegria e do prazer de compreenderdes com toda a facilidade quanto os nossos maiores estiveram à frente dos outros povos em clarividência, se vos derdes ao trabalho de comparar as nossas leis com as deles – de Licurgo, de Drácon, de Sólon. É inacreditável como todo o Direito Civil, para além do nosso, é rude e quase ridículo.

Um dos melhores especialistas de Direito Romano, WIEACKER, tem como provável a ida à Magna Grécia, mas duvida da inspiração ateniense, por entender que o espírito das Doze Tábuas difere do das Leis de Sólon[18]. Não vamos deter-nos mais neste assunto, que continua em debate. Lembremos apenas que é com a legislação de Justiniano que, já no séc. VI da nossa era, há-de passar à posteridade o Direito Romano.

Voltando atrás no tempo, encontramos outros elos de ligação não menos marcantes, protagonizados por prisioneiros de guerra provenientes de conquistas. Um deles vem para Roma devido à tomada de Tarento, em 272 a.C., no extremo sul da Península Itálica: é o cativo Lívio Andronico, aquele que havia de ser mestre--escola na Urbe e que traduziria a *Odisseia*, numa versão que ainda no tempo de Horácio era aprendida nas escolas, e de, por ordem do Senado, passar para latim uma peça de teatro, a fim de ser representada nos festejos comemorativos do final da Primeira Guerra Púnica, em 240 a.C.[19].

---

[15] Tito Lívio III, 31. Dionísio de Halicarnasso (X, 51.5) distingue duas embaixadas, uma a Atenas e outra à Magna Grécia.

[16] *Verrinas* V, 72.18.

[17] *O Orador* I, 44.195-197, *passim*.

[18] "Die XII Tafeln in ihrem Jahrhundert" in *Les Origines de la République Romaine*. Entretiens Hardt, Tome XIII, Genève (1967), 291-362. Vejam-se também, entre outros, os trabalhos de Michèle DUCOS, *L'Influence Grecque sur la Loi des Douze Tables*, Paris (1972), e *Les Romans et la Loi*, Paris (1984) e ainda J. SEGURADO CAMPOS, "No Tempo dos Decênviros. Reflexões em torno da Lei das Doze Tábuas e suas Relações com o Direito Grego", in Delfim F. LEÃO et alii, *Nomos. Direito e Sociedade na Antiguidade Clássica*, Coimbra-Madrid (2004), 297-350.

[19] É o próprio Cícero que se refere a ele como o mais antigo escritor latino (*Tusculanas* I, 1.3).

Outro exemplo não menos significativo é o da vinda para Roma, também como prisioneiro de guerra, após a conquista da Macedónia, daquele que veio a ser um dos maiores historiadores da Antiguidade e mestre de Cipião Emiliano, o futuro destruidor de Cartago: Políbio.

Ora é precisamente esse escritor grego o primeiro a exprimir o seu assombro perante a extensão e solidez do poderio de Roma[20]:

> Na verdade, quem haverá de tão mesquinho ou frívolo que não queira saber de que modo e com que espécie de governo é que quase todo o mundo habitado, conquistado em menos de cinquenta e três anos, caiu sob um poder único, o dos Romanos. Facto ao qual não se encontram, antecedentes. E ainda, quem estaria tão subjugado por qualquer outra consideração ou estado, que lhe consagrasse mais atenção do que a este empreendimento? (......) Mas os Romanos subjugaram, não alguma parte, mas quase toda a terra habitada, e deixaram um poderio tão vasto que é impossível aos nossos contemporâneos resistir-lhe e aos nossos descendentes excedê-lo.

Repare-se que, no tempo de Políbio, o Império tinha "menos de cinquenta e três anos". Ainda as conquistas não tinham avançado em todas as direcções, como vimos ao princípio. Cerca de quatro séculos depois, outro historiador grego, Apiano, há-de consagrar grande parte do prefácio da sua *História Romana* a catalogar as regiões então pertencentes ao Império, para concluir que um tão grande espaço igualava o percurso diário do Sol.

O mesmo farão outros escritores, como o gaulês Rutílio Namaciano, nos começos do séc. V d.C.[21]. E o *topos* há-de reaparecer na dedicatória de *Os Lusíadas*[22], quando Camões, ao invocar o rei, se apoia numa base científica muito mais alargada:

> Vós, poderoso rei, cujo alto império
> O Sol logo em nascendo vê primeiro:
> Vê-o também no meio do hemisfério,
> E quando dece o deixa derradeiro...

Voltemos, porém ao encontro de culturas e ao modo como ele se processa. E aqui encontraremos de novo o papel estruturante que nele desempenhou o chamado Círculo dos Cipiões. Sem que possa falar-se de uma instituição ou de uma academia com encontros regulares, o certo é que, no grupo de intelectuais, bem como de homens de acção que nele se encontravam, figuravam, além dos já

---

[20] *Histórias* I, 4-8.

[21] *Sobre o seu Regresso* 57-58.

[22] I, 8.1-4.

mencionados, Panécio, o pensador grego que havia de divulgar a filosofia estóica, tão congenial ao modo de ser romano, os poetas Lucílio e Terêncio (este último, natural do norte de África). De tudo isto, é de Cícero, novamente, um dos nossos melhores testemunhos[23].

De resto, o próprio Cícero, que em Roma aprendeu filosofia com o académico Filão, que passou seis meses a instruir-se em Atenas e para essa cidade mandaria depois o filho estudar, que entre os dezoito e os vinte e cinco anos procurou alcançar uma formação filosófica plurifacetada, formou, ele mesmo, o propósito de aclimatar na Urbe a suprema sabedoria e compôs sucessivamente tratados filosóficos, dois dos quais são uma espécie de réplica romana, pelo título e pelo tema, dos grandes diálogos daquele que designou por "o querido e famoso Platão": *A República* e *As Leis*. Naturalmente, à cidade ideal do filósofo grego vai contrapor--se a constituição mista de Roma (ou seja, resultante de uma fusão harmoniosa da realeza, da aristocracia e da democracia), mas isso não impede o Arpinate de afirmar as origens helénicas da cultura romana, quando escreve, por exemplo[24]:

> Tudo isso, deixemo-lo aos Gregos. É deles que temos a Filosofia e todas as artes liberais.

São impressionantes também as recomendações que faz ao irmão Quinto, quando ele foi nomeado, pela terceira vez, procônsul da Ásia (designação dada ao antigo reino de Pérgamo, onde ficavam as antigas cidades gregas)[25]:

> Quando governamos aquela raça de homens na qual não só existe a cultura, mas da qual se julga que ela se estendeu até aos outros homens, certamente devemos retribuí-la de preferência àqueles mesmos de quem a recebemos.

Muitos outros textos poderiam citar-se. Mas talvez nenhum exprima de forma tão rigorosa o contraste e, ao mesmo tempo, a complementaridade entre as duas culturas do que os versos da *Eneida* em que Anquises, prestes a terminar a apresentação dos futuros heróis romanos, exclama[26]:

> Outros modelarão, bem o creio, bronzes com vida
> e sem dureza; extrairão do mármore seres animados;
> defenderão melhor as causas; medirão com o compasso

---

[23]   *A República* I, 21.4.

[24]   *Dos Limites Extremos* II, 21.68.

[25]   *Cartas ao Irmão Quinto* I, 1.28.

[26]   *Eneida* VI, 847-853.

o curso dos céus e anunciarão o nome dos astros.
Tu, Romano, sê atento a governar os povos com o teu poder
– estas serão as tuas artes – a impor hábitos de paz,
a poupar os vencidos e derrubar os orgulhosos.

À arte, simbolizada pela escultura em bronze e em mármores, à oratória, à astronomia, opõe-se, portanto, a arte de governar, cultivando a paz, a clemência e a justiça.

É altura de salientar a importância que tiveram as ideias morais e políticas dos Romanos, como as que aqui se exprimem. Na impossibilidade de as enumerar e definir a todas, fixar-nos-emos, de preferência, em duas das que eles mesmos consideravam como caracteristicamente suas; *fides* e *pietas* (e utilizamos o nome em latim, porquanto as palavras portuguesas nelas originadas assumiram matizes semânticos por vezes bem diversos).

A *fides*, que já figurava na Lei das XII Tábuas, na esfera do direito privado, como a relação que ligava o cliente ao seu patrono, teria originariamente o significado de "garantia", que no tempo de Cícero se alarga ao de "confiança". E, portanto, um conceito que está na essência das relações pacíficas entre os homens e, por extensão, entre os povos. Justamente o grego Políbio, de quem já falámos, afirmou que os Romanos eram tidos como o povo que "respeitava o seu dever, pela própria fidelidade decorrente do seu juramento"[27]. Também o conhecido pêan dos Calcídicos, povo que conseguiu escapar à destruição graças a Tito Flaminino, cantava[28]:

Prestamos culto à *Fides* dos Romanos, com que eles guardam, tão gloriosamente os seus juramentos.

Por isso foi acerca da *fides* que V. PÖSCHL escreveu que era o centro da ordem política, social e jurídica de Roma[29].

Da *pietas*, sentimento de obrigação para com os parentes, designadamente para com os pais, é exemplo máximo o próprio herói da *Eneida*, que foge, com o pai às costas e o filho pela mão, da destruição final de Tróia. Tal sentimento ergue-se igualmente ao culto da divindade, já patente em muitos autores romanos, e será aquele que domina no Cristianismo.

Deixamos de parte outras ideias morais e políticas, como *honor* (bem patente no chamado *cursus honorum*, que demarcava os vários degraus que um cidadão ambicionava subir até atingir as mais altas magistraturas da Urbe e que bem se exprimia em monumentos como os arcos de triunfo e as colunas comemorativas);

---

[27] VI, 56.14.

[28] Cf. Plutarco, *Tito Flaminino*, 16.

[29] "Politische Wertbegriffe in Rom", *Antike und Abendland* 25 (1988), 1-17.

como *dignitas* (correspondente sobretudo ao prestígio político) e *gravitas* (o comportamento adequado a essa situação, que supõe também a *auctoritas*); como a tradição, vinda dos costumes dos antepassados (*mos maiorum*); ou como a *libertas*, que implica os direitos privados e como tal aparece definida já num fragmento de Énio[30]:

> Mas, ao varão, viver da verdadeira virtude animado cumpre,
> e com coragem apresentar-se inocente perante o adversário.
> É essa a *libertas*, a que dá um peito puro e firme:
> o resto, que não depende de nós, esconde-se nas trevas da noite.

Muitas outras ideias morais e políticas haveria a considerar, mas uma, pelo menos, não pode deixar de se mencionar: a *clementia*. Referimo-nos à sua importância na esfera política, que é própria dos Romanos, e, em especial, à *clementia Caesaris*, apanágio que já Salústio atribui a essa figura dominante, e Cícero também, pelo menos em discursos forenses pronunciados entre 46 e 45 a.C. Não pode omitir-se, contudo, que poucos anos antes o maior de todos os oradores romanos, na privacidade de uma carta ao seu amigo Ático[31], qualificara o uso que ele fazia dessa virtude de "insidioso". Que ele podia ter intuitos de propaganda, é fenómeno comum a todas as épocas. O certo é que o Senado romano honrou o grande general e político com a erecção de um templo dedicado à *Clementia Caesaris*, no qual essa personificação aparecia de mãos dadas com ele[32].

Mas, se houve figura política que se distinguisse pela prática dessa qualidade, foi Augusto, e a biografia que dele traçou Suetónio tem-no demonstrado à evidência. A maneira como o mesmo Imperador neutralizou a tentativa de emboscada de Cina concedendo-lhe honrarias, em vez de lhe aplicar a pena capital, ficou célebre a partir de um tratado filosófico de Séneca, precisamente o que se intitula *De Clementia*. Das muitas definições por ele propostas, salientemos apenas esta, que é modelar até na sua concisão[33]:

> *Clementia* é uma moderação que perdoa parte de uma pena merecida
> e devida.

Era esta também, a grande virtude que já aparecia como distintiva do modo de actuar dos Romanos no célebre passo da *Eneida*, já mencionado, em que Anquises exortava os seus futuros descendentes a superar os outros povos. E, pela mesma época, um escudo votivo encontrado em Arles consagrava a *auctoritas*

---

[30] Frg. 302 VAHLEN = 126 JOCELYN.

[31] *Cartas a Ático* VIII, 16.2.

[32] Plutarco, *César* 57.

[33] I, 2.

de Augusto como resultante do exercício de quatro grandes qualidades: *virtus, iustitia, clementia, pietas.*

Bem pode, no entanto, objectar-se que todas estas qualidades eram as que distinguiam os Romanos antigos e que a passagem do tempo e a série dos imperadores dissolutos (que se sucedem principalmente depois dos chamados "bons imperadores" – Trajano, Adriano, Antonino Pio, Marco Aurélio) tinham levado à queda de um poderio que parecia sem fim no espaço e no tempo.

Quando se produziu esse acontecimento é actualmente objecto de discussão. Se foi a sucessão de saques de Roma ao longo do séc. V d.C., desde o de Alarico (410 d.C.) ao dos Visigodos e dos Vândalos, até que Odoacro depôs Rómulo Augústulo, em 476 d.C., é doutrina ainda hoje aceite por muitos, mas rejeitada, por exemplo, pela comissão de historiadores nomeada pela Fundação Europeia da Ciência, que, no volume já publicado de *The Transformation of the Roman World*, coloca a passagem a um estado medieval só em 680/1, quando Constantino IV reconheceu, em Itália, o *Regnum Longobardorum*[34].

Quer aceitemos uma destas datas, quer a outra, a verdade é que a cultura romana não se extingue de todo nesse período. Diremos mesmo que, paradoxalmente, a língua latina vai reaparecer a oeste da Europa, numa ilha que não chegara a ser absorvida pelos Romanos: a Irlanda. É aí que ela é reaprendida, a partir do monaquismo criado por S. Patrício, e daí que passa à grande ilha vizinha, ficando nas mãos dos Anglo-Saxões desde os meados do séc. VII até cerca de 800. E é a um mestre de York, Alcuíno, que em 782 Carlos Magno vai recorrer para assentar em bases sólidas a sua Escola Palaciana[35]. É deveras estimulante reflectir sobre este facto: aquele que, com as suas conquistas, edificara algo de semelhante à União Europeia, e é também o que reconhece a necessidade de uma escola e do ensino do Latim.

Mas o grande impulso para a redescoberta dos autores romanos parte, como todos sabem, do humanismo italiano, especialmente de Petrarca. A ele se juntará o conhecimento dos autores gregos, trazidos pelos sábios fugidos de Constantinopla. Por sua vez, o latim permaneceu, durante séculos, a língua de cultura na Europa. Por isso, antes de terminar, gostaria de introduzir um breve parênteses, este tirado da actualidade, para provar que a História, às vezes, também sabe sorrir.

Como é do conhecimento geral, no segundo semestre de 1999, a presidência da União Europeia coube à Finlândia, a seguir à Alemanha, que usara como terceira língua (depois do francês e do inglês) a sua própria e propunha que essa prática continuasse nos comunicados. Os Finlandeses, falantes de uma língua que, ao contrário da quase totalidade dos idiomas em curso no nosso continente, não é

---

[34] Leslie WEBSTER and Michelle BROWN, eds., *The Transformation of the Roman World*, vol. I, Leiden (1997), 200.

[35] Dos muitos estudos que há sobre esta matéria, veja-se em especial R. R. BOLGAR, *The Classical Heritage and its Beneficiaries*, Cambridge (repr. 1977), cap. III.

sequer de origem indoeuropeia, resolveram então emitir em latim a página da Internet com os seus comunicados oficiais, anunciando que a culpa da reentrada dos antigos Romanos em Bruxelas se devia a uma *altercatio inter Finniam et Germaniam*.

Lembremos agora, mais uma vez, que é desse legado clássico que cedo entronca com a tradição bíblica, e depois se alarga com o Iluminismo, que fala o preâmbulo da Constituição Europeia, nas suas primeiras versões, após citar, no grego original, a frase célebre de Tucídides de elogio à democracia. Com o preâmbulo ou sem ele, trata-se de um elo civilizacional que não pode nem deve negar-se. É nos seus valores e na sua experiência que nos reencontramos. Assim sejamos dignos de os continuarmos e de os aperfeiçoarmos.

ABSTRACT: The geographic extension of the Roman Empire is largely surpassed by the scope of its cultural projection, which greatly derives from Hellenic culture. Although there is a debate regarding the influence of Egyptian and Near Eastern civilizations on Greek culture, it becomes obvious that the basis of European culture comes from Hellas, in terms of philosophy, literature, political theory, and science in general; and from Rome, in terms of jurisprudence. Comparison between the main achievements of these cultures – Greek and Roman – culminates in Book VI of the *Aeneid*, when Virgil grants supremacy to Greek culture in terms of art, oratory and science; and grants supremacy to Roman culture in terms of governance of peoples, promoting peace, clemency and justice. A brief sketch of revival of Classical culture in the seventh century and its special prominence during the Renaissance and subsequent centuries, which was duly recognized in the first version of the preamble of the European Constitution, highlights the significance of a moral and cultural legacy that belongs to each and every one of us.

KEYWORDS: Greek and Roman legacy; science; philosophy; democracy; civil law; Medieval renewal; Humanism; European Union constitution.

15. DA NECESSIDADE DO PREÂMBULO DA CONSTITUIÇÃO EUROPEIA[*]

O Preâmbulo da Constituição Europeia abre com as famosas palavras, escritas no grego original, seguido de tradução, em que Tucídides definiu a democracia ateniense.

Se este parágrafo suscitou alguma polémica, em grande parte devida ao desconhecimento do modo como funcionavam as instituições áticas, o segundo tem conhecido ainda mais vicissitudes. Efectivamente, na sua primeira versão, lia-se o seguinte:

> Inspirando-se na herança cultural, religiosa e humana da Europa, que, alimentada inicialmente pelas civilizações da Grécia e de Roma, marcada pelo impulso espiritual sempre presente na sua herança e mais tarde pelas correntes filosóficas do Iluminismo...

Aqui não faltaram críticas ao enorme salto cronológico entre a Antiguidade e o séc. XVIII, eliminando a menção do Cristianismo. A Igreja Ortodoxa logo acusou a gravidade desta omissão, e a Católica também. Os países da antiga Europa de Leste, à data convidados para a sessão solene da apresentação da proposta, mas ainda não formalmente admitidos, não tardaram a manifestar-se. Artigos de jornal, comentários *on line*, abaixo-assinados provenientes de vários quadrantes igualmente exprimiram a sua indignação. Há, porém, dois exemplos de sinal contrário entre si, que, neste contexto, adquirem grande significado: por um lado, o actual Presidente da República Francesa apresentou-se como apoiante de um total laicismo; por outro, aquele que é considerado como o expoente máximo do laicismo francês, Bernard Guetta, declarou que "como ateu impenitente, não estava de acordo com a ausência de menção do Cristianismo". Essa ausência era, em sua opinião, "um insulto à inteligência. Não citar a herança cristã da Europa significa negar uma evidência histórica".

---

* Publicado em *Revista do Cade*, Coimbra (2004), 37-39.

Outros ampliaram a necessidade dessa referência até às raízes judaico-cristãs, ao passo que uma das emendas apresentadas sustentava que "a pretensão de condensar a história das correntes de pensamento que atravessaram a Europa e contribuíram para a sua civilização numa lista sumária de dois parágrafos do preâmbulo é absurda". Felizmente, parece que ninguém se lembrou de que houve mais do que um Iluminismo...

O certo é que de tudo isto resultou uma nova versão, em três linhas, do segundo parágrafo, amputado das anteriores referências histórico-culturais, e passou a ler-se apenas o seguinte:

> Inspirando-se na herança cultural, religiosa e humanista da Europa, que, sempre presente na sua herança...

Que a Europa sempre aspirou à unidade é um facto que nenhum estudioso do passado pode negar. Mas essa unidade era sustentada pela força, embora nalguns casos alicerçada num grande poder de assimilação cultural, audível, ainda hoje, na herança linguística (estamos a referir-nos, como é evidente, ao Império Romano, não obstante a não-coincidência total das fronteiras geográficas com as de hoje). Outros exemplos bem conhecidos são o império carolíngio, as campanhas napoleónicas.

Sustentada pela força – partindo de alianças que se faziam e desfaziam, as guerras sucediam-se, até que as duas últimas passaram a denominar-se, não pela sua duração (dos Cem Anos, dos Trinta Anos), mas pela sua extensão desmedida (Primeira e Segunda Guerra Mundial). Em face deste quadro negativo, nenhuns louvores são de mais para exaltar o projecto em curso de uma União Europeia baseada num consenso que, tendo a sua origem em pressupostos económicos (a Comunidade Europeia do Carvão e do Aço), tem necessariamente de assentar em bases jurídicas e políticas e, não menos, em alicerces culturais.

Que a Europa é, mais do que uma noção geográfica, uma noção cultural, já o afirmava, há mais de meio século, em prelecções no Collège de France, um dos corifeus da *Nouvelle Histoire*, Lucien Febvre[1]. Oiçamos agora a voz de alguns dos nossos mais conceituados mestres de Filosofia da actualidade. Em livro há pouco publicado[2], Fernando Gil e Paulo Tunhas apontaram, como factores constitutivos do Ocidente, "o Cristianismo, ele próprio tributário da herança judaica", "a tradição grega, ela própria complexa", "a tradição imperial romana e o direito". Pelo seu lado, Miguel Baptista Pereira, num brilhante ensaio editado em 1993, "Europa e Filosofia"[3], escreveu, ao comentar as conferências e discussões havidas no

---

[1] *L'Europe. Genèse d'une Civilisation*, Paris (1999). A citação é da p. 133 da tradução portuguesa, editada em Lisboa no mesmo ano.

[2] *Impasses*, Lisboa (2003), p. 132.

[3] *Revista Filosófica de Coimbra* 4 (1993), 227-294. As citações que se seguem são das pp. 229, 233 e 294.

Congresso "A Nova Europa"[4], que foi seu mote a noção de que "o Cristianismo se não pode hoje demitir das suas responsabilidades europeias, pois a sua chegada equivaleu a uma segunda fundação da Europa"; e, mais adiante, afirma que "mais do que o brilho fugaz do imperador, foram marcantes as experiências colectivas da Renascença Carolíngia pelo seu regresso paradigmático às raízes culturais na Antiguidade, sem o qual doravante não haverá cultura nem civilização" – noções que o mesmo pensador condensou numa esplendorosa antonomásia: "Sem Abraão e Ulisses não podemos repensar a Europa".

É todo este legado que sustenta espiritualmente a União Europeia. Consagrar a sua existência, ainda que em breves palavras, no preâmbulo da Constituição, é reconhecer um facto cultural de primeira grandeza.

---

[4] P. Huenermann, ed., *Das neue Europa*, Freiburg-Basel-Wien (1993).

16. UNITÉ ET PLURALITÉ CULTURELLE: LE PARADIGME DE L'EMPIRE ROMAIN FACE AUX DÉFIS DE L'UNION EUROPÉENNE[1]

L'Empire Romain, le plus grand qu'ait connu l'Antiquité, a été en grande partie le produit de la conquête et d'un effort soutenu. Il a grandi et s'est conservé pendant plus de sept siècles[2] grâce à sa capacité d'organisation et d'assimilation des peuples qui lui étaient soumis. Le secret de l'Empire a été aussi, comme l'a vu Pierre Grimal, de "défendre, aider les cités et les hommes qui font appel à la protection de Rome et sont ainsi devenus ses alliés, ses *socii*[3]".

Dans un temps où notre continent fait de remarquables efforts pour établir l'Union Européenne, moyennant l'entente, et non par la force, dans un espace géographique qui n'est pas exactement le même, mais qui lui ressemble, et par l'étendue et par la variété, il ne me semble pas inutile de réfléchir un peu sur ce phénomène. C'est ce que je vous propose.

C'est Polybe, l'un des plus grands historiens grecs, celui qui au IIe siècle av. J.-C. arriva à Rome comme prisonnier, puis y bénéficia de l'amitié de Scipion Émilien qui devint son élève et que plus tard il aidera de ses connaissances poliorcétiques dans le siège de Carthage, c'est Polybe, disais-je, qui le fit pour la première fois, et c'est par là qu'il commence ses *Histoires*[4]:

---

[1] Ce texte reproduit, avec autorisation, l'article publié dans la revue *Máthesis* 13 (2004), 265-275, à son tour le résultat d'une conférence donnée en français à l'Université de Cluj-Napoca (Roumanie) lors du Congrès "La latinité: L'avenir d'un passé", oct. 1998. Sauf indication en contraire, les traductions françaises utilisées sont celles de la Collection des Universités de France.

[2] L'équipe de savants qui étudie actuellement ce sujet en compte neuf, puisqu'il place le passage de l'Empire Romain à un état médiéval en 680/1, au moment où Constantin IV reconnut le *Regnum Longobardorum* en Italie. Voir Leslie Webster and Michelle Brown, edd., *The Transformation of the Roman World*, vol. I, Leiden (1997), 200.

[3] *L'âme Romaine*, Paris (1997), 70.

[4] *Histoires* I, 1.5, 2.7.

> Quel homme au monde serait en effet assez stupide ou frivole pour ne pas vouloir connaître comment et par quel mode de gouvernement presque tout le monde habité, conquis en moins de cinquante-trois ans, est passé sous une seule autorité, celle de Rome? Fait dont ou ne découvre aucun précédent (...). Les Romains, en soumettant non pas quelques parties, mais la totalité du monde habité, ont laissé une puissance si étendue qu'il est impossible à nos contemporains de lui résister ni à nos descendants de la surpasser.

Pour ce qui est de l'étendue de l'empire à l'époque républicaine, on sait bien qu'elle a été surpassée par les Romains eux-mêmes. Les historiens de l'époque impériale auront grand soin de dresser un catalogue de toutes les régions qui y appartenaient. C'est ainsi que, au IIe siècle après J.-C, Appien y consacrera une grande partie de la préface de son *Histoire Romaine*, en finissant par rattacher cet immense espace à la course du Soleil. Une telle comparaison deviendra, d'ailleurs, un vrai *topos* littéraire, qu'on peut retrouver chez d'autres auteurs et qui reprendra sa force au XVIe siècle, lors des grandes découvertes qui ont rendu possibles des empires encore plus vastes[5].

Mais revenons à l'Antiquité. Déjà Auguste s'était plu, dans les *Res Gestae*, à faire ce que Claude Nicolet a appelé "l'annonce de la conquête du monde"; et pourtant il y manquait encore ce que le même historien contemporain a appelé "l'heureuse reprise de l'époque de Trajan"[6], ce qui nous mène à nouveau à l'époque des Antonins, c'est-à-dire, de ceux qu'on a nommés "les bons empereurs"[7], soit Trajan, Hadrien, Antonin-le-Pieux, Marc Aurèle.

C'est aussi à cette période que se placent d'autres ouvrages qui réfléchissent à nouveau sur les causes de cet énorme succès, qui mettait les Romains bien au-dessus de tous les peuples qui précédemment avaient fait de grandes conquêtes. C'est le cas de l'histoire d'Appien et de l'éloge d'Aelius Aristide.

Dans sa préface, Appien, laissant de côté la discussion entamée par Plutarque[8], à savoir, si la grandeur romaine était le résultat du mérite (*arete*) ou de la chance (*tuche*), unit les deux causes possibles de leur succès (grâce à la prudence et à la bonne chance, *di' euboulian kai eutuchian*) en ajoutant qu'ils ont surpassé tous les

---

[5]   Rappelons un exemple du début du Ve siècle après J.-C., celui du poète gaulois Rutilius Namatianus, *De reditu suo*, 57-58: *Pour toi seul Phébus lui-même, dont le tour embrasse tout, chez toi se lève, chez toi couchent ses coursiers.*

Pour ce qui est du XVIe siècle, un exemple très connu est celui du début des *Lusiades*, lorsque Camoens, s'adressant à son roi, lui dit (I, 8.1-4): *Vous, puissant roi, dont le Soleil naissant aperçoit d'abord le noble empire, qu'il contemple encore au milieu de l'hémisphère, et qu'en déclinant il laisse le dernier* (trad. R. Bismuth, Lisbonne-Paris, 1992).

[6]   *L'inventaire du monde. Géographie et politique aux origines de l'Empire Romain*, Paris (1988), 19-20.

[7]   Le mot est de Christian Habicht, *Pausanias' Guide to Ancien Greece*, Berkeley (1985), 123.

[8]   *De fortuna Romanorum*, surtout 316c-317e.

autres peuples en courage, constance et endurance (*arete, phereponia, talaiporia*) de sorte qu'aucune adversité ne pouvait vaincre leur résistance.

Un contemporain, le rhéteur Aristide, a écrit un discours "En l'honneur de Rome", qui est, comme l'a si bien dit Laurence Pernot dans une étude récente, "une réflexion sur l'organisation de l'Empire"[9]. C'est encore le même helléniste qui y a distingué les quatre points forts du système qui étayent son exposé: "L'Vrbs, qui, dans son rôle de capitale, dirige et coordonne la vie de l'Empire"; l'administration des provinces; l'armée, "qui veille aux frontières et écarte tout danger extérieur"; l'empereur, "sous les ordres duquel sont placées la hiérarchie militaire et l'administration civile"[10].

L'importance et la grandeur de la ville de Rome avaient été reconnues depuis longtemps et sont vraiment un *locus communis* de la littérature latine. Son emplacement pas trop près de la mer, dans une situation excellente, a été louée par Cicéron et par Vitruve[11]. Sa supériorité sur les autres villes a été exprimée, comme chacun le sait, au moyen d'une comparaison aux tonalités champêtres dans la Ière *Bucolique* de Virgile[12].

Puis la Rome impériale, celle qu'Auguste se vantait "de laisser de marbre, après l'avoir reçue en briques"[13], était devenue "un abrégé du monde" (*epitome tes oikoumenes*), selon la définition d'un contemporain d'Aristide, le rhéteur Polémon. Le mot est repris, sans nom d'auteur, par Athénée, qui en précise le sens[14]:

... car on y peut d'un coup voir réellement installées toutes les cités, et la plupart avec leur caractère propre...

En revenant à Aelius Aristide, remarquons qu'il loue surtout le pouvoir de la ville, qui s'étend vraiment partout, même jusqu'à Ostia "là où se trouvent le centre commun du commerce mondial et la gestion commune de tous les produits de la terre"[15]. Il n'oublie pas le réseau de voies et de ponts qui relient le territoire à la capitale[16]. Ce monde immense, dit-il plus loin, en employant une métaphore théâtrale, "fait entendre une seule voix, avec plus de perfection qu'un chœur, en

---

[9] *Éloges Grecs de Rome*, Paris (1997), 29.

[10] *Op. cit.*, 29-30.

[11] Cicéron, *De Re Publica* II, 3.5. Vitruve, *De Architectura* VI, 1.10.

[12] *Bucolica* I, 24-25.

[13] Suétone, *Divus Augustus* 28.

[14] *Les Deipnosophistes* I, 36.

[15] *En l'honneur de Rome* 171. La traduction française de tous les passages de ce discours est celle de L. Pernot, *Éloges Grecs de Rome*, cit..

[16] *En l'honneur de Rome* 101. Sur l'importance des voies de communication dans la politique romaine, voir Raymond Chevalier, *Les Voies Romaines*, Paris (1972).

priant à l'unisson pour que cet empire dure éternellement, tant il est bien soudé par notre prince coryphée"[17].

Mais c'est chez Cicéron qu'on trouve une notion bien plus profonde, celle que la ville aux sept collines représente un style de vie et une idée; bref, elle est la deuxième patrie de chacun. Je répéterai seulement les paroles les plus importantes de ce texte célèbre du *Traité des Lois*. C'est le moment où Cicéron répond à une question d'Atticus, pourquoi a-t-il dit qu'Arpinum était sa patrie véritable[18]:

> De même nous, nous considérons comme patrie celle où nous sommes nés aussi bien que celle qui nous a accueillis. Mais il est nécessaire que celle-là l'emporte dans notre affection par laquelle le nom de "république" est le bien commun de la cité entière. C'est pour elle que nous devons mourir, c'est à elle qu'il nous faut donner tout entiers, en elle qu'il faut déposer et pour ainsi dire sanctifier tout ce qui nous appartient: Mais la patrie qui nous a enfantés ne nous est guère moins douce que celle qui nous a accueillis.

De cette belle profession de foi politique du grand orateur, retenons surtout l'importance qu'il attache au mot-clé *res publica*, dont il donne la définition en divers endroits du traité qui porte ce titre-là. Voyons-en un exemple[19]:

> Donc, reprit l'Africain, la république, c'est la chose du peuple; mais un peuple n'est pas un rassemblement quelconque de gens réunis n'importe comment; c'est le rassemblement d'une multitude d'individus, qui se sont associés en vertu d'un accord sur le droit et d'une communauté d'intérêts.

On croit que la doctrine exposée dans ce texte est d'origine stoïcienne. S'il en est ainsi, elle aurait vraisemblablement été transmise par le philosophe Panétius, un membre du cercle des Scipions auquel Polybe appartenait aussi. Du point de vue cicéronien, cette république ainsi conçue n'existait plus dans les dernières années de sa vie. Il le dit plusieurs fois[20]:

> Nous n'avons encore un État (*res publica*) que de nom, alors qu'en fait nous l'avons perdu depuis longtemps.

---

[17]   *Ibidem* 29.

[18]   *De Legibus* II, 5.9. Cf. aussi *De Oratore* I, 44.196.

[19]   *De Re Publica* I, 25.39.

[20]   *De Re Publica* V, 1.2. Cf. *De Officiis* I, 11.35.

Elle ne pouvait pas exister, dit-il encore, s'il n'y avait pas dans la cité "un juste équilibre des droits, des obligations et des fonctions, si les magistrats n'ont pas assez d'autorité et le peuple pas assez de liberté"[21].

Cette tripartition (les magistrats, le sénat, le peuple) est ce qui fait que la constitution romaine soit du *genus mixtum*, c'est-à-dire, "celui qui résulte de la fusion harmonieuse de ces trois genres de gouvernements purs: royauté, aristocratie, démocratie", comme on le dit encore dans le *De Re Publica*, après une longue discussion sur ce thème si cher aux théoriciens politiques de l'Antiquité[22]. D'ailleurs, ce n'était pas la première fois que l'on exaltait la constitution romaine. Polybe l'avait fait dans le Livre VI de ses *Histoires*, quoique le qualificatif *mixtum* n'y figure pas[23]:

> Lorsqu'on regardait le pouvoir des consuls, le régime paraissait parfaitement monarchique et royal; mais d'après le pouvoir du Sénat, c'était cette fois une aristocratie; et si maintenant on considérait le pouvoir du peuple, cela semblait être nettement une démocratie.

Le sujet revient chez d'autres auteurs et il ne pouvait pas manquer d'être mentionné dans l'Éloge d'Aelius Aristide, qui en résume le contenu en une seule phrase: "Il est comme un mélange de tous les régimes, sans la forme mauvaise de chacun"[24]. N'oublions pas qu'à cette époque-là bien des choses avaient changé, surtout en ce qui concerne le rôle du Sénat, qui n'était plus comme Cicéron l'avait exprimé dans un appel pathétique de la IIIe *Philippique*[25]: "Souvenez-vous, enfin, que vous êtes les chefs du plus auguste conseil de l'univers", Nous ne toucherons pas à ce sujet si complexe, qui a déjà fait l'objet de plusieurs études au cours des dernières années[26]. Disons seulement que les relations des empereurs du Ier siècle, comme Auguste, Vespasien, Titus, avec le Sénat semblent avoir été bonnes, tandis que du temps de beaucoup d'autres empereurs, on parle plutôt de soumission, voire de persécution. Toutefois, le Sénat n'en arriva pas moins jusqu'au début du VIIe siècle de notre ère.

Le Livre VI de Polybe, dont nous avons déjà parlé, fait l'étude des institutions politiques de Rome, en examinant le pouvoir des consuls, puis celui du Sénat et

---

[21] *De Re Publica* II, 33.57.

[22] *De Re Publica* II, 23.41. La discussion avait commencé à la fin du Livre I.

[23] Polybe, *Histoires* VI, 11.12.

[24] *En l'honneur de Rome* 90.

[25] *Philippica* III, 14.34.

[26] Voir surtout E. Meyer, "Das politische Denken in Rom", *Museum Helveticum* 54 (1988) 219-247; André Chastagnol, *Le Sénat Romain à l'Époque Impériale*, Paris (1992); et *Opposition et Résistance à l'Empire d'Auguste à Trajan*, Entretiens Hardt, Tome XXXIII, Genève (1986).

celui du peuple. Une autre partie est consacrée à la description de l'armée romaine, tant de son organisation que de la structure de son camp.

C'était là, comme chacun le sait, un des piliers de la grandeur romaine, qu'on croit n'avoir jamais assez étudié. On en est arrivé, récemment, à essayer de re-découvrir – et c'est là un sujet favori des historiens modernes – la composition des aliments qui ont pu produire des résultats aussi spectaculaires[27]! Les auteurs anciens regardaient la question d'un point de vue plutôt moral et civique. Cicéron, par exemple, parle surtout de *virtus* et de *disciplina*[28].

Le témoin du IIe siècle après J.-C. que nous avons utilisé plusieurs fois, Aelius Aristide, consacre pas moins de treize paragraphes de son discours à ce sujet. Il a reconnu l'utilité de recruter "des hommes prêts à s'acquitter de cette fonc-tion" dans toutes les contrées de l'empire, en leur donnant le droit de cité. "Les faisant citoyens – poursuit-il – vous les avez fait également soldats, de sorte que les hommes de votre cité ne servent pas dans l'armée, mais que les hommes qui servent dans l'armée n'en sont pas moins citoyens"[29]. Il y a plus: les fortifica-tions ne sont pas érigées autour de la ville, comme ailleurs; elles font le tour de l'empire: "Vous n'avez pas négligé les remparts, mais vous les avez placés autour de l'Empire, non autour de la cité. Vous les avez édifiés le plus loin possible, éclatants et dignes de vous"[30]. Le perfectionnement et la fortification du *limes* a été, en effet, un des grands soucis des empereurs du IIe siècle de notre ère. On se rappellera la fameuse muraille d'Hadrien, en Angleterre, le pays lointain qu'Aristide appelle "la grande île du bout du monde"[31]. On n'oubliera pas non plus que, sur dix-neuf ans de règne, Marc Aurèle en passa la plus grande partie à défendre le *limes* du Danube.

L'octroi de la citoyenneté aux peuples conquis est sans doute l'une des habiletés politiques des Romains. Tout en commençant par les élites, on finit par l'étendre à tous, par la *Constitutio Antoniniana* (212 après J.-C.). Plusieurs textes, depuis Tacite jusqu'à Dion Cassius, rendent témoignage de l'évolution de cette procédure[32]. On comprend qu'Aristide ait pu écrire dans un passage célèbre de son discours[33]:

> Vous ne divisez pas aujourd'hui les races en Grecs et barbares, mais vous n'avez pas non plus fait paraître cette division ridicule pour elles

---

[27] Marcus Junkelmann, *Panis militaris*, München (1997).

[28] *Tusculanae* I, 1.2.

[29] *En l'honneur de Rome 75.*

[30] *En l'honneur de Rome 81.*

[31] *En l'honneur de Rome 82.* Voir aussi *ibidem 28.*

[32] Pour la bibliographie ancienne et moderne à ce sujet, voir L. Pernot, *Éloges Grecs de Rome*, Paris (1997), 88-89, note 115.

[33] *En l'honneur de Rome 63.*

en présentant une cité plus peuplée que l'ensemble, peut-on dire, de la gent hellénique, mais vous l'avez remplacée par la division en Romains et non-Romains.

L'opposition entre Grecs et barbares était une vieille querelle que nous n'allons pas ranimer ici. Rappelons plutôt les paroles d'Aristide quelques paragraphes avant celui-ci, qui sont encore plus claires[34]:

> Ni mer ni distance terrestre n'excluent de la citoyenneté et entre l'Asie et l'Europe il n'y a pas de différence sur ce point. Tout est mis à la portée de tous; nul n'est étranger s'il mérite une charge ou la confiance.

Donc, unité et pluralité sur tout le territoire de l'Empire. Mais, dans toute cette étendue, il y avait un cas singulier, reconnu comme tel depuis le temps de la République: c'était, bien sûr, celui de la Grèce, celle qui avait été vaincue en 146 avant J.-C., et qui avait ensuite dompté son féroce vainqueur, selon le mot célèbre d'Horace[35]. Les rapports entre les deux pays avaient commencé, pourtant, beaucoup plus tôt, et les fouilles archéologiques et les trouvailles épigraphiques au Latium, au cours des dernières décennies, en font de plus en plus reculer la date.

L'alphabet, par exemple, qu'il soit parvenu à Rome par la Grande Grèce ou par l'intermédiaire des Étrusques, y était connu au VIIe siècle avant J.-C. Les contacts réguliers avec Capoue et Naples commencèrent vers 340 avant J.-C., par suite de l'annexion de la Campanie. Mais rien ne semble plus significatif que le fait qu'un prisonnier de Tarente, Livius Andronicus, ait reçu du Sénat l'ordre de traduire du grec, sa langue maternelle, une pièce de théâtre pour être jouée aux *Ludi Romani* de 240 avant J.-C., en commémoration de la fin de la Première Guerre Punique. C'est encore ce même Livius Andronicus qui, ayant une école à Rome, a traduit en latin l'*Odyssée*, inaugurant par-là la Littérature Latine.

Au cours des siècles, les Romains ne cesseront de proclamer les origines grecques de leur culture. Même la Loi des Douze Tables, la "charte de fondation du Droit Civil", comme l'a appelée F. Wieacker[36], se serait inspirée de l'étude de la législation grecque, d'après la tradition rapportée par Tite-Live et d'autres historiens anciens[37]. Mais c'est surtout après la première moitié du IIe siècle avant J.-C., c'est-à-dire, sous l'influence de ce qu'on est convenu d'appeler "Le Cercle

---

[34] *En l'honneur de Rome* 60.

[35] *Epistulae* II, 1.156.

[36] "Die XII Tafeln in ihrem Jahrhundert" in: *Les Origines de la République Romaine*, Entretiens Hardt, Tome XIII, Genève (1967), 353. Voir aussi à ce sujet Michelle Ducos, *L'Influence Grecque sur la Loi des Douze Tables*, Paris (1978).

[37] Tite-Live III, 34.

des Scipions", que l'hellénisation devient de plus en plus évidente. On pourrait en fournir des preuves à n'en plus finir, surtout chez les grands écrivains. Plus que tout autre, Cicéron ne se lasse pas de reconnaître les origines grecques de la poésie, des arts, des sciences. Choisissons-en un seul exemple, celui qui se trouve dans la longue lettre qu'il a adressée à son frère Quintus, à l'occasion de sa troisième nomination au proconsulat de l'Asie (c'est-à-dire, de l'ancien royaume de Pergame, donc celui où se trouvaient les anciennes villes grecques)[38]:

> Je ne rougirais pas, en effet, de le dire, surtout quand ma vie et mes actes ne peuvent prêter au moindre soupçon d'indolence ou de légèreté: ce que nous sommes devenus, nous le devons à des études, à des sciences et arts qui nous ont été transmis par les œuvres et les enseignements de la Grèce.

Ceci ne l'avait pas empêché de s'efforcer d'attribuer aux Romains des qualités uniques, celles qui ont fait leur grandeur. Parmi plusieurs exemples, rappelons-en ces mots de l'ouverture des *Tusculanes*[39]:

> Où trouver un degré de dignité, un degré de fermeté, de grandeur d'âme, de probité, de loyauté, où trouver, dis-je, chez aucun peuple, une supériorité de mérite à tous les points de vue telle qu'on puisse la mettre en parallèle avec nos aïeux? Sous le rapport de la culture générale, il est vrai, et dans tous les genres littéraires, les Grecs l'emportaient sur nous.

Donc, *gravitas, constantia, magnitudo animi, fides* étaient autant de qualités dont les Romains étaient parés. La dernière nommée était tellement éminente dans leur rapport avec les autres nations que V. Pöschl a pu écrire qu'elle était le centre de l'ordre politique, social et juridique de Rome[40]. Elle est aussi, ne l'oublions pas, dans l'Ancien Testament, dans le *Livre des Maccabées.* Ajoutons-y *clementia, iustitia* et nous aurons dénombré les grandes vertus qui ont fait la supériorité de l'empire.

Tout ceci a été résumé d'une façon inoubliable dans les quelques vers que Virgile met dans la bouche d'Anchise lorsqu'il est près de finir la revue des futurs héros issus de sa descendance. Tout y est: la supériorité de la culture grecque (les arts, l'éloquence, les sciences), les valeurs romaines (la paix, la clémence, la justice). Ce sont des vers que chacun connaît, et que vous me permettrez de rappeler d'abord dans toute la beauté de l'original[41]:

---

[38]   *Ad Quintum Fratrem* I, 1.28.

[39]   *Tusculanae* I, 1.2-3.

[40]   "Politische Wertbegriffe in Rom", *Antike und Abendland 25* (1988), 1-17.

[41]   *Énéide* VI, 847-853.

Excudent alii spirantia mollius aera,
Credo equidem, vivos ducent de marmore voltus,
Orabunt causas melius, caelique meatus
Describant radio et surgentia sidera dicent;
Tu regere imperio populos, Romane, memento
(Hae tibi erunt artes), pacique imponere morem,
Parcere subiectis et debellare superbos,

D'autres forgeront avec plus de grâce des bronzes qui sauront respirer, je
le crois du moins, ils tireront du marbre des visages vivants, ils plaideront
mieux, ils figureront avec leur baguette les mouvements du ciel, diront le
lever des astres; à toi de diriger les peuples sous ta loi, Romain, qu'il t'en
souvienne – ce seront là tes arts à toi – et de donner tes règles à la paix:
respecter les soumis, désarmer les superbes.

Cette longue digression sur l'attitude intellectuelle des Romains face aux Grecs
avait un but précis: celui de démontrer jusqu'à quel point ils étaient capables de
respecter la pluralité des nations qui leur étaient soumises. Malgré les excès aux-
quels se livra Sylla, lors du sac d'Athènes (il n'en commit pas moins, d'ailleurs, dans
son propre pays), qui ont fait que Pausanias écrive qu'il avait agi avec une cruauté
à laquelle on ne s'attendait pas de la part d'un Romain[42], ce même auteur fit l'éloge
des empereurs qu'on appelle philhellènes – ceux de la dynastie des Antonins – et
il est allé jusqu'au point de déclarer qu'Hadrien avait "témoigné tant de bienfaits
envers tout l'Empire et tout particulièrement à l'égard de la cité d'Athènes"[43].
N'oublions pas que, justement du temps de Pausanias, quelques provinces d'Asie
Mineure étaient gouvernées par des Romains choisis parmi les plus illustres:
Tacite était proconsul de ce qu'on appelait alors l'Asie (l'ancien royaume de Pergame), son ami Pline le Jeune l'était de la Bithynie. L'empereur subventionnait
des chaires de Rhétorique à Athènes, tout comme à Rome[44]. À la fin du IVᵉ siècle
de notre ère – notons-le en passant – Saint Augustin a enseigné la Rhétorique à
Milan et à Rome, après l'avoir enseignée à Thagaste, sa ville natale, et à Carthage.
La correspondance de Pline le Jeune avec l'empereur a été conservée: outre la
liaison étroite entre Trajan et son légat, qui lui rend des comptes et demande son
avis sur tout ce qui est important, elle nous laisse entrevoir un pays qui s'adonne à
la culture et aux activités sportives: on bâtit ici un théâtre, là un gymnase, ailleurs
des thermes; les architectes ne manquent pas[45]. Ceci s'accorde parfaitement avec le

---

[42] I, 20.7.

[43] I, 3.2.

[44] Cf. Chr. Habicht, *Pausanias' Guide to Ancient Greece*, cit., p.124, 128.

[45] Voir, par exemple, la lettre X, 40, de Trajan à Pline le Jeune.

témoignage d'Aristide[46]: "Tout est plein de gymnases, de fontaines, de propylées, de temples, d'ateliers, d'écoles". L'épigraphie confirme, souvent de la manière la plus inattendue, que, même près du *limes*, bien loin de la contrée la plus cultivée de l'Empire, il y avait des écoles. C'est ce que suggère une inscription trouvée à Aventicum, *caput civitatis Helvetiorum*, qui parle d'une école et de l'érection de statues; une autre encore porte une dédicace d'un citoyen et de son affranchi, qui "ont fait ériger cette pierre en l'honneur des médecins et professeurs[47], ce qui suggère l'existence d'une école de médecine locale.

Sur un si vaste sujet, ce n'est qu'une esquisse que je vous ai présentée. Les meilleurs spécialistes actuels ont bien montré comment les historiens de notre siècle ont souvent orienté leurs recherches d'après les idéologies à la mode[48]. C'est là un biais que je me suis efforcée d'éviter. J'ai voulu simplement déceler, grâce au témoignage des écrivains anciens – surtout de ceux qui, n'étant pas Romains de naissance, avaient chance d'être plus objectifs – des aspects intéressant l'acculturation de peuples d'origine si différente.

C'est peut-être l'occasion de se demander: ces exemples peuvent-ils encore nous apprendre quelque chose? L'Europe, parce qu'on va revenir à la monnaie unique et à l'inexistence de frontières, comme au temps des Césars, formera-t-elle en quelque sorte une union semblable à celle que nous venons d'évoquer? Ce sont là des conditions pareilles, bien sûr, auxquelles ou peut s'attendre dans un futur qui ne sera pas trop lointain, espérons-le. Mais, au-delà de ces clauses économiques et politiques, il faut regarder plus haut. Il faut, comme l'a reconnu il y a dix ans, le ministère des Affaires Étrangères français, que la culture soit capable d'imposer le sentiment de l'unité, de la solidarité européenne. Une grande partie de ce sentiment d'unité découle des valeurs classiques qui sont aux assises de notre tradition culturelle. Ce sont elles qui ont moulé l'humanisme, l'*humanitas* dont nous devons nous réclamer.

---

[46] *En l'honneur de Rome* 97.

[47] Les deux textes sont reproduits dans *Corpus Inscriptionum Latinarum* et aussi dans le guide de Hans Bögli, *Aventicum. La ville romaine et musée*, Fribourg (³1996), 61,85.

[48] Voir surtout A. Momigliano, "Some Preliminary Remarks on the 'Religious Opposition' in the Roman Empire" in: *Opposition et Résistance à l'Empire d'Auguste à Trajan*, cit., 103-105; Evangelos Chrysos in: *The Transformation of the Roman World*, cit., Vol. I, 185-206.

17. ROMA: DO PODER DO IMPÉRIO AO PODER DA PALAVRA[*]

Em meados do século II a.c., o grego Políbio, que chegara a Roma como prisioneiro de guerra e aí ascendera a mestre de Cipião Emiliano e frequentador do chamado Círculo dos Cipiões, começa a escrever a história em que o seu discípulo desempenhava papel essencial. Logo no começo da sua obra se lêem estas extraordinárias palavras (I, 4-7):

> Quem haverá de tão mesquinho ou frívolo que não queira saber de que modo e com que espécie de governo é que quase todo o mundo habitado, conquistado em menos de cinquenta e três anos, caiu sob um poder único, o dos Romanos? Facto ao qual não se encontram antecedentes. [...]
> Que é paradoxal e grandioso o meu tema, tornar-se-á bem evidente, se pusermos lado a lado as mais célebres potências do passado, acerca das quais os escritores fizeram longas exposições, e as compararmos com o Império Romano.
> Mas os Romanos subjugaram, não algumas partes, mas quase toda a terra habitada, e deixaram um poderio tão vasto que é impossível aos nossos contemporâneos resistir-lhe, e, aos nossos descendentes, excedê-lo.

Repare-se que, à data provável da composição desta obra, a Península Itálica estava conquistada, a Hispânica em parte submetida, a Macedónia vencida e, no mesmo ano de 146 a.C., Corinto e Cartago foram destruídas.

O Império há-de aumentar muito mais ainda: toda a bacia do Mediterrâneo lhe há-de pertencer e, pela Europa fora, tudo será seu desde a Dácia às margens do Danúbio e à Inglaterra. No século II, Aplano gasta o prefácio da sua *História Romana* a enumerar todas as regiões que senhoreava, e compara a extensão e duração daquele poderio com os de outros povos; e equipara-o ao percurso do Sol, um *topos* que o poeta das Gálias, Rutílio Namaciano, retomará, no século seguinte.

---

[*] Publicado em Carlos Mendes de Sousa e Rita Patrício, *Largo mundo alumiado: estudos em homenagem a Vítor Aguiar e Silva*, Braga (2004), 819-827.

Lembremos, à passagem, o eco desta noção amplificada e justificada pelos descobrimentos, que se renova na Dedicatória dos *Lusíadas* (I, 8. 1-4):

> Vós, poderoso Rei, cujo alto Império
> O Sol logo em nascendo vê primeiro:
> Vê-o também no meio do Hemisfério,
> E quando dece o deixa derradeiro.

Como foi possível tal fenómeno? E, sobretudo, como pôde manter-se durante tantos séculos? Sete, como diziam até há pouco os compêndios de História, marcando-lhe a queda em 476 d.c., devido às invasões germânicas. Nove, corrigem os estudos mais recentes, que assinalam como facto decisivo da passagem do Império Romano a um estado medieval o ano de 680/1, em que Constantino IV reconheceu o *Regnum Longobardorum* na Itália. Também aqui vale a pena determo-nos um pouco a considerar como as ideologias marcam a reconstrução do processo histórico, projectando no passado os modelos inspiradores do presente.

Efectivamente, a equipa internacional coordenada pelo arqueólogo espanhol Xavier D'Arce, sob os auspícios da European Science Foundation, tem vindo a estudar, em face do reexame de dados antigos e do aproveitamento dos que estavam por explorar, particularmente os arqueológicos e epigráficos, a questão fundamental no devir do nosso continente, que denominou "The Transformation of the Roman World". E uma das conclusões já publicadas é precisamente esta: que foi a preocupação dos historiadores de além-Reno de prefigurar a invencibilidade da sua força desde os tempos mais remotos que os levou a hipervalorizar a importância dos ataques dos povos bárbaros.

O exemplo não é único. Há outro, não menos curioso, que está ligado aos começos da Urbe. Tratava-se de definir o verdadeiro papel dos Etruscos nos primórdios da civilização romana. Mediadores da cultura grega ou mesmo criadores da arte, da literatura, da filosofia, da ciência, é o exagero a que chegaram os autores do século XVIII, continuados pelos das duas centúrias seguintes, que se compraziam em ver neste misterioso povo os supostos unificadores de grande parte da Itália, e, nos seus descendentes, os arautos de uma nova esperança de reunificação que submetesse os estados pontifícios. Toda esta corrente, que veio a ser designada por "Etruscheria", volta à cena depois da primeira Grande Guerra e da Segunda, em ligação com a evolução dos acontecimentos políticos. E não está extinta, como se depreende da recente exposição realizada em Veneza (2000-2001).

Assim se formou o que um dos livros mais notáveis e mais celebrados sobre as origens da Cidade Eterna, *The Beginnings of Rome*, por T. J. Cornell (London 1995; repr. 1997) chama "O mito da Roma Etrusca".

A matéria é muito complexa, e nem sequer é aqui o lugar para a discutir. Limitei-me a dar estes dois exemplos (infelizmente, não únicos nem desactualizados) das consequências que pode ter a transferência, para a interpretação de factos passados, de preocupações do presente, de acordo com as ideologias da moda[1].

Voltemos, pois, à admiração que mesmo os Gregos, cuja superioridade cultural ninguém ousava discutir, votavam aos feitos romanos. Os melhores historiadores, como o já citado Políbio, propõem-se dilucidar as causas desse êxito, atribuindo-as fundamentalmente à constituição política de Roma, de carácter misto, com instituições pertencentes à monarquia, à aristocracia e à democracia[2]. É o que se lê neste passo (VI, 11.12):

> Quando se tinha em conta o poder dos cônsules, tinha todo o aspecto de ser uma monarquia e um reino; se se atendesse ao do Senado, então era aristocrático; no entanto, se se tivesse em consideração o do povo, tinha, claramente o aspecto de ser uma democracia.

Tem-se geralmente como provável que Cícero se haja inspirado nesta doutrina quando, no seu tratado *A República*, faz uma análise semelhante, que o leva a proclamar que a constituição ideal é a romana (I, 45.69-46.70 e III, 13.23). Não esqueçamos, porém que estas análises são as da era da Roma republicana, do tempo em que o mesmo orador podia chamar, com emoção, ao Senado Romano "o mais augusto conselho do mundo" (*Filípicas* III, 14.34)[3].

Para além de Políbio, outros escritores gregos se dedicaram à procura das causas que elevaram os Romanos a tal poderio. Assim, na segunda metade do século I a.c., Dionísio de Halicarnasso aponta como fundamento do êxito a liberdade de que os povos gozavam sob a sua égide: nem matavam os homens em idade de combater, nem reduziam à escravatura o resto da população das terras conquistadas, nem as suas cidades a pastagens, mas enviavam colonos para as desenvolver, e até concediam a algumas a cidadania (II, 16.1).

Noutro plano, havia autores, como Plutarco, que discutiam qual dos dois elementos predominava no destino deste povo, a Virtude ou a Fortuna. É este o assunto do opúsculo *De Fortuna Romanorum*, que reconhece a presença de ambos

---

[1] *Vide* A. Momigliano, "Some preliminary remarks on the 'Religious opposition to the Roman Empire'", *Entretiens Hardt XXXIII*, Genève (1986), 103-105, e, sobretudo, Evangelos Chrysos in *The Transformation of the Roman World*, vol. I, Leiden (1997), 135-206.

[2] É esse um dos temas principais do discutido e importante Livro VI, sobre o qual *vide* F. W. Walbank, *Polybius*, Berkeley (1972), cap. V, e a introdução de R. Weil e C. Nicolet à sua edição desse mesmo livro, Paris (1977), 23-24 e 35-38.

[3] Na época imperial, porém, depois de Augusto e com poucas excepções mais, são de submissão, quando não de perseguição, as relações entre o poder supremo e o Senado. Veja-se em especial André Chastagnol, *Le Sénat Romain à l'Époque Impériale*, Paris (1992).

os factores à medida que Roma ganhava poder e desenvolvimento, tendo reunido não só povos das proximidades, mas o poder de nações de outras raças e do além-mar, criando estabilidade e paz; mas para esses sucessos, acrescenta, contribuiu também a Fortuna (317c).

Os dois factores mencionados são unidos pelo já citado Apiano, que não só explica o êxito dos Romanos pela "prudência e boa sorte", como acrescenta que eles ultrapassaram todos os povos em coragem, constância e persistência, pelo que nenhuma adversidade podia vencer a sua resistência (Prefácio, 11).

Mas o mesmo Plutarco de que há pouco falámos nos fornece um magnífico exemplo do modo de captar as populações, elevando a sua condição. É o que sucede na sua biografia de Sertório (cap. 14), quando conta como o general romano, depois de se exilar na Península Hispânica, funda uma escola em Osca (actual Huesca), para os filhos das melhores famílias aprenderem as letras gregas e latinas, a fim de poderem participar, quando atingissem a idade viril, na administração e governo; ele mesmo se encarrega das despesas com a sua manutenção, premeia os mais aplicados, ensina-os a usar a clâmide e túnicas bordadas. O historiador não se esquece de acrescentar que os pais sentiam um prazer espantoso em ver os filhos revestidos da *toga praetexta*. Como também não se esquecerá de observar que a criação de uma espécie de Senado e nomeação de questores e pretores, todos escolhidos no grupo de exilados que a ele se haviam associado, com poderes sobre os Iberos, era o caminho escolhido para mais tarde reconquistar a liberdade para os seus compatriotas, e não um meio para fazer crescer a força estrangeira contra Roma (22.5-6).

A mais completa apreciação das causas do êxito dos Romanos feita na Antiguidade, e também por um grego, contemporâneo de Apiano, talvez seja, porém, a do sofista e orador Élio Aristides, porquanto contém aquilo a que o seu mais recente comentador, Laurent Pernot, chamou "uma visão sintética e grandiosa do funcionamento político do Império Romano"[4]. Como observa o mesmo helenista francês, o retor distingue quatro pontos fortes: a *Vrbs* que, no papel de capital, dirige e coordena toda a vida do Império; a administração das províncias; o exército, que está de vigia nas fronteiras; o imperador que comanda a hierarquia militar e a administração civil[5].

A propósito do exército, o mesmo orador acentua a importância do facto de os seus elementos serem recrutados em todo o império e de lhes ser concedido o direito de cidade (75), e ainda o de as fortificações se situarem, não em volta da capital (o que era exacto no tempo do autor, porquanto só no de Aureliano viria a construir-se uma muralha que rodeasse a Urbe), mas nos limites do mundo habitado (8.1). Era o *limes*, as fronteiras que se estendiam na região do Reno e do

---

[4] Laurent Pernot, *Éloges Grecs de Rome*, Paris (1997), p. 5.

[5] Idem, *ibidem*, 29-30.

Danúbio, do Eufrates, da Numídia e da Bretanha. Recordemos que, em dezanove anos de reinado, Marco Aurélio passou a maior parte do tempo a proteger o Danúbio (de tal sorte que o seu acampamento viria a dar origem à que é hoje uma das mais belas capitais da Europa – Viena de Áustria) e que Adriano – precisamente o imperador que empreendeu a reforma do exército – deixou no que chamavam "a grande ilha do fim do mundo" (82) uma muralha ainda hoje conhecida pelo seu nome e tida como um dos monumentos emblemáticos da identidade da Inglaterra.

Também não foi esquecida a importância da rede viária por eles construída, que ligava a Cidade a todo o território (101).

O modo de tratar os povos submetidos, esse, conhece a mais famosa expressão num passo célebre do discurso de Élio Aristides (63)[6]:

> Já não dividis hoje as raças em gregos e bárbaros, substituíste-las pela divisão entre Romanos e não-Romanos.

São muito discutidas as condições em que o *Elogio de Roma*, a que pertence o texto acabado de citar, foi pronunciado. Entre outras coisas, se foi ou não declamado na presença do imperador ou dos altos dignitários, se fez parte ou não de uma cerimónia oficial[7]. Certo é apenas que foi apresentado na Urbe e perante um auditório.

Poder-se-á pensar que é uma *laudatio* condicionada por esse facto e, portanto, sem a objectividade que nos interessaria poder apreciar[8]. Mas esta visão não é contraditada por outros escritores gregos de que demos uma amostragem. Recorde-se, novamente, no campo da educação, o exemplo de Sertório na Hispânia romana. E, se nos voltarmos para a epigrafia, podemos encontrar outro, não menos significativo, numa região bem distanciada daquela, próximo do *limes*, em território que é actualmente a Suíça. Uma inscrição encontrada em Aventicum, *caput civitatis Helvetiorum*, prova a existência de escolas e a consagração de estátuas. Outra, proveniente da mesma localidade, é a dedicatória de um cidadão e de um seu liberto que "mandaram erigir esta pedra em honra de médicos e professores", palavras estas que pressupõem a existência de uma escola médica no local[9].

---

[6] A extensão da cidadania, não só às elites locais, mas a todos, veio a ser feita pela *constitutio Antoniana* (212 da era cristã).

[7] Sobre as principais teses, *vide* Laurent Pernot, *op. cit.*, 19-21.

[8] Alguns autores contrapõem a esta obra a sátira aos costumes romanos que figura no opúsculo *Nigrino* de Luciano. Mas aí o que está em causa é a vida esgotante da grande Urbe, e, como observa J. Bompaire na sua edição desse autor grego, *Oeuvres*, tome I, Paris (1993), p. 90, "o tema satírico que visa sobretudo os abusos dos ricos, os falsos filósofos, etc., aparece noutras obras de Luciano, e não necessariamente num contexto romano. (...) Não há motivo para fazer de *Nigrino* o contraste consciente do *Elogio de Roma* de Élio Aristides, quase contemporâneo".

[9] O texto das inscrições referidas encontra-se no *Corpus Inscriptionum Latinarum* e figura também no guia de Hans Bögli, *Aventicum, la ville romaine et le musée*, Fribourg, 3.ª ed. (1996), 61 e 85. É de notar que este tipo de questões tem sido muito debatido nos últimos tempos, com os contributos, muitas

Da construção de escolas, oficinas, ginásios, fontes, propileus, templos, nas cidades do império, que rivalizavam entre si pela obtenção de títulos e honrarias, falava também Élio Aristides (97), bem como das panegíricas constantes (99).

Vale a pena acrescentar aqui mais um testemunho. É de um autor do século II d.C., que escreveu uma *Descrição da Grécia* que ainda hoje serve de guia aos arqueólogos e aos historiadores da cultura grega em geral: Pausânias. Ele, que elogiava os chamados imperadores filelenos (os Antoninos), e Adriano em particular (I, 3.2), verbera os excessos de Sila no saque de Atenas e, a esse propósito, faz este significativo comentário, numa censura que acaba por ser, indirectamente, um elogio (I, 20.7):

> O comportamento de Sila foi, para o povo Ateniense, mais selvagem do que era de esperar, da parte de um Romano.

Note-se que, também aqui, a actual tendência dos historiadores e arqueólogos é, como escreveu G. Bradley, para encarar o Império Romano tanto como "um estado de espírito como um enquadramento político e institucional", o que "deita por terra as ideias dualísticas de Romanos contra indígenas e de resistência ou cooperação, que eram inerentes numa visão oitocentista, e que dominaram os estudos sobre o Império Romano até há relativamente pouco tempo"[10].

É neste contexto que não deve omitir-se uma referência, ainda que breve, às principais ideias morais e políticas em que haviam assentado os alicerces da sociedade romana. De entre essas ideias, ocupavam lugar de relevo aquelas que norteavam o seu comportamento para com os outros povos: *fides* e *clementia*, dois conceitos cedo personificados em divindades que tinham os seus templos, as quais materializavam o valor imutável que lhes era atribuído. Muitos exemplos poderiam aduzir-se para estabelecer o sentido de *fides* como "lealdade", "confiança". Escolheremos dois, ambos do Próximo Oriente. Um é o do péan

---

vezes não conciliáveis, de historiadores, arqueólogos e sociólogos. Assim, em relação à Europa Central, o livro de P. S. Wells, *The Barbarians Speak. How the Conquered Peoples Shaped the Roman Empire*, Princeton University Press (1999), sustenta que houve resistência aos Romanos até ao século II. Porém outros especialistas, corno Eberhard Sauer, na recensão crítica que fez a essa obra (*Classical Review*, 51, 2001, 127-128), entendem que "o estado Romano tinha claramente uma habilidade para a integração muito maior do que os recentes impérios coloniais".

[10]   As citações são de G. Bradley, na sua recensão à colectânea de estudos organizada por R. Laurence e J. Berry, *Cultural Identity in the Roman Empire*, London (1998), publicada na *Classical Review* 51 (2001), 145. Outras obras sobre esta complexa questão são as de E. Deuch, *From Barbarian to New Men*, Oxford (1995), J. Huskinson (ed.), *Experiencing Rome. Culture, Identity and Power in the Roman Empire*, London (2000) e G. D. Woolf, *Becoming Roman*, Cambridge (1990). Mas a este respeito, e não obstante a diversidade de teorias e métodos, continua válida a tese de M. I. Finley, *The Ancient Economy*, London (1973), de que "ser Romano" não respeita directamente à etnia, nação, grupo linguístico ou ascendência comum, mas sim, e directamente, a uma cidadania comum.

dos Calcídicos, que, por terem escapado à destruição graças ao general Tito Flaminino, exclamavam[11]:

> Prestamos culto à *Fides* dos Romanos, com que eles guardam gloriosamente os seus juramentos. Cantai, donzelas, o grande Zeus, Roma, Tito, e ao mesmo tempo a *Fides* dos Romanos, ó Péan, ó Tito salvador.

A outra é a que figura no *Livro dos Macabeus* I, 8, sobre as vantagens de fazer aliança com esse povo.

Quanto à *clementia*, que pressupõe a capacidade de dar e de perdoar, parece não ter sido apanágio dos Romanos mais antigos, mais inclinados à *severitas*, como o demonstra a condenação à morte dos próprios filhos traidores por Bruto, mas sim de homens como César, que a utilizam como uma virtude política (Cícero, que muitas vezes apelara, no foro, a essa qualidade em favor dos seus clientes, em cartas particulares qualificava-a, porém, de *insidiosa*). Virtude largamente exercitada por Augusto, tem nos famosos versos da *Eneida* em que se contrapõe à missão dos Gregos a dos Romanos, a sua suprema consagração (VI, 847-853):

> Outros modelarão, bem o creio, bronzes com vida
> e sem dureza; extrairão do mármore seres animados;
> defenderão melhor as causas; medirão com o compasso
> o curso dos céus e anunciarão o nome dos astros.
> Tu, Romano, sê atento a governar os povos com o teu poder
> – estas serão as tuas artes – a impor hábitos de paz,
> a poupar os vencidos e derrubar os orgulhosos.

Fundamentais para o bem-estar da *respublica* são, por exemplo, a *concordia* e a *libertas*.

A *concordia* é uma noção de origem grega, também ela venerada em mais do que um templo e em diversas localidades. Notemos em especial que naquele que foi erigido em Roma tinham lugar, por vezes, as reuniões do Senado. O historiador Salústio, ao traçar um quadro idílico dos primeiros tempos da Urbe, em que sublinha a facilidade com que os primeiros habitantes de Roma, sendo de proveniências tão variadas, se fundiram com tanta facilidade, conclui (*Catilina* 6.2):

> E assim em breve uma multidão dispersa e errante se tornou, graças à *concordia*, uma cidade.

---

[11] A informação é dada por Plutarco, *Tito Flaminino* 16 (*apud* R. Boyancé, *Études sur la Religion Romaine*, Rome [1972], p. 148).

O mesmo conceito será um *leit-motiv* da actuação política de Cícero, que proclamava a necessidade da *concordia ordinum*, ou seja, do bom entendimento entre o Senado e os cavaleiros. Submetida, posteriormente, ao arbítrio e às ambições dos chefes políticos, a noção permaneceu todavia como um ideal a atingir. Não foi por acaso que, no século XVIII, o Directório procurou exorcizar os fantasmas das execuções realizadas durante a Revolução Francesa num dos lugares mais célebres de Paris, mudando-lhe o nome para Praça da Concórdia.

Quanto à *libertas* situava-se inicialmente no campo do direito privado, mas em breve adquiriu grande relevo na vida pública, a ponto de ser considerada, na época republicana, como uma característica nacional. É o que Cícero afirma, repetidamente, na defesa apaixonada desse valor, que forma a tónica das *Filípicas* (VI, 7.19):

> Outras nações podem suportar a servidão, mas a *libertas*, essa, é o apanágio do povo romano.

E noutro passo (*Filípicas* III, 14.36):

> Nada há de mais detestável do que a desonra, nada de mais torpe do que a servidão. Nascemos para a honra e para a *libertas*: ou haveremos de as possuir, ou de morrer com dignidade.

Mas Cícero era também um teorizador político. Por isso reconhece que todos somos servos da lei; pois, se assim não fosse, se tudo se gerisse pelo arbítrio do povo, "a isso chama-se *libertas*, mas na verdade é *licentia*" (*A República* III, 13.23).

Assim entendida, a *libertas* está em estreita ligação com a legalidade. E não é de mais sublinhar o papel dos Romanos na criação do Direito, assunto a que em breve voltaremos.

Muitos mais conceitos haveria a referir, como *potestas*, *auctoritas*, *dignitas*, *gravitas*, *mos maiorum* (os costumes dos antepassados, ou seja, a "tradição") e, naturalmente, a *pietas*, que compreendia uma atitude de reverência e dedicação pelos antepassados, que viria a alargar-se à de veneração pelos deuses.

Nos começos do século V da era cristã, Santo Agostinho há-de prestar homenagem, na *Cidade de Deus* (V, 15-16) à dedicação dos Romanos à pátria e à obediência às leis, pelo que "foram honrados por quase todas as nações".

A propósito de obediência às leis, não se pode omitir uma referência, ainda que breve, ao papel desempenhado pelos Romanos na sua codificação, desde muito cedo (meados do século V a.C.). Tenham ou não procurado modelos em cidades gregas para elaborarem a Lei das Doze Tábuas (e a questão está longe de se encontrar resolvida), o facto é que elas se tornaram "a fonte de todo o direito público e privado", como escreveu Tito Lívio (III, 57) e muitos dos seus princípios enformaram, ainda o chamado *Corpus Iuris Civilis* de Justiniano (528-534 d.C.), que, por sua vez, é a fonte de onde promanam as origens de todo o Direito europeu, com excepção do anglo-saxónico[12].

Quando Santo Agostinho escreveu as palavras há pouco citadas, já se anunciava a dissolução do Império, nas condições imprecisas de que falámos no começo. De qualquer modo, entre os meados do século VI e do VIII, os clássicos latinos quase deixam de ser copiados. Paradoxalmente, é nesse mesmo século VI e a partir de uma ilha longínqua, num extremo a que os Romanos não haviam chegado – a Irlanda – que partem como missionários os monges que vão fundar mosteiros e copiar manuscritos, primeiro na Escócia, depois no continente europeu. Por sua vez, da Inglaterra é chamado Alcuíno para o império de Carlos Magno, onde irá criar um verdadeiro programa educativo, em que os clássicos latinos ocuparão lugar de honra. Passando adiante muitos nomes e factos de relevo, salientaremos em especial o papel do poeta e humanista Petrarca e do Papa Nicolau V, que manda procurar manuscritos por toda a parte, em velhos conventos[13].

Os clássicos latinos, a que em breve se juntam os gregos, trazidos pelos sábios que se refugiam na Itália, ante a iminência da queda do Império Romano do Oriente, constituem assim um modelo cultural europeu que atravessa os séculos e que ainda vai estar presente nos teorizadores da grande mutação política da Revolução Francesa[14].

A língua que era veiculada por esse legado cultural vai continuar a ser, durante o Renascimento, o idioma dos humanistas e das pessoas cultas em geral, verdadeiro pólo aglutinador da intelectualidade dos diversos povos, embora os falares de muitas regiões já tivessem adquirido estatuto literário (de que a redacção em "toscan" da *Divina Comédia* é o mais brilhante exemplo). Mantém-se também, como língua oficial, num Estado como a Hungria, que, tendo feito parte da região do *limes* do Danúbio e mantendo ainda hoje bem claras as marcas da ocupação romana, nas ruínas de Aquincum (actual Budapeste), a conservou nos seus documentos até ao século XVIII.

Mas, ainda que tenham pertencido ao Império Romano durante séculos (três, por exemplo, no caso da Inglaterra), nem todos os territórios assimilaram a língua – neste caso, a língua vulgar – como um meio vivo de comunicação, sujeito,

---

[12] Dos numerosos estudos sobre o assunto, vejam-se, em especial, Jean Imbert, *O Direito Antigo e a sua projecção no Direito moderno* (trad. port., Coimbra, 1966); M. J. Almeida Costa, *História do Direito Português*, Coimbra, 3.ª ed. (1966), pp. 206-207, e António dos Santos Justo, "A crise da Romanística", *Boletim da Faculdade de Direito* 72 (1996), 13-132.

[13] Para mais pormenores, veja-se, de uma vasta bibliografia, o livro de L. D. Reynolds and N. G. Wilson, *Scribes and Scholars. A Guide to the Transmission of Greek and Latin Literature*, Oxford, 2.ª ed. (1974), cap. III e IV.

[14] Vide José Ribeiro Ferreira, "Grécia e Roma na Revolução Francesa", *Revista de História das Ideias* 10 (1988), 203-234.

portanto, à evolução de todo o idioma falado[15]. Tal apenas se verifica, como todos sabem, num grupo de países do sul da Europa. Aqui, porém, ocorreram dois factos surpreendentes: um é a espantosa resistência de uma língua neolatina na antiga Dácia (actual Roménia), cuja conquista definitiva data de Trajano, e que fica isolada dos demais países românicos, melhor dito, encravada entre a Hungria, cuja língua nem sequer é indo-europeia, e quatro países eslavos; outra é a quase imunidade a tantos séculos de domínio árabe, por parte dos dois países da Península Hispânica (a entrada de cerca de mil vocábulos desse idioma no Português corrente, por exemplo, e a existência de inúmeros topónimos dessa origem, sobretudo no Sul do País, não alterou em nada a estrutura da língua, não obstante a permanência dos invasores cerca de quinhentos anos)[16]. Mas outro fenómeno não menos conhecido é o que se passará na sequência dos Descobrimentos e da colonização por parte de Portugueses, Espanhóis e Franceses. É assim que toda a América Central e do Sul e parte da do Norte, diversos países de África e algumas cidades da Ásia ficaram a pertencer ao âmbito da Latinidade. Que essa notável circunstância constitui um grande vínculo demonstra-o a instituição de uma entidade como a União Latina, a que já aderiram trinta e seis países e a que outros certamente se virão juntar. Mas agora o novo poder, assim constituído, já não é mais de natureza política nem jurídica, mas sim intelectual e afectiva. Ela fundamenta-se numa cultura comum e, sobretudo, no poder da palavra.

---

[15] Merece aqui uma referência à parte o caso dos Turdetanos, sobretudo os que viviam na região do Guadalquivir, que, segundo Estrabão 3.2.15, "tinham mudado por completo para o estilo de vida romano, e nem já se recordavam, da sua língua".

[16] Cf. Paul Teyssier, *História da Língua Portuguesa*, Lisboa (1984), 17-19, e Clarinda de Azevedo Maia, *História da Língua Portuguesa*, Coimbra (1995), 65-69.

www.ingramcontent.com/pod-product-compliance
Lightning Source LLC
Chambersburg PA
CBHW070222030726
47505CB00006B/1780